W0052089

JÖRN LEOGRANDE

BAD COMPANY

Meine denkwürdige Karriere bei der Wirecard AG

Sollte diese Publikation Links auf Webseiten Dritter enthalten,
so übernehmen wir für deren Inhalte keine Haftung, da wir
uns diese nicht zu eigen machen, sondern lediglich auf deren
Stand zum Zeitpunkt der Erstveröffentlichung verweisen.

Penguin Random House Verlagsgruppe FSC® N001967

1. Auflage
Copyright © 2021 Penguin Verlag
in der Penguin Random House Verlagsgruppe GmbH,
Neumarkter Str. 28, 81673 München
Umschlaggestaltung: Büro Jorge Schmidt
Umschlagabbildungen: © imago images/Sven Simon;
© shutterstock/saki80
Satz: Vornehm Mediengestaltung GmbH, München
Druck und Bindung: GGP Media GmbH, Pößneck
Printed in Germany
ISBN 978-3-328-60189-0
www.penguin-verlag.de

Dieses Buch ist auch als E-Book erhältlich.

Inhalt

Prolog 7

Intro
I see rainbows 13

1 The King has left the building 25

2 Memyselfandi007 und der talentierte
Herr Marsalek 53

3 Codename Projekt Taurus 87

4 Vier Jahre mit Facebook und ein Systemausfall,
der das Fürchten lehrt 117

5 Bijli und Blutsbrüder im Dengue-Fieber 149

6 Die Zukunft ruft an und niemand hebt ab 179

7 Keep calm and carry on with billions 211

8 It's all over now, baby blue 243

Outro
Willkommen in der Post-Apokalypse 273

Dank 285

Prolog

In diesem Text erzähle ich die Geschichte meiner Karriere bei der Wirecard AG, die sich über einen Zeitraum von 15 Jahren – von 2005 bis 2020 – abspielte. Ich habe meine Laufbahn bei der Wirecard zunächst als Marketingleiter begonnen und war ab 2013 als Executive Vice President verantwortlich für die Entwicklung aller Produktlösungen rund um das mobile Bezahlen. Im Jahr 2017 wurde ich schließlich Chef der globalen Innovationsabteilung der Wirecard. In dieser Position blieb ich, bis der Konzern 2020 im Zuge eines der weltweit größten Bilanzskandale Insolvenz anmeldete. Gegen Vorstände wie Markus Braun (CEO), Jan Marsalek (COO), Burkhard Ley (ehemals CFO) und führende Mitarbeiter wie Oliver B. oder Stephan von Erffa wurden im Zuge dieser Insolvenz Haftbefehle erlassen.

Im Laufe meiner beruflichen Karriere habe ich intensiv mit den wesentlichen Protagonisten des Wirecard-Skandals, vor allem mit Jan Marsalek und Markus Braun, aber auch mit Oliver B. und Burkhard Ley, zusammengearbeitet.

Mit Jan Marsalek habe ich die mobilen Bezahlsysteme

von Wirecard entwickelt und war maßgeblich in zahlreiche internationale Kernprojekte des Unternehmens involviert.

Für Markus Braun habe ich in meiner Rolle als Innovationschef der Wirecard die Zukunft einzelner Bereiche des Konzerns mitgestaltet. Ich entwickelte prototypische Umsetzungen und Konzeptpapiere, die einen Blick auf die nächsten Märkte und Technologien in der Zahlungsabwicklung eröffnen sollten. Darüber hinaus hatte ich die Aufgabe, dazu beizutragen, das Image von Wirecard als Technologieführer zu etablieren: Ich sprach im Auftrag des Vorstandsvorsitzenden mit Pressevertretern, Analysten und Investoren. Und ich sollte auf Tech-Veranstaltungen weltweit das innovative Markenbild der Wirecard kommunizieren.

Nunmehr, mit dem heutigen Wissen um die damaligen Vorgänge, denke ich, dass ein wesentlicher Teil meiner Aufgaben darin bestand, eine Fassade der Wirecard zu gestalten, während dahinter mutmaßliche Betrügereien in ungeahntem Ausmaß stattfanden. Und natürlich stellen sich auch Fragen nach meinem eigenen Wissen um den Bilanzbetrug, der Wirecard in den Medien und vonseiten der Staatsanwaltschaft vorgeworfen wird.

Lassen Sie mich ehrlich antworten: Ich hatte wie viele Mitarbeiter immer wieder meine persönlichen Zweifel an der angeblich so enormen Profitabilität vor allem der ostasiatischen Auslandsgeschäfte der Wirecard. Konkrete Anhaltspunkte dafür, dass es in diesen auch für hochkarätige Bilanzierungsexperten kaum zu durchschauenden Unternehmensbereichen kriminelle Finanzaktivitäten gab, lagen mir jedoch zu keiner Zeit vor.

Zu Beginn der Unternehmensentwicklung war das Geschäftsmodell der Wirecard AG die Abwicklung von Bezahltransaktionen im zwar nicht illegalen, aber doch zumeist anrüchigen Bereich Porno und Glücksspiel. Im Laufe der Zeit sorgte der Vorstand vor allem in der Person von Jan Marsalek dafür, dass dieses hochprofitable Business nicht mehr unmittelbar mit dem Kerngeschäftsmodell der Wirecard in Verbindung gebracht werden konnte.

Mit einem kleinen Team etablierte Jan Marsalek das sogenannte Third-Party-Konzept. Im Wesentlichen geht es dabei darum, dass Wirecard gleichsam als outgesourcter Zahlungsabwickler für eine Reihe ausländischer Banken und Payment-Unternehmen agierte. Dieses Geschäft fand offenbar ganz bewusst nicht auf technischen Systemen der Wirecard statt, sondern wurde weitgehend unabhängig von der Kernorganisation abgewickelt.

Um welche Händler es hierbei ging, wie das Transaktionsvolumen zusammengestellt war und welcher Geschäftstätigkeit die Kunden am Ende nachgingen – all das war im Unternehmen nur einer sehr kleinen Gruppe von Mitarbeitern bekannt. Ich gehörte schon aufgrund meines ganz spezifischen Tätigkeitsbereichs dieser Gruppe nicht an.

Die meisten Wirecard-Manager gingen wie ich davon aus, dass Wirecard aus Reputationsgründen das hochprofitable Zahlungsgeschäft rund um Adult Entertainment und Online-Glücksspiel durch das Third-Party-Geschäft outsourcte. Für diese Logik gab es gute Gründe: Dem strahlenden DAX-Konzern hätte die Nähe zu zweifelhaften Transaktionen und zu Händlern, die in den Grauzonen des Internets agierten, in vielerlei Hinsicht geschadet.

Das gesamte Board investierte parallel große Anstrengungen in den Aufbau neuer Produktfelder und Märkte. Mit der Zeit geriet das Paralleluniversum des Third Party Business für uns Mitarbeiter immer stärker in den Hintergrund. Erschüttert wurde diese Entwicklung nur durch Blogbeiträge und die Berichterstattung der Wirtschaftspresse, die in regelmäßigem Turnus über angeblich aus diesem Umfeld herrührende Missverhältnisse in der Wirecard-Bilanz berichteten.

Am Ende konnten mehr als 1,9 Milliarden Euro auf den Konten der Wirecard nicht gefunden werden, obwohl sie ein wichtiger Bilanzposten waren. Deshalb wurden Zweifel laut, dass das Third-Party-Geschäft jemals wirklich stattgefunden hat.

In den letzten Wochen und Monaten habe auch ich die Entwicklungen bei Wirecard mit großer Spannung verfolgt und mich nicht selten gefragt: Habe ich mich persönlich schuldig gemacht? Ich möchte in diesem Punkt ganz klar sein: Ich habe in meiner Zeit bei Wirecard beruflich nie gegen geltende Gesetze verstoßen und wurde nie aufgefordert, illegale Handlungen auszuüben. Dazu eignete sich mein doch eher im öffentlichen Fokus stehender Zuständigkeitsbereich in keiner Weise. Und abgesehen davon war ich selbst auf meiner Ebene ein viel zu kleines Licht. Ein mutmaßliches Betrugsschema, das über Jahre relevant bleibt, kann am Ende ohnehin nur funktionieren, wenn der Kreis der Mitwisser absolut überschaubar bleibt.

Mit dem heutigen Wissen stelle ich mir natürlich die Frage, warum ich meinen Zweifeln nicht kritischer nachgegangen bin. Wie mir ging es vielen Kolleginnen und

Kollegen. In Wahrheit hat sich nur sehr selten jemand in letzter Konsequenz bemüht, den eigenen Vorbehalten auf den Grund zu gehen. Was die Ursachen dafür sind und wie es einigen wenigen gelang, uns andere in Unwissenheit bzw. Nicht-wissen-Wollen über Wirecards Schattenseiten zu halten – das ist im Grunde das Thema von *Bad Company*.

Auf den Seiten dieses Buches werden Sie nicht die investigative Geschichte über Geldflüsse oder Ponzi-Schemes oder Hinweise auf den Verbleib von 1,9 Milliarden Euro finden, die im Jahr 2020 in der Bilanz der Wirecard fehlten. Ich versuche vielmehr, meinen Leserinnen und Lesern und mir selbst durch eine Rekonstruktion dessen, was ich in 15 Jahren bei der Wirecard erlebte, die Hintergründe jenes Hypes, jener Massenhysterie verständlich zu machen, die den groß angelegten mutmaßlichen Betrug von Wirecard erst ermöglichte.

Was in diesem Buch dargestellt wird, kann aus naheliegenden Gründen nicht die vollständige Historie der Wirecard sein. Es handelt sich um meine subjektiven Erlebnisse und Begegnungen im Wirecard-Universum. Alle Begebenheiten in diesem Text haben sich in meiner Erinnerung und nach den mir vorliegenden Dokumenten so abgespielt. Das gilt auch für sämtliche Gespräche, über die ich berichte. Diese haben wörtlich bzw. sinngemäß alle so stattgefunden. Aufgrund des zeitlichen Ablaufs wurden einzelne Dialoge aus der Erinnerung rekonstruiert und formuliert. Ich habe aber die manchmal vielleicht abenteuerlich wirkenden Abläufe weder ausgeschmückt noch künstlich überhöht. Sie waren in der Tat ohnehin so bemerkenswert, dass ich auf solche Stilmittel verzichten konnte. Ziel meiner Ausführungen ist eine authentische Innenansicht des Konzerns.

Bleibt zum Schluss die Frage, warum ich diesen Text verfasse: Ich schreibe dieses Buch, um die Wirecard-Story und meinen Anteil daran nachvollziehbar zu machen. Ich schreibe diesen Text auch, um persönlich mit meiner Vergangenheit bei der Wirecard AG abzuschließen.

Jörn Leogrande

Intro

I see rainbows

18.06.2020

7.25 Uhr

Um kurz nach 7 Uhr an diesem Donnerstagmorgen bin ich mit meiner Kollegin Marie verabredet. Digital – im Chat des Messengers Telegram. Telegram ist der Backbone der Kommunikation im Wirecard-Konzern. Denn der Chief Operating Officer, Jan Marsalek, liebt Telegram so sehr, dass er als wahrscheinlich einziger Mensch auf der Welt über seine eigene Sticker-Kollektion für den Messenger verfügt. Und was Jan liebt, das lieben auch wir – seine Führungskräfte. Und so geht es Top-down weiter, bis jeder im Konzern immer und überall diesen Kommunikationsweg nutzt.

Ich habe mich mit Marie verabredet, um die Entwicklungen rund um die für heute geplante Veröffentlichung des Wirecard-Jahresberichts 2019 auf Twitter live zu verfolgen. Big business binge watching.

Bei solchen Jahresberichten veröffentlicht das Unternehmen normalerweise seine Zahlen und Reports um 7.30 Uhr. Es ist jetzt 7.25. Im Forum des Börsenportals Wallstreet:Online schreibt ein Nutzer mit dem Namen »Banane50«: »Ist die Rakete beladen und startbereit? Der Countdown läuft.«

Der Kurs steigt tatsächlich vorbörslich. 101, 104, 107, 109. Das ist ein gutes Zeichen. Der Markt rechnet nicht mit einer Katastrophe – der Markt rechnet mit der Statistik. Und die besagt, dass dieser DAX-Konzern noch jede Krise überlebt hat in den letzten 20 Jahren.

Noch am Montag, also grade mal drei Tage zuvor, saß ich in meinem Reporting-Meeting bei Susanne Steidl, als Wirecard-Vorständin für die Produktentwicklung verantwortlich. Die Sache sieht gut aus, sagte Susanne. Es dürfte im Testat, das Ernst & Young für den Geschäftsbericht liefert, kleinere Ansatzpunkte für eine Verbesserung im Reporting geben. Hickups nannte sie das – minimale Durchhänger, nichts Ernstes. Aber das wird es dann gewesen sein. Bei einem uneingeschränkten Testat sind wir komplett reingewaschen, sagte Susanne und lächelte voller Optimismus.

Komplett reingewaschen – ein neuer Anfang. Genau darum geht es hier. Seit dem Jahr 2008 steht die Bilanz der Wirecard im Kreuzfeuer der Kritik. Am Ende gewinnen jedoch immer wir. Wir steigern den Umsatz jedes Quartal um 30 Prozent. Unsere Wachstumsentwicklung sieht aus, als wäre sie mit einem verdammten Lineal gezogen. Wir steigen in den DAX auf. Wir gehören zu den wertvollsten Unternehmen Deutschlands. Doch das verstehen die Neider und Hater aus den Blogs und der Wirtschaftspresse nicht, die mit den Shortsellern zusammenarbeiten, die von fallenden Kursen profitieren.

Um ein für alle Male Klarheit in die Bilanz zu bringen, hat der Aufsichtsrat der Wirecard die Beratungsgesellschaft KPMG damit beauftragt, die Umsätze zu prüfen. Doch die Consultants können in ihrem Bericht, der vor wenigen Wochen veröffentlicht wurde, die größten Geldströme von Wirecard weder bestätigen noch ausschließen. Wirecard-CEO Markus Braun – unsere österreichische Eiche im dunklen Rollkragenpulli – nennt das lapidar ein Kommunikationsproblem. In Wirklichkeit ist es jedoch das Setting für den größten Showdown der deutschen Wirtschaftsgeschichte. Es ist das Endspiel der Business-Bundesliga – live übertragen auf Twitter. So etwas hat es noch nie gegeben.

Doch alles ist neu in der wunderbaren Welt unseres jungen Tech-Konzerns. Die Commerzbank flog aus dem DAX – Wirecard zog mit großem Getöse in die Gruppe der 30 größten deutschen Unternehmen ein. Ein neuer Name, eine neue Technologie, ein neues Spiel: Endlich ein Konzern aus Deutschland, der das Potential hat, mit den milliardenschweren Start-ups aus den USA und China mitzuhalten. Das ist die Storyline. Hier und heute stellt sich nun ultimativ die Frage nach dem dazugehörigen Geschäftsmodell.

7.30 Uhr Die Bilanz müsste jetzt veröffentlicht werden. Ich refreshe Twitter inzwischen alle vier oder fünf Sekunden. Twitter ist der genaueste Seismograf der Wirecard-Entwicklung. Jedes Gerücht, jede News, ja jede banale Einschätzung – alles schlägt immer hier als Erstes ein.

»Früh aufstehen ist der erste Schritt in die falsche Richtung«, schreibt ein User namens »Einverstanden« unter #wirecard. Could not agree more.

Und Marie auf Telegram: »Ich seh' noch nichts.«

7.35 Uhr Auf Twitter reden erste User ironisch von »Upload-Problemen bei Wirecard.« Einer schreibt: »Ich brauche heute eine halbe Blutdrucktablette mehr.« Superwitzig.

Schneller Check auf den Investor-Relations-Seiten: Ja, der Bericht ist weiterhin für heute angekündigt. Bilanzpressekonferenz ist dann auf 14 Uhr terminiert. Sogar mit Livestream.

Bin ich nervös? Ja und nein. Ich bin Executive Vice President Innovation – der »Mad Professor of Payments« auf den Keynote-Bühnen der Welt. Seit Jahren arbeite ich nun in vielen Bereichen mit Jan, mit Markus und Susanne zusammen. Totgesagt waren wir in der Vergangenheit bereits häufiger. Aber immer wieder kamen wir noch größer und noch selbstbewusster zurück. Pures Tech-Teflon – alles perlt an uns ab. So wird es auch heute sein. Natürlich. Aber wenn ich ganz tief in mich reinhöre, dann weiß ich, dass es irgendwann vorbei sein muss. Das ist mein Problem, dass ich immer etwas zu sehr auf die eigenen Zweifel fokussiert bin. Jan Marsalek hat mir das immer wieder vorgeworfen. Du musst superaggressiv sein und alles andere ausblenden, auch wenn du weißt, dass es schiefgeht. So lautet sein Erfolgskonzept. Nun, er muss es wissen. Er ist schließlich Vorstand bei der Wirecard.

8.55 Uhr Kurz vor Beginn des Börsenhandels – noch immer keine News zum Report. Das ist ungewöhnlich: Börsennotierte Unternehmen veröffentlichen ihre Meldungen normalerweise nicht mitten in der Handelszeit. »Wirecard verunsichert seine Aktionäre«, titelt finanztreff. de. Der Kurs läuft jetzt in breiten Wellen auf- und wieder abwärts. Verunsicherung macht sich breit.

9.30 Uhr Es tut sich rein gar nichts auf Twitter, und auch auf Telegram stehen die Chats still. Ich beschließe, irgendetwas halbwegs Produktives zu machen und eine kurze Meldung zu meinem Innovations-Lab auf Twitter und LinkedIn zu veröffentlichen. »Wir gehen jetzt mal ins Vacuum der Wirecard-Kommunikation«, schreibe ich Marie auf Telegram. Die antwortet nur eine Sekunde später: »#norisknofun«.

Dieser Post ist eine schlechte Idee, das will Marie mir damit sagen. Aber ich höre schon lange nicht mehr richtig zu. Ich möchte relevant sein. Darum ist es mir im Grunde immer gegangen. Ich will Teil einer Erfolgsgeschichte sein. Nicht nur in der zweiten Reihe sitzen und abwarten. Deswegen drücke ich auf »Send« und jage über LinkedIn und Twitter meine völlig überflüssige Nachricht ins Internet.

10.40 Uhr Ich sitze jetzt seit 7 Uhr morgens vor dem Rechner und drücke Refresh auf Twitter. Keine Nachricht über den Geschäftsbericht, das Testat oder die Bilanz. Kein Like oder Comment auf meinen Post. Fuck. Nichts passiert. Deswegen beschließe ich, laufen zu gehen. Es ist die Post-Lockdown-Zeit: Es ist von allem Ungesunden viel zu viel gewesen in den letzten Monaten. Viel zu viele Team-

Meetings, zu viel Zeit vorm Rechner und vor allem viel zu viel Alkohol.

Wieder einmal habe ich vor wenigen Tagen beschlossen, mein Leben zu ändern. Kein Alkohol für die nächsten drei Monate. Auf einem Kalender streiche ich mit einem neongelben Textmarker die Tage durch. Vier Kreuze stehen da am Donnerstag, den 18.06. Und die Zahl 100,9. Mein Gewicht. Ich habe Großes vor in diesen ersten Sommertagen im Jahr 2020. Doch ich habe eigentlich immer viel vor – und am Ende bleibt das meiste leider ziemlich konstant, wie es ist. Das ist mein Leben, und so läuft auch meine Karriere seit nunmehr anderthalb Jahrzehnten.

10.41 Uhr Also laufen. Ich ziehe meine Sportsachen an, als ich aus den Augenwinkeln auf meinem iPhone sehe, wie der Kurs der Wirecard implodiert. Minus 30 Prozent. Minus 40 Prozent. Minus 47 Prozent.

»Stürzt komplett ab«, schreibt Marie. »Es wird immer schlimmer.«

Um genau 10.43 Uhr beginnt der Anfang vom Ende. Der Veröffentlichungstermin für den Jahres- und Konzernabschluss 2019 wird offiziell erneut verschoben – zum vierten Mal in Folge. Die Wirtschaftsprüfer von Ernst & Young konnten keine ausreichenden Prüfnachweise über Bankguthaben in Höhe von 1,9 Milliarden Euro erlangen. Kreditlinien in Höhe von 2 Milliarden Euro können nun fällig gestellt werden. Das wäre das Ende der Wirecard. Der Kurs stürzt ins Bodenlose. Das Armageddon hat begonnen.

Marie macht sich Sorgen. Sie ist noch nicht lange bei

Wirecard. Seitdem geht es ständig hin und her wegen der Bilanz. Jetzt sind wir richtig down. Was werden ihre Freunde dazu sagen? Was sagt ihre Familie?

Ich antworte Marie, dass ich mir über so etwas keine Gedanken mache. Meine Mutter liest weder Handelsblatt noch Manager Magazin und schon gar keine Aktiennews im Internet. Für sie ist nur relevant, was auf der Startseite von Bild.de passiert und was am Abend in den Tagesthemen kommt. Zur Sicherheit öffne ich die Internetseite von Bild. Die erste News, der ganze verdammte Aufmacher, die halbe Page schreit »Wirecard«.

Es ist jetzt kurz vor Mittag. Ich habe immer noch meine beschissenen Laufsachen an. Alkohol wäre jetzt eine wirklich sehr gute Idee. Kein neongelbes Kreuz in meinem Kalender heute. Und kein neongelbes Kreuz in der nahen Zukunft. Dann klingelt das Telefon, und es hört nicht auf zu klingeln bis zum Abend.

19.06.2020
17.05 Uhr

Wir sind im totalen Krisenmodus angekommen bei Wirecard. Susanne Steidl als Vorstand hat nun – und an allen kommenden Tagen – ein Treffen mit ihren engsten Führungskräften angesetzt. Ich gehöre als »direct report« dazu.

Das Meeting ist eigentlich als Onlinebesprechung geplant. Aber weil sowieso alle im Unternehmen sitzen, um nichts zu verpassen, treffen wir uns im Konferenzraum Berlin. Corona-Regeln interessieren im Panikmodus nun wirklich niemanden mehr.

Susanne Steidl sitzt am Kopf des Konferenztisches. Sie redet mit einer Kollegin von mir. Ich verstehe nur Satzfetzen:»1,9 Milliarden … waren … nie da?«

Ich betrete gerade den Raum und bleibe stehen. Dann erhebt Susanne die Stimme, ganz der Boss dieser Veranstaltung, und sagt:»Das ganze Geschäft rund um die 1,9 Milliarden Euro hat es wahrscheinlich nie gegeben.«

Und nach einer langen Pause und sehr leise:»Das ist der dunkelste Tag meiner ganzen Karriere.«

Manchmal, ganz selten nur, bleibt die Welt stehen. Wir sind so im Schock gefangen, dass die Zeit stoppt. Und alle Gedanken werden von einem Blitzschlag überlagert. Alles drängt sich nun weg: die ständigen Diskussionen im Kopf, das ewige Für und Wider, das ganze eigene Durcheinandergelaber.»Das war es jetzt«, sagt der Blitz, als er bei mir einschlägt und grell aufglüht. Fünf Minuten nach 17 Uhr.

15 Jahre bin ich nun bei Wirecard. Ich habe 2005 im Marketing angefangen und übernahm eine Produktentwicklungsabteilung. Jan und Markus machten mich danach zum Innovationschef des gesamten Unternehmens. Ich gehöre dem Kreis direkt unter dem Vorstand an. Mittendrin statt nur dabei. Wenn jetzt wirklich 1,9 Milliarden auf einem Bankkonto auf den Philippinen fehlen, dann ist das kein Schönheitsfehler in der Bilanz oder ein Kommunikationsproblem. Es ist Betrug, von wem auch immer konkret begangen. Und das ist das Ende, verdammt noch mal. Und jeder hier im Konferenzraum Berlin in Aschheim am Rand von München, jeder weiß das. Deswegen ist es vollkommen still geworden.

26. 06. 2020
9.50 Uhr

Die weltweite Gemeinschaft der Wirecard-Mitarbeiter erreicht einmal wieder eine Nachricht von Interims-CEO James Freis. James übernahm in der Krise das Ruder von Markus Braun, und er hat sich offenbar auf die Fahnen geschrieben, sich vom nüchternen bis nicht vorhandenen Kommunikationsgebaren seines Vorgängers durch persönliche Botschaften nachhaltig abzusetzen. So haben wir in Messages von James Freis unter dem programmatischen Titel »Touching Base« in den letzten Tagen bereits erfahren, dass der neue CEO sich persönlich sehr am Rudern als sportivem Gemeinschaftserlebnis erfreut und dass er gerne in lokalen Brauereien einkehren würde, wenn der Stress mit der verdammten Insolvenz des Unternehmens ihn nicht Tag und Nacht beschäftigen würde.

Nachdem James in seiner neuesten Mail einmal mehr über den Prozess der Insolvenz bei Wirecard berichtet, das Engagement der Mitarbeiter lobt und auf das Insolvenzgeld hinweist, das am Monatsende ausgezahlt wird, nähert er sich einem poetischen Bild an.

James hat einen Regenbogen gesehen, vom Balkon seines Büros in Aschheim an einem ruhigen Sonntagnachmittag. Der neue CEO der krisengeplagten Wirecard erkennt im Regenbogen das biblische Symbol der Erneuerung, das auch die Reise von Noahs Arche begleitet hat. Der Ausbruch der Farben ist ein guter Indikator dafür, wie limitiert unsere Augen funktionieren, erklärt der CEO. Und ein doppelter Regenbogen ist das Resultat von zwei Reflexionen, die sich in einem Regentropfen zeitgleich spiegeln. Wir können die Vergangenheit nicht ändern, schreibt James Freis am Schluss, aber ein guter Regen hilft, die Dinge sauber zu waschen. »Please keep looking ahead. Everyone of us can be part of a brighter future.«

Wenige Stunden später antwortet ein Mitarbeiter auf die Mail des Vorstands. Mit der gesamten Belegschaft in Kopie. Er schreibt: »Dear James, danke für das schöne Bild des Regenbogens. Ich werde es ausdrucken und versuchen mit diesem Bild im Supermarkt zu zahlen.«

14.07.2020
9.50 Uhr

Es ist viel passiert in den vergangenen Tagen und Wochen. Jan Marsalek, langjähriger Vorstand der Wirecard wurde gefeuert. Genauso wie Markus Braun. James Freis wurde schon am 18. Juni als neuer Vorstand eingesetzt. Markus Braun warnte noch unmittelbar vor seinem Rücktritt, dass der Aufsichtsrat mit der Entscheidung, ihm zu kündigen, sein Lebenswerk zerstöre und das Geschäft mit den datengetriebenen Services bedrohe, das gerade jetzt richtig anläuft. So etwas nenne ich einen narzisstischen Totalausfall.

Während ein Haftbefehl für Markus Braun erlassen wurde und die Wirecard Insolvenz anmeldete, floh Jan Marsalek mit unbekanntem Ziel. Und die Presse schießt sich auf ihn als ultimativen Superschurken ein und spekuliert wild vor sich hin: Jan organisierte angeblich Armeen, die in Syrien gegen Flüchtlinge agitierten, kümmerte sich um Deals rund um das hochtoxische Nervengift Nowitschok, verhandelte mit diversen russischen Geheimdiensten, war in die Ibiza-Affäre rund um Heinz-Christian Strache involviert und entwendete 1,9 Milliarden Euro, die er seither in einem Bitcoin-Wallet mit sich herumträgt. Jan taucht seit seiner Flucht jeden Tag auf der Titelseite von Bild.de auf.

Meine Mutter findet all das irgendwie doch ganz unterhaltend. »Dein Jan war ganz schön aktiv«, erklärt sie am Telefon, als sie mich an diesem Julimorgen anruft.

Mein Jan, mein Vorstand, manchmal so etwas wie mein Mentor, bisweilen auch mehr als nur Chef: Ich habe 15 Jahre meines Lebens mit dem Endgegner verbracht und es nicht gemerkt. Ich habe Jan immer aufrichtig bewundert für seine Manieren, für die Geschwindigkeit seiner Gedanken und für seinen Style. Und ich habe ihn auch gehasst: für seine ungeheure Arroganz, für seine ständige Nörgelei und die Art und Weise, wie er Kommunikation als Machtinstrument nutzte, das er nach Belieben an- und wieder ausschalten konnte.

Ich glaube, das wird den libyschen Söldnern ähnlich gehen, die von Jan angeheuert sein sollen, um an den Grenzen Flüchtlinge zu jagen. Sie sitzen wahrscheinlich heute noch da und starren auf ihre Telegram-Chats und warten in der gleißenden Mittagssonne auf eine Nachricht vom Meister. Willkommen im Club.

Die Geschichte der Wirecard – sie endet für mich im Sommer 2020 ebenso bizarr und verwirrt, wie sie vor 15 Jahren in Grasbrunn begonnen hat …

1

The King has left the building

Es begann in Grasbrunn. Hallbergmoos oder gar Icking hat mir das Schicksal erspart. Großstadtvorort-Monopoly – Münchner Umland. Mittelständische Tech-Welt. Wirecard-Welt.

Es ist das Universum der Gewerbegebiete. Zweckmäßige Gebäudeformationen: viel Beton, wenig Glas. Nicht ganz modern also und noch nicht vollständig outdated. Die ganz großen Geschichten fangen eigentlich immer woanders an. Hier, in der Peripherie, findet man Unternehmen, deren Namen keinem etwas sagen. Viel »Tec«, viel »Net«, viel »Components« und »Engineering«. In lockeren Einheiten gruppiert rund um den Rewe, den Bäcker, den Griechen und das Fitnesszentrum.

Und auf den Parkplätzen das stets gleiche Bild: viel A6, Q5, X3 – die Kürzel der Speckgürtelmenschen, die sich rund um ihre Arbeitgeber herum angesiedelt haben. Kurze Wege, pragmatische Entscheidungen, praktisches Erscheinungsbild. Zwischen 30 und Mitte 40 Jahre alt, schlank, gepflegt. Älter wird man in der Peripherie eigentlich nicht. So richtig verstanden habe ich das nie.

Speckgürtelmenschen waren sie gewiss nicht, die Herren der Wirecard-Welt. Paul, Alexander, Markus und Jan. Die CEOs, die CFOs und COOs der Wirecard AG. Die erste und die zweite Generation vom Dunklen Orden der Sith-Lords. Für sie konnte es nach der Arbeit in Hallbergmoos, in Icking, Vaterstetten und Aschheim nicht schnell genug in die Städte gehen. Zum Käfer-Restaurant, ins Matsuhisa, zum Brenner Operngrill oder in die First Class Lounge des Münchner Flughafens. Mit dem Taxi, später mit dem eigenen Fahrer. »Roy fahr schon mal das Auto vor« – und dann so schnell es geht über die Autobahn runter Richtung Prinzregentenstraße.

Paul zum Beispiel: der Legende nach Sohn eines erfolgreichen Geschäftsmannes aus Icking. Verdiente sein Geld gerüchteweise mit Dialern mit so klangvollen Namen wie openme.exe. Gab die deutsche Ausgabe der Porno-Zeitschrift Hustler heraus. Als ich bei Wirecard anfing, damals im Jahr 2005, fand man in den Schränken immer mal wieder stapelweise Hustler-Hefte. Klingt irgendwie cool, war dann aber doch eher abstoßend. Denn der Hustler war nicht der Playboy, sondern übler Porno.

Paul, also. Herr über ein verschachteltes Firmenimperium zu dem Unternehmen wie Max Mad House, die Vierte Century Projekt Immobilienmanagement GmbH oder die EBS, die ebs Electronic Billing Systems AG gehörten. Machte in Erwachsenenunterhaltung, kannte sich im Glücksspiel aus. Kein Bild im Web, erwähnt nur in ein paar Artikeln, aus dem Wirecard-Deal am Ende rausgegangen mit einem mutmaßlich dreistelligen Millionenbetrag. Der erste der Dark Sith.

Und Paul hat auch jenes Bild geprägt, das seine Nachfolger im Wirecard-Universum später perfektioniert haben. Das Image des beinahe autistischen Firmenbosses, der niemandem in die Augen schaut, der körperlichen Kontakt, ja jede Form von Berührung scheut, die Niederungen des Operativen meidet und am liebsten in seiner Blase agiert. Im Falle von Paul gehörten dazu die sorgfältig drapierten Kunstbücher im Office, die Designeranzüge, die schnellen Autos. Dieser Typus schlägt dir nicht auf die Schulter oder setzt sich bei Weihnachtsfeiern zu dir an den Tisch. Er wirkt immer entrückt und gehört hier in Wirklichkeit gar nicht hin. Das ist Blueprint für alles, was später kommt.

Da kommt dann auch Alex ins Spiel. Als Finanzvorstand der EBS, der Typ, der die ersten wirklich profitablen Modelle aufgebaut hat. Er war nur kurz wirklich dabei, aber hat lange am Rande mitgespielt und sich später unter englischem Namen als Rap-Star versucht. Mit über 40 auf den Pfaden von P. Diddy. Solche Karrieresprünge passieren bei einem gestandenen Siemens-Vorstand aus dem Finanzbereich doch eher selten.

Schließlich Jan Marsalek, der von Alex und Paul vor allem eines gelernt hatte: dass ein echter Sith-Lord auf so wenigen Fotos wie möglich unter seinem eigentlichen Namen auftauchen muss. Streichholzkurze Haare, besessen von militärischem Gehabe, für mich ein Zwangsneurotiker erster Güte, so etwa wenn es um die Anordnung der Stühle am Konferenztisch geht. Der Typ, der mir einmal sagte, dass er nie geheiratet hat, weil er zu konzentriert auf Perfektion und Symmetrie ist. Und Jan war es auch, der die Besessenheit des Wirecard-Managements für Business-Trips via Flugzeug perfektionierte. Welcher Status? Welcher Anzug, der nicht knittert? Welche Schlaftablette? Und am Ende hielt er den Rekord – mit vier Nächten hintereinander, die er im Flugzeug schlief. First Class natürlich, aber eine Höchstleistung immer noch.

Und endlich Markus. Von der Unternehmensberatung KPMG kommend, übernimmt er 2002 eine strauchelnde Wirecard AG – damals noch mit dem Leerzeichen zwischen Wire und Card geschrieben. All die umwerfenden Anglizismen, mit denen er damals wirbt, zeigen schon den Weg, den er nehmen will. Das »Corporate Trust Center«, das »Clearing Center« die »Risk Platform« als »Standalone Product«.

Der spätere Tech-Papst, über den geschrieben wurde, er lese selbst nachts noch aktenweise Material zu Artificial Intelligence. Doch die wenigen Menschen, die Markus je getroffen haben, wissen, dass das nur Legendenbildung war. Markus hatte von Technologie oft erstaunlich wenig Ahnung. Er war eigentlich immer ein Freund des eher Oberflächlichen. Für einen CEO geht das ok. Für einen Tech-Gott jedoch nicht.

Ich erinnere mich noch gut an den Tag, an dem er mich ganz im Ernst bat, ihm das mathematische Prinzip eines Algorithmus zu erklären. Ihm, dem promovierten Wirtschaftsinformatiker aus dem beschaulichen Lehrerhaushalt im schönen Wien. Damals, als er uns auf die Höhepunkte der Wirecard-Entwicklung geschossen hat. Am Zenit des Börsenkurses. 100 Euro, 150 Euro, 199 Euro – und Jörn, warum nicht bald auch 500 Euro je Aktie? Und ich war mittendrin im Jazz. Wenn Markus und Jan die Dirigenten waren, war ich einer der Musiker. Immer vorne dabei. Auf Videos, auf Konferenzen, auf Socials – der Mann, der die Vision von Wirecard in die Welt trägt. So etwas macht man eben, wenn man Executive Vice President Wirecard Innovation ist.

Doch es begann für mich in Grasbrunn. Ganz banal mit einem Anruf im Sommer des Jahres 2005 ...

Aber bevor wir zu mir und meiner Rolle im Unternehmen kommen, müssen wir zuerst verstehen, welche Firma die Wirecard damals war. Das Unternehmen hatte im Jahr 2005 bereits eine überaus wechselvolle Geschichte hinter sich. Und vieles, was seit der Gründung des Unternehmens geschehen war, hatte für die Zukunft Relevanz.

Die Geschichte des Unternehmens hatte in der ersten Internet Bubble Economy begonnen. Detlev Hoppenrath, natürlich ein Österreicher, gründete das Unternehmen zu Beginn des Jahres 1998, um Händlern im E-Commerce die Komplexität der Zahlungsabwicklung abzunehmen. Im Mittelpunkt der Nutzenargumentation des Start-ups stand die damals konkurrenzlose Verschlüsselungstiefe von 2048 Bit. Im Jahr 2000 startete der spätere COO Jan Marsalek als Developer beim Unternehmen. Und ein Jahr später schlug die Stunde von Dr. Markus Braun, der zunächst zum Technikvorstand berufen wurde. So weit, so gut. Hoppenrath wechselte im Mai 2001 in den Aufsichtsrat – und der Weg für Markus Braun als CEO war frei.

Jetzt ist die Zeit gekommen, um über Paul Bauer-Schlichtegroll zu reden, dem Mann, der sich gerne nur Paul Bauer nannte, vielleicht, weil das nicht googlefähig ist. Dem ersten echten Mastermind der Wirecard-Welt. Comandante Número Uno. Dem initialen Dunkelmann, wenn man so will.

Paul war ein überaus verplant wirkendes unternehmerisches Multitalent, das in diverse Bereiche und unterschiedlichste Branchen investierte. Seine Mittel und Methoden bei seinen Management-Entscheidungen waren in erster Linie profitorientiert. In zweiter Linie aber war Paul schon seit jeher fasziniert von den eher dunklen Seiten des Geschäftslebens. Sagen wir es ganz offen: Paul zeigte stets einen gewissen Hang zur Halbwelt, die an den gräulichen Rändern des klassischen Business operierte.

Fassen wir doch mal kurz zusammen, was Paul so alles war oder zu sein schien. Anschnallen, zurücklehnen, entspannen: Jetzt wird es eventuell ein wenig kompliziert. Paul Bauer-Schlichtegroll, Jahrgang 1963, ging nach dem Abitur nicht mal eben auf ein Auslandssemester nach Neuseeland oder in die USA. Nein, er verbrachte seine Auslandsaufenthalte an so ungewöhnlichen Orten wie Nairobi oder São Paulo. Nicht jedermanns Ding. Er gründete nach diesen Erfahrungen eine Eventagentur, die er jedoch wenig später wieder verkaufte. Irgendwann in jener Zeit muss er die Chancen erkannt haben, die das globale Import-Export-Geschäft eröffnet. In jenen Jahren – wir sprechen über die 1980er – war der Welthandel noch nicht so vernetzt wie heute. Nicht alles war im Prinzip immer und jederzeit über Online-Shops käuflich erwerbbar. Da war zum Beispiel das Land der unbegrenzten Möglichkeiten. Chucks, Levis 501, Nike – alles schien billiger und besser zu sein in den USA. Warum also nicht ein wenig Profit aus fehlendem Angebot und hoher Nachfrage schlagen, wird sich Paul gedacht haben, und er importierte Sneaker der Marke Vans aus den USA nach Deutschland. Zunächst – so geht die Legende – verkaufte er die Schuhe aus dem Kofferraum seines Autos heraus, dann baute er Strukturen auf. Die Max Mad House Textil Handels GmbH mit Sitz in Icking vor den Toren Münchens war geboren. Gegenstand des Unternehmens: der Im- und Export von Textilien und der Handel mit Waren aller Art.

Vans liefen ganz gut, waren jedoch Trendartikel, die schnell wieder von der Bildfläche verschwinden würden. Deswegen vielleicht fiel Paul Bauers unsteter Blick auf ein anderes Importprodukt aus Amerika, das eher langfristigen Return on Investment versprach: den guten, alten Porno – einen wahrhaftigen Klassiker mit Potential.

So erwarb Paul in den USA die deutsche Lizenz für den Hustler. Für all jene unter unseren Lesern, die mit dem Titel allein nichts anfangen können, hier eine kurze Einführung: Der Playboy war nach heutigen Maßstäben sozusagen die »Brigitte« unter den Magazinen der Erwachsenenunterhaltung. Nackt, ja ok, aber mit Profil, guten Interviews und klaren Grenzen. Der Hustler dagegen war der Evil Twin des Playboy – purer, reiner, unverfälschter Porn. Keine Lifestyleprodukte, keine langweiligen Gespräche mit Formel-1-Größen oder unnötige Diskussionen über die neue Männlichkeit. Vielmehr »All-In« – in allen möglichen und unmöglichen Dimensionen.

Der Hustler, gegründet von Larry Flynt im Jahr 1974. Eine amerikanische Ikone. Hierzulande jedoch eher das Lieblingsmagazin der Fernfahrer. Das Hochglanz-Feuer, an dem die Cowboys der Landstraßen sich wärmen konnten, wenn am Rastplatz mal wieder Zeit totzuschlagen war. Dieses Business lief ganz gut, skalierte jedoch aus nachvollziehbaren Gründen nur im begrenzten Umfang. In Fahrt kam die Hustler-Sache erst im Internet – in den Jahren 1999 und 2000 das erste echte digitale Neuland, in dem alles möglich zu sein schien.

Die Nutzer in Deutschland suchten in jenen ersten digitalen Pionierjahren, was sie auch heute noch bevorzugt im Internet suchen: den einfachen Zugang zu multimedialer Erwachsenenunterhaltung. Und eine Marke wie der Hustler war hilfreich bei der Orientierung in den unüberschaubaren ersten Weiten des World Wide Web. Das Problem war nur: Kaum jemand wollte für all die entspannenden Stunden zahlen, die er mit heruntergelassenen Hosen vor seinem massiven 17-Zoll-Röhrenmonitor verbrachte. Ja, noch schlimmer: Kaum jemand konnte hierzulande zahlen, denn anders als zum Beispiel in den USA fehlten in Deutschland die Kreditkarten.

Und genau da setzte Paul Bauer-Schlichtegrolls nächste Geschäftsidee an: Er gründete die Electronic Billing Systems AG – kurz die EBS. Geschäftszweck: Abwicklung digitaler Zahlungsströme.

Die Kernidee der EBS war dabei der Dialer. Das allgegenwärtige Schreckgespenst der ersten Internet-Jahre. Worum ging es dabei? Nun, der Name Dialer leitet sich von dem englischen Verb dial für wählen ab. Ursprünglich wurden damit Programme bezeichnet, die den User bei der Einwahl in ein Computersystem oder Netzwerk unterstützten. So ist etwa das »DFÜ-Netzwerk« der ersten Windows-Versionen nichts anderes als ein Dialer. Ein sauber strukturiertes Einwahlprogramm für den Start ins World Wide Web.

Auch die Idee, den Dialer als Zahlungsmittel zu nutzen, war damals wirklich nicht neu. Wenn Nutzer auf bestimmte Services – etwa so sinnige Dinge wie Wettervorhersagen, Horoskope oder Gewinnspiele – zugreifen wollten, konnten sie über einen definierten Einwahlpunkt via Telefonrechnung bezahlen. Das war insofern praktisch, als man weder Karten noch PayPal brauchte und alles schön sauber im Hintergrund ablief.

Soweit die Theorie: In der Praxis jedoch verbreiteten sich sogenannte Premium-Rate-Dialer, die nach der Internet-Einwahl permanent teure 0190-Nummern aufriefen, in Deutschland in den Nullerjahren gleichsam wie die erste Virenpest des Internets. Und die EBS, Paul Bauers neues Venture, war, wenn man den Aussagen von Geschäftspartnern und Nutzereinträgen in Foren Glauben schenken darf, richtig dick im Geschäft.

So stößt man in den weit zurückliegenden Foreneinträgen aus jenen Pioniertagen auf viele warme Wortmeldungen zum Beispiel über einen Dialer mit dem Namen openme.exe. Wenn es einem nach etwa vier Stunden schließlich gelungen war, »den Mist endlich zu entfernen«, und dann noch Kraft zu eigener Recherche blieb, dann stellte man schnell fest, dass laut den von openme.exe geöffneten Porno-Werbungen der Urheber des Dialers die EBS Billing Systems AG war. Und suchte man dann im Bundestelefonbuch – ja, so etwas gab es damals noch –, gelangte man zwangsläufig zur Max Mad House GmbH. So schließt sich der Kreis im weitverzweigten Business-Network von Paul Bauer.

Berühmt und berüchtigt war auch der Crosskirk-Dialer. Dieser fand sich – so geht die Legende – praktischerweise auf vielen der CDs, die dem Hustler damals beilagen. Wer einen solchen Datenträger nutzte, installierte den Auto-dialer der mallorquinischen Firma Crosskirk, die zum weitreichenden Imperium von Paul Bauer-Schlichtegroll gehörte. Und von nun an glühte die Telefonrechnung mit immer neuen Abbuchungen. Das gleiche Spiel wie-derholt sich mit der OD-Teen.exe oder Xlook für Freunde der gleichgeschlechtlichen Unterhaltung. Viel seltsamer Content und viele wirre Links nahmen ihren Ausgang im Münchner Umland rund um den Firmensitz der EBS in jenen Jahren. Willkommen in den Pionierjahren des digi-talen Payments.

Doch Paul war clever genug, um zu verstehen, dass das Dialer-Business nicht ewig weiterlaufen würde. Es war nur eine Frage der Zeit, bis die staatlichen Regulierer und die großen Telcos dem Geschäft einen Riegel vorschieben würden. Und genau das geschah im Jahr 2002. Paul war eben durch und durch ein Visionär.

Gleichzeitig hatte Herr Bauer-Schlichtegroll jedoch verstanden, welches ungeheure Potential im Payment, in der elektronischen Zahlungsabwicklung, steckte. Und schon im Jahr 2001 wollte er Nägel mit Köpfen machen und sein Payment-Business durch eine halb-freundliche Übernahme neu aufstellen. Sein Blick fiel dabei auf eine Unternehmung namens Wirecard. Ein Hervorkömmling der ersten Internet Bubble Economy – spezialisiert auf die Abwicklung von Kreditkartenzahlungen im Internet über eine zentrale Plattform. Klingt irgendwie ganz zeit-gemäß – war es aber nicht wirklich. Denn die erste Ver-sion der Wirecard stand im Jahr 2001 eigentlich unmit-telbar vor der Pleite. Dennoch lehnte das Management um den jungen und noch neuen Technikvorstand Markus Braun bestimmt, aber freundlich das erste Angebot zur Übernahme ab, das sie per Fax von Paul Bauer erhalten hatten.

Jetzt gehen die Dinge jedoch sehr schnell, und sie werden unangenehm hemdsärmelig. Ende des Jahres 2001 kommt es zu einem Einbruch bei der Wirecard AG. Die Diebe sind bei ihrem Beutezug überraschend wählerisch. Sie entwenden ausschließlich die Laptops von Markus Braun und seinem Software-Entwickler, einem sehr jungen Mann aus Wien mit Namen Jan Marsalek. Wichtige Geschäftsgeheimnisse, Software-Code, Verträge und Planung – für immer verschwunden. Cloud-Backups gab es damals noch nicht.

Der Stern der Wirecard der ersten Stunde ist nun offiziell verglüht. Die junge Tech-Unternehmung meldet Insolvenz an. Doch nun tritt Paul Bauer-Schlichtegroll als strahlender Ritter auf seinem stolzen Schimmelhengst auf den Plan und übernimmt mit einem entschlossenen Schwertstreich die ins Straucheln geratene Wirecard. Ein echter Akt unternehmerischer Nächstenliebe. Die Staatsanwaltschaft ermittelt. Ein Zusammenhang zwischen der Übernahme durch die EBS und dem vorausgegangenen Einbruch kann jedoch nicht festgestellt werden. Die ersten Stunden der neuen Wirecard – nebulös, crazy und irgendwie auch ziemlich verwirrend. So wird es 18 Jahre weitergehen.

Gut, jetzt ist es Zeit, über meine Rolle im Unternehmen zu sprechen. Ich war im Jahr 2005 freiberuflicher Marketingberater – arbeitete jedoch nicht auf den dicken

Etats der großen Consumer-Brands, sondern im Dickicht der Business-to-Business-Kunden mit ihren oft sperrigen technischen Selbstdarstellungen. Und ja, natürlich, auch ich träumte von etwas mehr Relevanz, von Flügen in der Business Class, von Anerkennung und Geld. Von all dem Kram eben, den Wirecard mir im Laufe der nächsten Jahre geben wird.

Alles begann also mit einem Anruf im Sommer 2005 ... Ein Freund kannte einen Freund, der in einem Unternehmen saß, das Hilfe brauchte.

Zu dieser Zeit gab es die smarte, glattgebügelte, globale DAX30-Welt der Wirecard noch nicht. Es existierte jedoch schon damals so etwas wie ein Raster für den perfekten aufstrebenden Managertyp im Unternehmen. Und ich fürchte, ich passte formvollendet in dieses Schema.

Der zukünftige Schlüsselmitarbeiter musste – um es einmal vorsichtig auszudrücken – in seiner Karriere reichlich Potential nach oben haben. Man könnte diese Aussage auch umdrehen und behaupten, dass Erfolgstypen im klassischen Sinne in Grasbrunn und Aschheim wenig willkommen waren. Der perfekte Mitarbeiter hat vielmehr bereits energisch an die Türen mit den großen Namen geklopft. Aber nie hatte ihm jemand aufgemacht. Kein SAP, Microsoft, Google, Amazon oder Facebook. Deswegen war man in gewisser Weise auch ein Verlierer, mein Gott. Tief in einem steckte jedoch die Gewissheit, dass das Leben irgendwo doch noch eine echte Mission bereithielt. Es musste einen zweiten Weg geben. Ein anderes, ganz eigenes Ding.

Und wenn diese Chance sich ergäbe irgendwann, dann würde man nicht den Fehler machen, der einen in der

Vergangenheit ausgebremst hat. Man würde nicht zögern oder zweifeln, sondern zugreifen und jeden Schritt energisch nach vorne gehen.

In dieses Konzept passte auch: Die Human Resources von Wirecard waren immer geradezu verrückt nach Quereinsteigern. Der Chef von Group Strategy, später Markus Brauns engster Berater, war ein Typ, der vorher allenfalls bei einigen Micro-Start-ups Erfahrungen gesammelt hatte. Die Executive Vice President von HR bei einem DAX-Konzern war eigentlich Senior Projektmanagerin und hatte anfangs von Personalführung keine Ahnung, wie sie im initialen Team-Meeting selbst freimütig zugab. Und die Produktchefin war gelernte Psychologin, Großmeisterin des gepflegten Micromanagement und hatte keinerlei technischen Background. Diese Liste könnte man endlos weiterführen. Meine These dazu lautet: Quereinsteiger waren über Jahre so damit beschäftigt, ihre eigene fehlende Qualifikation zu kompensieren, dass sie im Prinzip niemals ernsthaft nach links und rechts schauen würden. In ihnen nagte immer der Zweifel, im anderen Kontext sofort als das entlarvt zu werden, was sie im Grunde zu Beginn ihrer Wirecard-Karriere auch waren: ambitionierte Amateure. Dazu kommt: Die Tatsache, dass ihnen jemand auf höchster Ebene ohne echte Not eine Chance gegeben hatte, verstanden sie wohl auch als gegenseitigen Treuschwur. So etwas stellt man nicht in Frage. Insofern waren die Quereinsteiger am Ende immer die zuverlässigsten Kämpfer für die Belange des Vorstands.

Wirecard war für mich damals als Marketingprofi auf dem Papier so etwas wie ein ganz normaler Kunde. Aber eben nur auf dem Papier. Die Irritationen begannen eigentlich schon vor meinem ersten Meeting in Grasbrunn. Simon, mein zukünftiger Chef und Mentor, der Begleiter durch meine ersten Wirecard-Jahre, wollte mir beim ersten Anruf partout nicht seinen Nachnamen sagen. Auch bei unserer ersten Verabredung – kein Nachname. Vielmehr ließ mich Simon wissen, dass ich an der Rezeption von Wirecard einfach nach »Simon aus Berlin« fragen sollte. Jeder wüsste dann sofort Bescheid. Das fand ich schon etwas ungewöhnlich – meine Kunden bei IBM, bei Siemens oder Infineon waren da doch etwas anders gestrickt.

Aber kaum hatte ich Simon das erste Mal getroffen, war mir sofort klar, warum sein Erscheinungsbild einen gewissen Wiedererkennungswert hatte und er keinen Nachnamen brauchte: Simon trug bei jeder Gelegenheit eine große silberne Kette mit dem Nike-Logo um den Hals. Ok, muss man mögen. Im mittleren Management war das in jener Zeit zumindest ungewöhnlich.

Das ganze Erscheinungsbild und die Persönlichkeit von Simon waren Programm. Das Programm von Paul Bauer, dem Mastermind von Wirecard. Und Paul, so der Eindruck, war in jenen Jahren all das Münchner Umland von Hallbergmoos, Vaterstetten, Grasbrunn und Icking so müde geworden. Er sehnte sich wohl nach Farben, nach Aufbruch, nach Kunst, nach Global. Und Simon, den er auf verschlungenen Pfaden in Berlin-Mitte aufgelesen hatte, verkörperte und lebte all die Träume für Paul. Er führte den Sneaker-Laden Nort in der Münzstraße in Berlin, zu dem all die hippen Rapper kamen, und er leitete die Street Art Galerie 95. Das waren auch schon Simons Qualifikationen als Marketingleiter. Ein Quereinsteiger mit Nike-Kette – das ist das Prinzip, natürlich.

Paul war mit den Wirecard-Mitarbeitern der ersten Stunden nicht wirklich glücklich geworden. Über die Jahre hatte er sich an den Tech-Freaks des Unternehmens abgearbeitet und war eigentlich nur noch genervt von Markus Braun und seinem stets präsenten Director Produktentwicklung Jan Marsalek. Er hasste die endlosen Meetings und die bescheidenen Fortschritte. Das war so gar nicht das Tempo und der Style von Paul. Und so kam er praktisch jeden Morgen gegen 11 Uhr, kurz vor Beginn der üblichen Paul-Bauer-Arbeitszeit, erst einmal in das Marketingbüro, das ich mir mit einem Grafiker und Simon teilte, und rauchte einen Joint, um den Rest des Tages einigermaßen unbeschadet überstehen zu können. Dabei würdigte er mich keines Blicks. Ich war wie praktisch jeder andere auch ein Körper im Raum, dem man nur geringe Beachtung schenken musste. Kein Blick, kein Gruß, kein Handschlag. Die meisten Mitarbeiter im Unternehmen ignorierte Paul – nein, er blendete sie eigentlich komplett aus. Das war wohl seine Art und Weise, sein unternehmerisches Genie zu schützen. Es einfach nicht mit jedem zu teilen. Nur Simon, sein hochgeschätzter Marketingpapst mit den coolen Sneakern am Fuß und der glänzenden Nike-Kette um den Hals, nur Simon war Pauls präferierte Projektionsfläche.

Ich will nicht lange auf unseren eigentlichen Job eingehen in dieser Zeit. Nur so viel: Die gute alte Wirecard der ersten Jahre war ein Unternehmen, das durch und durch Mittelmaß repräsentierte. Und fast jedes gute deutsche Mittelmaß einte ein Symbol: der Globus.

Die Wirecard hatte also den stilisierten Erdball im schicken Grau-Blau im Logo, in dem zwei Pfeile sich ineinander verbinden. Das sollte wohl die Tech-Herkunft des Unternehmens repräsentieren, wirkte aber genauso provinziell und generisch wie es klingt. Das gleiche Logo hätte auch eine auf Keramikimplantate spezialisierte Zahnarztpraxis oder eine volldigitalisierte Online-Steuerberatung bestmöglich illustriert.

Und dann all das leere Tech-Gelaber auf der Website: Über Plattformen, Clearing Center, Service Center und Professional Service Teams. Die Wirecard sah sich als Anbieter für Financial Supply Chain Management auf Java und Application-Server-Technologien für modulare Lösungen – darunter ging es einfach nicht. Nur leider verstand so viel Tech-Speak aus der Feder von Markus Braun im Markt niemand. Mein Gott, man hatte einen Online-Shop und wollte seinen Kunden die Zahlung ermöglichen. Das sollte funktionieren, das war die Pflicht – für Markus stand aber immer auch die Kür im Mittelpunkt. Das war wahrscheinlich eines seiner größten Probleme.

Alles sollte so international und cool wie möglich klingen und aussehen und wirkte doch wie pure Provinz. Das wollte Paul, der inzwischen im Aufsichtsrat saß, ändern. Und deswegen war ich hier. Das Unternehmen sollte zur Marke werden. Und die musste mitspielen können im Portfolio deutscher Vorzeige-Brands. Nicht weniger als Lufthansa oder SAP – das war der Anspruch. So war Paul eben: ein Visionär im besten Sinne. Er hatte den Aufstieg in den DAX im Design schon vorausgedacht. Und wir, sein treues Marketing- und Dream-Team, wir setzten seine Vision in die Tat um.

Da war ich also: Die Text- und Gestaltungsmaschine, jetzt plötzlich fest angestellt im Wirecard-Universum, stets bemüht, den ganzen Strom von Tech-Irrsinn in so etwas wie eine Markenpositionierung zu gießen.

Unsere zahlreichen Initiativen zielten im Jahr 2006 von Beginn an auf einen Fixpunkt. Die wichtigste Messe der damaligen Wirecard-Welt: Die Gigse in Montreal. Die Gigse in Montreal kennt natürlich kein Mensch mehr. Und ehrlich gesagt kannte dieses Event auch damals niemand. Außer einer kleinen, erlesenen Schar von Profis, die sich in den Jahren 2006 und 2007 für Online-Payment im Gambling-Bereich interessierte. Darum ging es bei dieser Veranstaltung. Man traf sich alljährlich in Kanada – sozusagen in der neutralen Zone. Die USA haben zu Online-Glücksspiel seit jeher ein eher gespaltenes Verhältnis. So waren Online-Casinos durch den Unlawful Gambling Act aus dem Jahr 1998 in einzelnen Staaten der USA rechtlich nur eingeschränkt möglich. Wirklich gestört hatte das bis dato jedoch niemanden. Anyway: Die Branche der Online-Gambling-Guys wollte nicht viel Aufhebens um sich selbst machen und ging nicht das Risiko ein, etwa in Las Vegas selbstbewusst durch die Konferenzräume der feindlichen land-based Casinos zu marschieren. Stattdessen traf man sich Jahr für Jahr ganz entspannt in Montreal. Und 2006 war der Zeitpunkt gekommen, an dem das neue Markendesign der Wirecard in Kanada seinen ganz großen Auftritt hatte.

In Broschüren und im Standdesign redeten wir nicht viel um den heißen Brei herum. Überall glänzten riesige rote Würfel mit dem neuen Wirecard-Logo nun in klarer Typo und dem charakteristischen Blau/Rot. Und im Fließtext dichtete ich: »Wire Card is the Solution Partner of the international gaming community. We provide you with payment solutions tailored precisely to your eGaming range. From Internet casinos and poker rooms to online role playing.«

Klingt heute seltsam, wenn man die Wirecard mit all den sauberen Tech-Stories im Ohr hat, die das Unternehmen inzwischen produziert hat. Aber zu Beginn ihrer Entwicklung war die gute alte Wirecard vor allem eines: der willfährige Lösungspartner der internationalen Gaming-, Gambling- und Porno-Industrie. Fühlte sich soweit für mich ok an, und unser erster Aufenthalt in Montreal blieb mir vor allem deswegen in Erinnerung, weil ich sieben alkoholgeschwängerte Tage im W-Hotel mit dem Sales Team unter Führung des damaligen COO der Wirecard, Rüdiger Trautmann, verbrachte, einem alteingeschworenen Profi für alles, was High Risk war.

Warum High Risk? In der Zahlungsabwicklung regeln natürlich auch Angebot und Nachfrage den Markt. Den Preis einer Transaktion bestimmt jedoch immer auch das Risiko. Und je riskanter ein Geschäft für sogenannte Chargebacks ist, also das nachträgliche Zurückziehen einer Kartentransaktion durch den Kunden, umso profitabler ist es auch. Das ist die simple Logik, die die ganze Branche eint. Denn Chargebacks kosten den Händler Geld in der Abwicklung, und sie kosten auch Profil bei Visa und Mastercard, den führenden Kreditkartenherausgebern der Welt.

Um das zu verstehen, muss man den Kerngedanken des Payment-Geschäfts und die damit verbundene Rollenverteilung durchdringen. Visa und Mastercard setzen die globalen Regeln für das Kreditkartengeschäft. Die bunten Plastikkarten bringen jedoch stets die jeweiligen Banken heraus, die im Englischen Issuer genannt werden. So weit, so gut. Wenn man nun mit dieser Kreditkarte im Internet bezahlen will, dann gehen die Zahlinformationen, die man mühsam von der Kreditkarte in das Eingabefeld des Webshop eingetippt hat, zunächst an einen sogenannten Payment Service Provider (PSP). Das ist die Ursprungsrolle von Wirecard. Der PSP kümmert sich im Auftrag des Händlers um die gesamte Abwicklung der Transaktion, das Risiko, die Auszahlung, die Optimierung. Die Transaktion wird vom PSP aufgenommen und geht dann zur Acquirer-Bank. Dabei handelt es sich um eine auf Zahlungsmanagement spezialisierte Bank. Die prüft beim Issuer den Kontostand der jeweiligen Karte, spielt die Information zurück und sorgt dafür, dass die Zahlung bewilligt wird. Ja, genau das passiert in jenem kurzen Zeitfenster, das die meisten Kunden geflissentlich ignorieren – zwischen der Abgabe der Bestellung und der Bestätigung des Einkaufs.

Treten bei einem Händler nun vermehrt Chargebacks auf, werden Visa und Mastercard zunehmend nervös. Die Chargeback-Rate, also die Rate Chargeback-zu-Transaktionen, sollte 1 Prozent besser nicht überschreiten. Sonst leiten die Card Schemes empfindliche Strafzahlungen ein. Im Extremfall entziehen Visa und Mastercard dem PSP jedoch auch die Rechte für die Akzeptanz von Zahlungen. Das ist natürlich ein radikaler Schritt: Aber im Falle von Wirecard wurde diese Konsequenz zumindest in den Anfangsjahren mehrfach angedroht. In jenen Jahren war die Wirecard führend, wenn es darum ging, Visa und Mastercard Strafen in Millionenhöhe zu zahlen.

Dafür gab es gute Gründe: Wirecard war eine auf High-Risk-Transaktionen spezialisierte Payment-Bude, Chargebacks waren folglich an der Tagesordnung. Warum ist das so? Nehmen wir einfach an, dass ein Kunde im Online-Poker eine empfindlich große Summe verloren hat. Er könnte in seiner Verzweiflung versuchen zu behaupten, dass er die initiale Kreditkartentransaktion gar nicht selbst getätigt hat und die Zahlung zurückziehen.

Ein anderes Szenario zieht häufig Chargebacks nach sich: Ein sonst kreuzbraver Familienvater verlässt den rechten Weg und lässt sich von seinen niedersten Empfindungen leiten. Er surft ein wenig auf frei verfügbaren Pornoseiten und stößt hier auf sogenannte Affiliate-Links, die zu kostenpflichtigen Chat-Rooms mit echten Pornodarstellerinnen führen. Nun taucht – nachdem die erste Euphorie längst wieder der Vergangenheit angehört und der Alltag eingekehrt ist – auf der Kreditkartenabrechnung von Mama und Papa eine seltsame Abbuchung von Sixens6969.com auf. Das kann natürlich nur ein Fehler sein. Und nach einem kurzen Anruf bei der Hausbank und dem Kreditkartenherausgeber wird versucht, die Transaktion nachträglich zu canceln.

Wilder wird es natürlich, wenn Nutzer für einen vermeintlich einmaligen Service zahlen und sich mit einem Mal in einem Abo wiederfinden: für Porno, Pharmaprodukte oder auch für Goji-Beeren. Monat für Monat glüht die Kreditkarte – irgendwann werden die Kunden die Reißleine ziehen. Und das führt fast zwangsläufig in den Chargeback.

Und dann sind da natürlich noch solche Transaktionen, die per se einfach nicht stattfinden sollten. Nämlich

Gambling-Angebote in Ländern, in denen man eigentlich nicht spielen darf. Hier erreichen wir den Gipfel des High Risks. Das erste Mantra der Branche lautet: Je komplexer das regulatorische Risiko, desto höher der Preis einer Transaktion. Dazu kommt noch: Weil die Prozente von Chargeback-Quoten per Händler aber auch per Payment Provider relevant sind, versuchen fast alle High-Risk-Abwickler risikobehaftete Transaktionsvolumina mit sauberen Transaktionen zu mischen. Für einen bestimmten Anteil Porno-Abo-Transaktionen braucht man also einen entsprechenden Anteil Fitness-App-Subscriptions, um das Gesamtportfolio schön sauber zu halten und die Overall-Chargeback-Quote unter 1 Prozent zu drücken.

Um genau diese Dinge ging es im Jahr 2006 auf der Gigse: Es war ein bunter Tauschmarkt für risikobehaftete Transaktionen. Du kaufst ein Kontingent Risiko ein oder lieferst cleane Portfolios. Das Ganze ist eine eigene Wissenschaft, und Typen wie Rüdiger Trautmann waren regelrechte Magier ihrer Zunft.

Rüdiger lief erst bei Risiko zur Hochform auf. Ursprünglich kam er von einer berühmt-berüchtigten High-Risk-Bude namens Pago, die später im Jahr 2008 von der Deutschen Bank übernommen wurde. Wenn Rüdiger auf den wöchentlichen Sales-Meetings mit den Umsatzzahlen aus klassischem E-Commerce, Travel oder Consumer Goods konfrontiert wurde, musste er sich vermutlich bemühen, nicht einzuschlafen. Hellwach war er eigentlich nur, wenn Patrick Mosbach, der Dark Lord des Poker- und Digitalbusiness, im Raum war. Was zugegebenermaßen fast nie passierte – Patrick war zu sehr damit beschäftigt, mit seinem 911er-Firmenwagen durch die Gegend zu brettern, High-Stake-Poker zu spielen und irgendwo zu versumpfen.

So und nun haben wir dann auch das Team zusammen, das sich 2006 in Montreal zur Gigse auf den stockdunklen Fluren des W-Hotels traf: Rüdiger Trautmann, Paul Bauer, Patrick Mosbach und diverse weitere Sales. Die Messe zog an mir vorbei wie ein verdammter Wirbelsturm aus Sales-Meetings, Alkohol und nächtlichen Entertainment-Angeboten. Als Simon irgendwann aus Berlin eingeflogen war, wollte er ausgerechnet mitten in der Nacht in Montreals dunkelstem und gefährlichstem Park spazieren gehen, um die lokalen Drogenangebote auszutesten. Er war eben ein echter Bad Boy. Dass sein Vater Professor war und er aus gutbürgerlichem Hause kam und nicht in der Hood aufgewachsen war – geschenkt. Simon teilte Pauls Leidenschaft für die dunklen Bezirke des Lebens – sie hätten mit dieser gemeinsamen Vorliebe Freunde fürs Leben sein können. Bis Simon sich wenige Monate später mit Paul Bauer so sehr über irgendeinen Firmenwagen stritt, dass beide fortan nur noch über Anwälte kommunizierten.

Auf der Gigse 2006 war es schließlich auch, als Simon mich zu einem Spaziergang aufforderte und in die wirkliche Wirecard-Welt einführte. Dies, so sagte Simon, sei meine Inauguration als Wirecard-Mitarbeiter, der heilige Gral sozusagen, der von Managergeneration zu Managergeneration weitergegeben wurde. Und das war die Essenz: Weil Online-Poker in den USA zum Teil verboten ist, heißt das nicht, dass niemand Online-Poker spielt. Im Gegenteil, die Amerikaner sind verrückt nach dem Zocken am

Bildschirm. Das Problem ist nur, dass Einzahlungen für Pokerspiele eingehen müssen, und im Falle von Gewinn-auszahlungen muss Geld auch wieder rausgehen. Das ist natürlich eine Herausforderung, wenn das Kern-geschäft illegal oder zumindest grauwertig ist. Was also tun? Viele Unternehmen der Branche hatten hier eine hochinteressante Lösung im Portfolio: Man baute kleine Online-Shops auf, über die Zahlungen in unverdächtiger Weise abgewickelt werden. Der Kunde, der Online-Poker spielt, findet auf seiner Kreditkartenabrechnung lediglich einen unverdächtigen Laden. Das Beste dabei: Der ver-meintliche Handel ist nicht nachvollziehbar. Denn das Produkt, das der Händler verkauft, ist schnell verderbli-che Ware. Warum nicht einfach Blumen? Der Kunde kauft sich einen Strauß, erfreut sich kurz an der Farbenpracht in der Vase und wirft die verblühten Blumen weg. Die Idee der Flowershops war geboren: Ein Großteil der Einzah-lungen von US-amerikanischen Pokerspielern in den Jah-ren 2003 bis 2006 lief über erfundene Blumenläden. Und weil natürlich nicht ein einziger Blumenladen die gesam-ten Zahlungsflüsse eines amerikanischen Online-Casinos darstellen konnte, mussten Hunderte von Flowershops gebaut werden. Das lief eine Weile ganz gut, dann musste man diversifizieren, weil Visa und Mastercard dieser un-gewöhnliche Boom im Blumenbusiness natürlich nicht verborgen blieb. Shops mit Nahrungsergänzungsmitteln, mit Reisetickets oder mit jeder Art von verderblichen Waren folgten.

Shops mussten dabei en gros produziert und gema-nagt werden, weil der Lebenszyklus des ganzen Sche-mes begrenzt war. Irgendwann verstanden Visa und

Mastercard, was ablief, und entzogen dem vermeintlichen Händler die Möglichkeit, Kartentransaktionen entgegenzunehmen. So hatte sich also ein ganzes Netzwerk von ehemaligen Wirecard-Mitarbeitern und Friends-of-Friends darauf spezialisiert, Flowershops unterschiedlichster Art aufzubauen. Der Preis für einen vollständigen Shop lag damals um 2500 Euro – das war nicht das Problem. Das eigentliche Problem war, dass man natürlich irgendeinen Wahnsinnigen oder Dummen brauchte, der im Impressum des Shops als Verantwortlicher genannt wurde. Aber es gab diese Leute, und sie wurden für ihre Dienste gut bezahlt.

Die Konzeption von Flowershops war ein Fließbandgeschäft, und ich als semi-intellektueller Marketingtyp war – wie sich schnell herausstellen sollte – die denkbar schlechteste Wahl für diesen Job. Das merkte ich schnell bei meinem ersten und letzten Engagement als Flowershop-Produzent. Ich wollte tendenziell qualitativ texten und auch ein cooles Erscheinungsbild gestalten. Für meine Kollegen und die Profis im Flowershop-Design war das alles crazy Zeitverschwendung. Am besten war es, wenn man bestehende Shops im Internet einfach eins-zu-eins kopierte. Copy-and-Paste in neues Design. Finito. 2500 Euro kassieren und weiter geht es. Ich hatte das Konzept irgendwie komplett missverstanden und nur diesen einen Versuch unternommen, im Flowershop-Business reich zu werden. Hat leider nicht geklappt.

Nachdem Simon sich mir also bei unserem Spaziergang geöffnet hatte, fiel es mir wie Schuppen von den Augen. Das ganze Unternehmen hat sich nicht viel Mühe gegeben, seine Herkunft aus dem Gamblingbereich zu verschleiern. Aber einem Newbie wie mir war das nie aufgefallen. Auf dem Firmenparkplatz fanden sich reihenweise PS-strotzende Neuwagen mit Autokennzeichen, die den Nummerncode 7995 enthielten – das ist jene Codierung, die Visa und Mastercard in der internen Abwicklung dem Glücksspielgeschäft geben. Wenn man richtig hinsieht, dann findet man es überall: Die Zahlungslösung Click-2Pay, damals die erste Produktentwicklung von Jan Marsalek, pures Casino-Business für den amerikanischen Markt und vermutlich der Grund, warum Jan – wie viele andere hochrangige Wirecard-Manager – auch in den Jahren danach niemals in die USA reiste. Und dann unsere außergewöhnliche Gewinnmarge: Zu Beginn beinahe zehn Mal so hoch wie die jedweder Konkurrenz. Mit ein wenig Tech-Gelaber über Plattformen und 360-Grad-Lösungen, das ist mir heute klar, ist das nur schwer möglich.

Bleibt die Frage, wie man seinen moralischen Kompass verliert. Wie man auf die Idee kommt, dass die Unterstützung für illegales Online-Poker oder Porno eine coole Angelegenheit ist. Nun, die Regeln dieses Spieles sind im Payment immer gleich, und sie basieren darauf, die Technologie der Zahlungsabwicklung innerlich von der eigentlichen Leistung, vom Content, zu trennen. Im Falle des Online-Pokers in den USA ist das noch einfach: Die Regulierung klingt zunächst einmal merkwürdig. Online-Poker oder Internet-Glücksspiel ist der kleine Bruder der großen Casinos, deren Glitzerfassaden in Las Vegas oder Atlantic City gen Himmel wachsen. Menschen wollen spielen, sie sind online, und nichts daran ist per se verwerflich.

Kommen wir nun zu jenem Dreiklang von Argumenten, der in der Zahlungsabwicklung die Grenze zwischen Gut und Böse markiert:

Wir sind technische Service-Dienstleister – den Content liefern andere.

Wenn wir es nicht machen, macht es jemand anderes.

Und wenn wir es machen, dann wird es richtig profitabel.

Ob es nun Kinderpornographie ist oder sich um Kriegswaffen handelt. Das Mantra ist dasselbe, und es funktioniert immer. Content wird lediglich als Risiko bewertet, mit dem die Marge in der Abwicklung der Zahlungstransaktion berechnet wird. Jetzt sind wir in der Welt des High Risk Payment. Und das funktioniert nach ganz anderen Maßstäben als die saubere Realität der Zahlungsabwicklung von Supermärkten und Innenstadtläden. Und weil hohes Risiko immer hohe Marge bedeutet, können wir davon ausgehen, dass fast jeder, der in der Vergangenheit Milliarden in der Zahlungsabwicklung verdient hat, den einen oder anderen Fuß in diese dunkle, hochprofitable Welt gesetzt hat.

Den Fuß gesetzt, das scheint mir ein gutes Bild. Jemand setzt einen Fuß voran und geht einen ersten Schritt. Kleine Entscheidungen, ein wenig schnell verdientes Geld, aber viel Hunger auf mehr. Und so blöd, so moralisch, so langweilig-ätzend es auch klingen mag: Diesem ersten Schritt folgen viele weitere. Einige sind zwangsläufig in ihrer Logik. Andere von noch mehr Gier gesteuert. Am Ende steht dann ein Unternehmen, das in seinem Kern durch und durch zerfressen ist von innerer und äußerer Korruption. Das gibt es oft, und oft bleibt diese Unternehmung klein und begrenzt. Sie tendiert dazu, unauffällig zu bleiben und ein Dasein in den Schattenwelten zu führen. Nur ganz selten gibt es dann eine Gruppe von Menschen, die mehr will. Die sich nach dem schnellen Geld mit ebenso großer Erbarmungslosigkeit zu sehnen scheint wie nach der öffentlichen Anerkennung.

Voilà, und jetzt sind wir bei der Wirecard und Dr. Markus Braun angekommen. Es reichte einfach nicht, Milliarden in dunklen Kanälen umzusetzen. Markus war immer geradezu versessen darauf, einen Weltkonzern zu leiten. So kam es, dass schon in den ersten Jahren bei der Wirecard die Business- und die Storyline von Wirecard in komplett unterschiedliche Richtungen drifteten. Das Credo von Markus in der Außenkommunikation von Wirecard lautete: Börsenwert verdoppelt, stärkster Komplettanbieter im europäischen, später im globalen Payment, Steigerung des operativen Gewinns um mindestens 30 bis 40 Prozent. So wird es von nun an weitergehen: Jahr für Jahr. Und das Seltsame ist: Niemand findet es auch nur bemerkenswert, dass ein Unternehmen über die kommenden 15 Jahre jeder Krise und jeder Herausforderung der Märkte trotzt und jedes Quartal um 30 Prozent im Umsatz und EBITA wächst. Das schafft noch nicht einmal ein Apple, Amazon oder Microsoft. Aber hier, am Rande der Stadt München, in einem tristen Gewerbegebiet erst in Grasbrunn, dann in Aschheim, hier passiert Wunderbares.

Für mich zeigt sich dennoch schnell, wie fragil die strikte Trennung zwischen Business und Story ist. Wir schreiben das Jahr 2007: Die Vorbereitungen zur nächsten Gigse sind in Full Swing. Der Messestand ist auf dem Weg nach

Montreal, die Flüge und Hotels sind gebucht. In letzter Minute jedoch verändert eine politische Entwicklung den gesamten Markt. In einem beispiellosen Tempo bringt die damalige Bush-Administration eine deutlich verschärfte Version des Unlawful Gambling Act, nämlich den Unlawful Internet Gambling Enforcement Act auf den Weg: Das neue Gesetz stellt die Akzeptanz von Zahlungen für das Geschäft mit Online-Glücksspiel unter harte Strafen. Bis zu fünf Jahre Haft drohen fortan jenen, die Payment für Internet-Casinos anbieten. Im Fokus steht das gesamte Portfolio von Zahlungsmöglichkeiten: von der Kreditkarte über elektronischen Zahlungsverkehr, über den Scheck und den Wechsel. Unternehmen wie Partypoker, 888 oder Sportingbet machen damals in den USA 1 Milliarde Dollar Umsatz im Jahr. Dieses Business wird mit einem Mal zu einem unkalkulierbaren Risiko. Einzelne Unternehmen der Glücksspielbranche reagieren sofort und ziehen sich schlagartig aus dem Markt zurück. Es gibt erste Verhaftungen von britischen Managern der Glücksspielindustrie, die auf dem Weg zur Gigse in Washington zwischengelandet sind. Gerüchte gehen um, dass das FBI Flüge nach Montreal auf amerikanischen Boden umleitet.

Und die Wirecard? In einer Nacht-und-Nebel-Aktion streichen wir die Gigse 2007. Weil jedoch alles schon gebucht und bezahlt ist, leisten Simon und ich uns einen denkwürdigen Scherz. Wir lassen die Nachricht »The King has left the building« im Wirecard-Design auf den Boden des leeren Messestands plotten. Bäm. Wir sind die richtig coolen Jungs aus dem richtig bösen Business.

2

Memyselfandi007 und der talentierte Herr Marsalek

Ich treffe Jan Marsalek zu Beginn des Jahres 2006 zum ersten Mal. Er kommt in Begleitung von Markus Braun in das Marketingbüro, das fern von all den repräsentativen Offices und Meetingräumen unter dem Dach des Firmengebäudes der Wirecard in Grasbrunn liegt. Jan hat die Haare zu einem sehr kurzen Irokesenschnitt gestylt – ganz der Kampfschwimmer, der er nie war. Er trägt zerschlissene Jeans und sehr auffällige Cowboystiefel. Das ist so eine Art Markenzeichen von ihm. Seine ganze äußere Erscheinung, die nichts mit seiner tatsächlichen Orientierung zu tun haben muss, wirkt – sorry, Jan –, als wäre er straightaway aus einem Schwulenclub der härteren Gangart gekommen. Ich finde das irgendwie sympathisch. Es wirkt wie ein erfrischend klares sexuelles Statement – endlich kommt mal irgendwie Leben in die Bude.

Das Outfit mag dominant und doppeldeutig wirken – jedoch kommt Jan in jenen Tagen in der Zusammenarbeit eher verschreckt und unsicher rüber. Da ist so viel, das

Jan nervös macht: Er fühlt sich immer zu jung, er hat keinerlei Ausbildung im klassischen Sinne genossen, und er ist das Zielbild für jede Art von Hohn und Spott, die vom Team des mächtigen Aufsichtsrates Paul Bauer ausgeht.

Denn Paul kennt von Jan einige wirklich gute Stories. Diese etwa: Im Jahr 2000 stellt der Gründungs-CEO der Wirecard, Detlev Hoppenrath, Jan vor allem deswegen ein, weil der vorgibt, sich mit dem Wireless Application Protocol, kurz WAP, auszukennen. Ich möchte nicht wieder auf das Thema Quereinsteiger eingehen – aber, hit me, baby, one more time. Hier ist das Muster, das die Entwicklung der Wirecard praktisch seit den Anfängen begleitet.

Jan hat sich das Programmieren selber beigebracht. Er hat kein Studium absolviert und verfügt über keinerlei einschlägige Berufserfahrung, kein Abitur, ja er hat noch nicht mal einen Führerschein. Er ist ein junger Mann, der mit seinem Elternhaus im fernen Wien gebrochen hat und der so ganz ohne die Rückendeckung von Bildung und Expertise sein Glück in der digitalen Welt der Bits & Bytes sucht.

Jan wurde im Jahr 2000 bei seinem ersten Job bei der Wirecard damit betraut, ein Projekt umzusetzen, das auf den programmatischen Namen Wirecard 2.0 hörte. Dabei handelte es sich um eine Zahlungsumsetzung für die mobile Welt des Internets, die auf den Screens der ersten halbwegs smarten Handys stattfinden sollte. An sich eine gute Idee. Doch Jan versagte im eigenen Reporting komplett: Er ließ den damaligen Vorstand über den schleppenden Fortschritt der Entwicklung im Unklaren und setzte das Projekt schließlich komplett in den Sand. Zwei Millionen Euro, die das Management in das Development investiert hatte – gone with the wind. Das junge Start-up Wirecard stand damals wieder einmal kurz vor dem Ruin. Wenn man sarkastisch sein will, dann kann man anerkennen, dass Jans Karriere damit eine gewisse Klammer aufweist. Zu Beginn im Jahr 2000 ließ er in gewisser Weise zwei Millionen verschwinden – 2020, am Ende, waren fast zwei Milliarden weg. Muss man auch erst mal hinkriegen.

Paul Bauer, der die Wirecard in meiner Anfangszeit noch nach der Art eines superstylischen Gutsherren kontrolliert, weiß 2006 natürlich von diesem kleinen Knick in Jans Karriere. Und er weiß auch, dass Jan bei der Weiterentwicklung der Wirecard-Wallet Click2Pay einige Jahre später ebenfalls beinahe scheiterte. Und so macht Paul aus seiner Geringschätzung für Markus und dem eigentlich immer im Windschatten des CEOs segelnden Jan Marsalek nie einen Hehl. Legendär sind etwa Auftritte, bei denen Paul nonchalant den CEO und seinen jungen Sidekick darum bittet, die Reinigung des Messestandes zu übernehmen.

Als Marketingfachkraft habe ich von Anfang an einen Draht zu Jan. Denn Marketing hat viel mit Design zu tun. Und das ist eines von Jans Lieblingsthemen. Simon, mein eigentlicher Chef, ist Paul Bauers Designboy, und so bleibt Jan bei seinen gestalterischen Ambitionen nur die zweite Reihe, und das bin dann wohl ich. Mit mir geht er also auf die Suche nach seinem ganz eigenen goldenen Schnitt. Er möchte – aus Gründen, die mir nie völlig klar werden – eine eigene Identität im Design entwickeln. Irgendeine Art von Symmetrie. Das ist wichtig für Jan, dass die Dinge um eine feste Achse herum eine klar definierte Beziehung zueinander haben. So kann er mit Problemen umgehen. Indem er ihnen ein System gibt.

Seine Anstrengungen konzentriert er in diesen ersten Tagen unserer jungen Beziehung vor allem auf die Corporate Präsentation von Wirecard. Er findet, dass die bestehende PowerPoint – ein Grafik-Monster, das aus nichts anderem zu bestehen scheint als aus bunten Logos, knalligen Farben und Unmengen Text – nicht zum Unternehmen passt. Er träumt von mehr Klarheit, Relevanz und Weltläufigkeit. Wie das gehen soll, davon hat er jedoch wenig Ahnung. Weil er keinen eigenen Geschmack und kein eigenes Stilempfinden hat, sucht er immer nach Vorbildern und Vergleichen. Nie ist etwas wirklich gut genug – immer können es die anderen besser. Das wird unser Mantra. Präsentationsversion nach Präsentationsversion, Grafik nach Grafik, Text nach Text. Hunderte Male – nie ist es gut genug für den kritischen Herrn Marsalek mit seinen großen Plänen.

Bei diesen Jobs zeigt sich schnell, dass Jan vielleicht keinen wirklichen Style hat, aber dafür mit einem unbestechlichen Blick selbst für kleinste Details glänzt. Man kann ihm alles vorlegen: Ein Bild, ein Chart, eine Präsentation, eine Headline – er ist in der Lage, sofort den winzigsten Fehler zu erkennen. Man muss sich das so vorstellen: Ganze Designteams arbeiten über Wochen an einem Projekt, und er sieht einfach nur kurz von der Seite drauf und deutet beiläufig auf den einzigen, kleinen Rechtschreibfehler. Fuck. Tausende Male stellen wir diese Fähigkeit unfreiwillig auf die Probe, und immer funktioniert es.

Wenn wir beim Design nicht weiterkommen, plaudern

wir manches Mal auch über Karrieren. Über meine Karriere zum Beispiel, die ich mit einer Headfunktion krönen will. Head of Marketing im TecDAX – das wäre so meine Zielsetzung. Man ist ja bescheiden. Jan dagegen fühlt sich zum Vorstand berufen. Wir sind zwei Wirecard-Mitarbeiter mit durchaus ambitionierten Plänen. Und wenn man so will, steht uns beiden gleichermaßen das Paul-Bauer-Netzwerk im Weg. Bei mir blockt Simon jede Bewegung nach vorne oder nach oben – bei Jan ist es COO Rüdiger Trautmann.

Einige Male gehe ich mit Jan zum Mittagessen ins Ilios Restaurant, dem Griechen in Grasbrunn. Und wir reden auch über berufliche Chancen und Werdegänge. Ich sage Jan einmal, dass ich nicht glaube, dass er mit seinem Curriculum Vitae für ein anderes Unternehmen wirklich relevant wäre. Das findet er ziemlich verstörend, sagt er, und stochert uninspiriert in seinem Meeresfrüchtesalat herum. So kritisch sieht er sich eigentlich nicht. Er will aus Grasbrunn raus in jenen Tagen. Weg von den Vorstädten, rein ins Leben. Weg von all dem Nonsens, den er bei Wirecard ertragen muss. Spoiler Alarm: Er wird nicht weit kommen mit diesem Plan. Und ich denke auch, dass es nicht clever gewesen wäre, einen CV mit seinem Profil zu versenden: Schulabbrecher, Nicht-Studium-Beginner, eher erfolgloser Produktentwickler in einem Start-up, das ständig gegen die Insolvenz ankämpft und schließlich von einer Pornobude übernommen wird. Viel Spaß, lieber Jan, wenn du diese Geschichte den Personalchefs von Siemens oder BMW erzählst.

In den Jahren 2006 und 2007 gibt es ein Kernthema in der Produktentwicklung von Wirecard: die Integration der Wirecard Bank.

Darum geht es: Die Wirecard hat im Jahr 2006 die XCom Bank übernommen und zur hauseigenen Wirecard Bank umfirmiert. In der Welt der Gambling-Freaks und Porno-Profis ist das eigentlich ein ziemlich verstörender Schritt. Denn nun ist die Wirecard nicht nur an der Börse gelistet und muss Jahr für Jahr einen ausführlichen Geschäftsbericht verfassen. Nein, jetzt ist man auch der Bankenaufsicht BaFin verpflichtet. Mehr Reporting ist schwer vorstellbar.

Doch Markus Braun setzt sich mit seiner Entscheidung durch. Er will mit der Bank die »vollständige Abdeckung der Financial Supply Chain« vorantreiben.

Die Bank ist jedoch kein Geldinstitut im klassischen Sinne, also mit Filialen, Geldautomaten oder Menschen hinter Schaltern. Die Bank ist vor allem und in erster Linie eine Lizenz. Und diese Lizenz braucht eine von der BaFin autorisierte Fachkraft im Management. Einen Generalbevollmächtigten. Und das ist bei der Wirecard Bank ein junges Milchgesicht, das die Geschicke des Unternehmens in den kommenden Jahren maßgeblich prägen wird. Wir reden von Oliver B.

Von all den Blumen des Bösen und merkwürdigen Schattengestalten, die in jenen Tagen über die Flure des Firmensitzes in Grasbrunn schweben, ist Oliver mit einigem Abstand die größte Freakshow. Er ist als Sohn eines honorigen Bankers gleichsam in die Rolle des Generalbevollmächtigten der Wirecard Bank hineingeboren. Oliver wirkt äußerlich, als hätte er sich in der Zeit verlaufen und wäre irgendwo in den Achtzigern stehen geblieben. Wenn er nicht in einem Nadelstreifenanzug steckt, dann setzt er auf eine lässige Kombination: Er trägt eine Chevignon-

Lederjacke, auf die er unheimlich stolz ist, und lachs- und fliederfarbene Pullis, die er lässig über die Schulter knotet. Er wirkt wie ein junger Mann aus bestem Haus – geschult in den Eliteinstituten in der Schweiz und in Deutschland. Doch wenn Oliver zu reden beginnt, dann bricht das ganze Bild jäh in sich zusammen. Denn B. ist der Meinung, dass ein ausgesprochener Ghettoslang seine Persönlichkeit perfekt unterstreicht. So geht es dann endlos über Bitches und Hoes, Fucker und Loser und überhaupt allen crazy shit, Alter. Oliver ist daneben auch der Welt größter Fan des Ego-Shooters »Call of Duty« und ballert sich über den 24-Zoll-Monitor, den er eigens dafür in seinem Büro anbringen ließ, endlos und gut vernehmbar für andere in Rage. Alles Fucker, Alter – alles cheap kills, alles Bitches. Bäm, Bäm, Bäm.

Doch Oliver driftet in seiner Selbstdarstellung gerne auch noch weiter ab. Seine offen gezeigte Ausländerfeindlichkeit ist legendär und gefürchtet. Ich finde mich etwa in einer Situation wieder, in der sich Oliver in Anwesenheit eines farbigen Mitarbeiters bei mir entschuldigt, dass er seinen Hund noch nicht richtig auf Schwarze abgerichtet hat. So läuft Olivers Swag: ein Hochgesang auf das Dritte Reich, auf die Überlegenheit der arischen Rasse gegenüber den Juden und überhaupt auf Österreich und Deutschland. Und all das präsentiert Oliver so lustbetont offen und ungezwungen – gerne auch in Meetings mit Kunden und Partnern –, dass man sich oft fragt, ob das in seiner Überhöhung nicht auch nur ein Joke, eine gezielte Provokation ist. Ich jedenfalls sehe mich ein ums andere Mal gezwungen, den Raum zu verlassen, wenn Oliver richtig loslegt. Nicht, dass das wirklich etwas bringt. Für

Oliver bin ich eine »linke Zecke« – aber immerhin mit einer gewissen Haltung. Respect, Alter.

Neben dem Nationalsozialismus und »Call of Duty« hat Oliver eigentlich nur eine erkennbare echte Leidenschaft: Autorennen. Er ist unfassbar stolz auf seine Rennlizenz und freut sich jedes Mal wie ein Kind, wenn er einen eiligen Kunden von Aschheim zum Flughafen München fahren darf. Dann setzt er mit großer Geste seinen Rennfahrerhelm auf und beschert dem Beifahrer die vermutlich größte Panikattacke seines Lebens, wenn er mit 250 Stundenkilometern auf der Autobahn mit einer einzigen energischen Lenkbewegung zwei Spuren gleichzeitig wechselt.

Ich komme öfter in diesen Genuss, denn Oliver hat ein signifikantes Problem mit seiner Ernährung. Er trinkt grundsätzlich nur aus original verschlossenen Flaschen, die er selbst geöffnet hat, desinfiziert sich ungefähr hundertmal am Tag die Hände und akzeptiert lediglich zwei bis drei Gerichte in ausgewählten Restaurants. Und eines davon ist auf bizarre Art und Weise das Rambutan nahe der Wasserburger Landstraße in München. Eine Zeit lang darf ich jede Woche einmal mit Oliver hier mittagessen – Anreise natürlich im radikalen Tiefflug mit seinem Audi RS4, 450 PS inklusive.

Mithalten mit dem ganzen Irrsinn rund um Oliver kann eigentlich nur eine junge Dame mit dem Namen Brigitte Häuser-Axtner. Brigitte leitet das systemrelevante Digital- und Gamblinggeschäft, nachdem es Patrick Mosbachs Karriere erwartungsgemäß völlig zerlegt hat. Brigitte und auch später ihr Mann Carlos können dem ewigen neonazistischen Ranting von Oliver B., wenn man ihren Äußerungen Glauben schenken mag, im Prinzip sehr viel Positives abgewinnen. Man ist demnach ganz Herrenmensch, aber anders als Nietzsche mit einer starken Affinität zu den Luxuslabels der Welt. Und überhaupt spielt Brigitte auch »Call of Duty« ganz anständig und flucht dabei viel und wild. Ihr Credo lautet: Niemand arbeitet härter und ist für mehr Umsatz verantwortlich als sie. Die toughe Brigitte war – laut ihrer eigenen Bekundung – bereits wenige Stunden nach der Geburt ihres Kindes am Blackberry wieder einsatzbereit und hat für weiteren Umsatz mit ihren Gambling- und Pornokunden gesorgt. Das ist die Art und genau die Fallhöhe, die den jungen Herren Jan und Oliver sehr gefällt.

Und schon ist sie beisammen, die illustre Clique rund um Jan Marsalek. Mit Oliver, Brigitte und Carlos zieht man in die Schlacht. Und im Mittelpunkt des Kampfs um die Weltherrschaft im Hause Wirecard steht in jenen Tagen vor allem ein Projekt, das auf den klangvollen Namen Horus hört. Der altägyptische Gott des Lichtes – darunter macht man es in Grasbrunn nicht. Horus ist ein Produktkonzept, das auf Subprimes zielt. Dabei handelt es sich um jene bedauernswerte Zielgruppe, die wegen geringer Bonität niemals eine Kreditkarte besitzen wird, aber dennoch diverse Services in den unendlichen Weiten des Internets nutzen will.

Und darum geht es: Wie viele elitäre Bubis wirkt auch Oliver tief in seinem Innern davon überzeugt, dass die herrschende Oberklasse gleichsam das Geburtsrecht hat, die unteren Kasten nach bestem Wissen und Gewissen auszubeuten. Sein erstes eigenes Bankprodukt heißt Independent One – der Name ist reichlich euphemistisch gemeint. Genauso wie der Werbeslogan des Produktes, na ja, den habe schließlich ich getextet:»Vertrauen neu definiert«. In Wirklichkeit ist der potentielle Kunde dieser Kontoinnovation alles andere als unabhängig – und Vertrauen bringt ihm auch niemand entgegen. Der Nutzer von Independent One steckt vielmehr tief in den Schulden und hat in der Vergangenheit die ein oder andere blitzsaubere Insolvenz hingelegt. Daher ist für sein Überleben eine Visa-Karte ohne Bonitätsprüfung überaus relevant. So relevant, dass er für diesen innovativen Service der Wirecard Bank deutlich mehr zahlt, als dies gemeinhin in der Bankenwelt üblich ist. Und das ist jetzt mal vorsichtig ausgedrückt. Das Produkt wird wenig später unter dem Titel Prepaid Trio neu aufgelegt und zeigt in Sachen Kommerzialisierung neue Dimensionen: Jede kleinste Bewegung oder Buchung auf dem Konto kostet richtig Geld – ein schlichter Kontoauszug schlägt beispielsweise mit 2,50 Euro zu Buche.

Doch der Subprime von Welt hat wenig Alternativen, wenn es um Kreditkarten und Konten geht. Und Oliver B. ist gewillt, jedem genau den Service zu liefern, den er braucht, wenn er nur selbst dabei richtig gut verdient. Gerne erklärt Oliver glaubhaft, dass er vom Prinzip her auch Kinderpornographie abrechnen würde – natürlich nur, solange er sich nicht selber strafbar macht und der richtige Markup auf der Transaktion liegt. Im Grunde ist alles für Oliver nur ein Spiel, und es kommt darauf an, die richtigen Einsätze zu bestimmen.

Weil es sich im Prinzip um eine weitere Variante des Subprime-Geschäfts handelt, geht auch das Projekt Horus maßgeblich auf Oliver zurück. Eigentlich klingt es nach einer richtig guten Idee: Die Kunden wollen Dinge etwa auf internationalen Websites kaufen, aber sie haben nicht die richtigen Karten. Now we are lost. Aber dann sieht der Kunde die Werbung für Horus auf der E-Commerce-Seite seiner Wahl. Und dieser kleine Button verspricht eine virtuelle Mastercard in Sekundenbruchteilen. Es handelt sich also nur um die Zahlen und Daten einer Kreditkarte ohne lästiges Plastik. Für den Einkauf im örtlichen Supermarkt ist dieses digitale Konstrukt wenig geeignet. Anders jedoch im E-Commerce, im Gaming und im Bereich der Erwachsenenunterhaltung – genau hier machen virtuelle Kreditkarten Sinn. Und Horus liefert – so das Produktversprechen – virtuelle Karten im Echtzeitmodus.

Horus ist natürlich nur der Arbeitstitel. Das Produkt soll beim Start Wirecard heißen wie die Firma. Klingt etwas verwirrend – ist auch alles andere als unumstritten. Geleitet wird das ganze Projekt eigentlich vom Herrn Marsalek in seiner Funktion als Produkt- und Technikchef der Wirecard AG. Der aber findet an dem ganzen operativen Doing nur wenig Gefallen. In Wirklichkeit fürchtet Jan meiner Meinung nach, dass er nach Wirecard 2.0 und den Wirren rund um die Produktentwicklung von Click2Pay mit einem weiteren Development-Desaster bei Horus endgültig sein eigenes Grab schaufelt. So ganz unrecht hätte er mit dieser Einschätzung nicht. Denn Horus ist der geborene Rohrkrepierer. Ambitioniert gedacht – aber völlig gaga im Kundennutzen und der Positionierung. Hält das einen Visionär wie Markus Braun auf? Niemals! Google hat schließlich auch unter Schmerzen angefangen, und auch Amazon war nicht gleich eine Erfolgsstory.

An Horus mühen sich die jungen Protagonisten der

Produktwelt der Wirecard ab. Simon, nicht selten zornesrot im Gesicht, Oliver B., die hochdotierte Fachkraft der dunklen Seite der Macht, Jan Marsalek, der den Erfolg für das eigene Fortkommen braucht, und an der Seitenlinie ich, der das Produktdesign der neuen Zahlungslösung entwickelt. Wie junge Hengste geraten die Wirecard-Profis ungebremst aneinander, erproben ihre Kraft, positionieren sich in der Hierarchie. Als das Produkt im Jahr 2007 tatsächlich unter dem Namen Wirecard herauskommt, ist es wenig erfolgreich. Markus und Jan haben die Devise ausgegeben, dass die Händler den Service selbst auf ihren Webseiten promoten, um Kaufabbrüche von Kunden zu vermeiden, die keine Kreditkarte besitzen. Im Prinzip könnte das auch funktionieren, doch das System hat einen kleinen Schönheitsfehler: Das Ausstellen der virtuellen Karte funktioniert nur nach einer ersten Aufladung per Überweisung oder Lastschrift. Und das dauert gut und gerne zwei Tage.

Lassen Sie uns doch einfach mal eine typische Userstory nachvollziehen. Der Kunde kommt auf eine Seite, die, sagen wir einmal, Adult Content vermarktet. Produkthypothese Nummer 1: Der User hat sich hierhin verirrt, obwohl er genau weiß, dass er keine Kreditkarte besitzt, die er zum Zahlen benötigt. Verzweifelt sucht er nach einer Lösung. Da entdeckt er die Werbung für ein neues Produkt, die virtuelle Kreditkarte Wirecard. Mit zitternden Fingern registriert er sich. Produkthypothese Nummer 2: Dann öffnet er seinen Online-Banking-Account und überweist eine erste Aufladung auf die virtuelle Karte. Jetzt dauert es zwei bis drei Tage, bis er endlich einsatzbereit ist in Sachen kostenpflichtiger Online-Porno. Nun wissen nicht nur Experten, dass das Geschäft mit den Erwachsenen-Videos ziemlich stark von unmittelbaren Impulsen abhängig ist. Das ist jetzt mal vorsichtig ausgedrückt. Und genau hier liefert das Produkt Wirecard keine Lösung. Die Userstory passt also etwa im Porno-Bereich – bitte entschuldigen Sie diesen billigen Scherz – hinten und vorne nicht. Die meisten Händler haben das sofort begriffen.

Doch Markus Braun ist davon überzeugt: Das Produkt wird sich im Laufe der Zeit durchsetzen. Ohne großes Marketing und ohne weitere Investitionen. Markus ist zuversichtlich, dass er das Perpetuum mobile im Payment angestoßen hat. Nach dem initialen Impuls setzt sich das Produktsystem gleichsam wie von selbst in Bewegung, wird immer schneller und größer und wirft gewaltige Margen ab. Von der Einführung des Produkts, so heißt es in der Pressemeldung von 2007, erwarte man sich nicht weniger als signifikante positive Effekte auf Umsatz und Ergebnis.

Das High-Risk-Team rund um Rüdiger Trautmann und Paul Bauer ist gegenüber Horus gewohnt kritisch-sarkastisch bis abwartend. Man scheint zu denken, dass sich das Thema bald von selbst erledigt – genauso wie das Thema Jan und Markus im Allgemeinen.

Und überhaupt – so ganz unhappy ist man über die Entwicklung des Unternehmens Wirecard ja nicht. Das einträgliche Modell der Flowershops wurde optimiert, und so verdient der Konzern dank einer deutlich komplexeren Verschleierungsvariante von Geldströmen immer noch gut an dem Poker-Business in den USA und anderswo. Das Prepaid Trio, das Karten- und Kontenprodukt für Subprimes, lässt sich gut an. Und Porno läuft sowieso immer. Kein Grund also zur Depression auf den Chefetagen der Wirecard. Im Gegenteil: Weil im Kerngeschäft die Dinge so brillant laufen, kann Paul sein Augenmerk auf Nebenkriegsschauplätze legen.

Seit Monaten fristet er bereits mit seiner Familie in einer Luxussuite im 5-Sterne-Hotel Rocco Forte in München sein trauriges Dasein, weil in der Stadt kein standesgemäßer Wohnraum zur Verfügung steht. Um das zu ändern, gründet er die Cosmopolitan Properties AG, die Immobilienentwicklung im großen Stil betreibt. In München versucht er sich am Yoo-Projekt, einem Wohnensemble, das unter Mitwirkung von Philippe Starck entsteht. In Bonn werkelt er am Kameha Grand. Und in Mallorca plant er ein spektakuläres Hotel. Was man so macht, wenn man mit Wirecard viel Geld erwirtschaftet hat, ich schätze mal so um die halbe Milliarde.

Daneben hat Paul aber auch noch Zeit für weitere Hobbys. Mit dem Geschäftspartner Bernd Menzel gründet er die Menzel Vermögensverwaltungs AG und die wiederum wird die Arena Box-Promotion aus der Taufe heben. Das ist der Boxstall rund um Ahmet Öner, einem der berüchtigtsten Boxpromoter in Deutschland. Ahmet boxte sich zur Internationalen Deutschen Meisterschaft, fungierte laut Wikipedia als Türsteher im Bordell und wurde in der Vergangenheit von der Polizei mit Kokain in nicht haushaltsüblichen Mengen angetroffen. Wir vom Marketingteam der Wirecard werden nun bisweilen eingespannt, um Werbemaßnahmen rund um Boxkämpfe zu konzipieren. Die Broschüre für Cosmopolitan Properties texte ich sowieso.

Alles läuft in den kommenden Monaten, wie es soll.

Das Projekt Horus entwickelt sich einigermaßen richtungslos. Paul ist viel außer Haus unterwegs. Simon hat sich mutmaßlich nach einer Designdiskussion mit Ahmet Öner ein blaues Auge eingefangen. Jan beginnt, die von Markus Braun präferierten Anzugmarken zu tragen und gleicht sich seinem Mentor äußerlich immer stärker an. Und ich werde tatsächlich noch Head of Marketing und bin der Meinung, dass mir nun verdammt noch mal die Welt gehört.

Doch dann kommt im Jahr 2008 der Hammerschlag.

Am 01.05.2008 eröffnet ein Blogger namens Memyselfandi007 auf den Forenseiten der Internet-Plattform Wallstreet:Online eine neue Diskussion mit dem eigentlich harmlosen Titel »Wirecard – Top oder Flop«. Memyselfandi007 startet seine Ausführungen über Wirecard mit den legendären Worten: »Auf den ersten Blick eine der Wachstumsstories«.

Obwohl die Wirecard in den folgenden Wochen zahlreiche weitere Beiträge von Memyselfandi007 mit der Hilfe einer ganzen Heerschar von Rechtsanwälten löschen lässt: Dieses initiale Posting kann man heute noch auf Wallstreet:Online lesen. Über 20 Millionen Aufrufe verzeichnet das Statement von Memyselfandi007 am Ende. In meiner persönlichen Lieblingsstelle seiner Ausführungen – inzwischen allerdings zensiert – bezeichnet er die Wirecard als »groteske Bumsbude«. Das trifft in der Tat den Kern der Sache.

Im Laufe der kommenden Jahre folgen dem initialen Posting von Memyselfandi007 weit über 16 000 Seiten mit weiteren Beiträgen zum Thema Wirecard. Einige sind superkritisch, andere bösartig beleidigend, viele verteidigen die Wirecard mit Vehemenz, andere drohen einander Klagen an, und alle enden schließlich nach der Insolvenz im großen gemeinsamen Blues.

Lange Jahre gehört dieser Thread zu den am aktivsten genutzten Diskussionsforen der deutschen Aktienszene. Dieses Textkonvolut liefert in seiner Größe und in seiner Verwirrtheit die Basis für die dramatische Umsetzung des großen Theaterstücks, das die Wirecard AG auf den Bühnen der Welt aufführt.

Doch über was berichtet Memyselfandi007 nun in seinem ersten Posting? Nun, dieser Internet-Autor hat als vielleicht einziger Mensch der Welt tatsächlich unseren Geschäftsbericht gelesen und einige Fragen dazu notiert. Und das ist sehr ungewöhnlich. Denn der honorige Stephan Freiherr von Erffa, Leiter des internen Controllings und Vize-Finanzchef des Unternehmens, hat die Devise ausgegeben, den Report so sperrig, kompliziert und langatmig zu halten, dass niemand das Ding wirklich im Detail lesen will. Ziel ist es, den Maximalkonsum des Geschäftsberichtes auf ungefähr drei Minuten zu reduzieren.

Den Bericht aufschlagen, den ersten Absatz des Briefes des Vorstandsvorsitzenden lesen und dann verzweifelt weiterblättern. Zuschlagen.

So stellt sich Stephan das vor. Und genau so funktioniert es in der Regel auch. Woher ich das so genau weiß? Nun, ich darf in meiner Eigenschaft als Marketingprofi in den Jahren von 2006 bis 2011 den Geschäftsbericht der Wirecard gestalten und produzieren.

Zurück jedoch zu Wallstreet:Online. Im ersten Text geht es gleich ans Eingemachte: Die grassierende Finanzkrise sei, so Memyselfandi007, für die Wirecard überraschenderweise kein Problem. Und dann kommt Brisantes zur Sprache: In der Konsolidierung der Wirecard Bank verschwinden 2007 plötzlich fast 20 Prozent des Umsatzes, der Gewinn der Unternehmensgruppe Wirecard geht vor allem auf die Erhöhung selbsterstellter Vermögensgegenstände zurück, und so Kleinigkeiten wie zum Beispiel Steuern fallen in der Bilanz auf wundersame Weise erst gar nicht an. Dazu kommt: Jedes Jahr zum Jahresende erwirbt die Wirecard in schöner Regelmäßigkeit neue Firmen und verleibt sich deren Kundenportfolios ein. Nur dass diese Unternehmungen in der Regel völlig ohne Wert sind. Memyselfandi007 im Wortlaut: »Genaues weiß man nicht, aber es stinkt zum Himmel.«

Hier finden sich also im Kern bereits alle Vorwürfe, die auch in der Zukunft die Kritik an der Wirecard prägen werden: aufgeblähte Bilanzen, unverständlicher operativer Cashflow, unerklärliche M&A-Aktivitäten und reichlich Ungereimtheiten bei der Aktivierung von Assets.

Und was passiert jetzt? Zunächst einmal nicht viel. Natürlich haben die Investor-Relation-Profis von Wirecard den Post und das Forum gleich im Visier. Aber man ist jetzt nicht wirklich besorgt. Es handelt sich schließlich nur um einen Blogger – keinen Finanzanalysten, Journalisten oder großen Investor.

Im Netz dagegen nimmt die Diskussion um die Bilanz von Wirecard auf Wallstreet:Online ziemlich schnell Fahrt auf. Und die Auseinandersetzung folgt gewissen Kernargumenten und Schemata, die immer wieder wiederholt werden. So dreht sich auf Wallstreet:Online über viele Seiten alles im Kreis – jede Stimme will sich immer wieder in neuen Varianten Gehör verschaffen. Zahllose Worte werden gewechselt, ohne dass die initiale Fragestellung im Kern geklärt werden kann. So läuft das eben im Web.

In der Typologie der Aktienversteher auf Wallstreet: Online findet sich zunächst der Verschwörungstheoretiker. Er ist davon überzeugt, dass der Post von Memyselfandi007 zur Wirecard einen klaren Zweck verfolgt und sozusagen strategisch ausgerichtet ist. Wenn der Kurs fällt, heißt es etwa:»Hier will jemand billig einsteigen.« Oder geheimnisvoller:»Habe mir den Chart angeschaut. Da wurde gestern kräftig reinverkauft. Vielleicht deswegen dieser Thread.«

Herzlich willkommen in der Welt der Fährtensucher. Hinter jeder Aktion steckt ein Masterplan, der von mächtigen Puppenspielern nun Schritt für Schritt exekutiert wird. Ja, und nur wenige Menschen schaffen es, diese Zusammenhänge und Systeme zu durchschauen. Wenn man jedoch der Spur des Geldes folgt und die Frage beantwortet, wer am meisten vom Geschehen profitiert, dann käme man der Lösung des Rätsels um die Wirecard näher. Diese Sichtweise mag eindimensional und monokausal sein – sie erfreut sich jedoch wachsender Beliebtheit.

Und dann haben wir den scheinbaren Rationalisten. Er wird nicht müde, mit dem Top-Newsflow zu argumentieren:»Kursziele der Analysten sind weit jenseits des bisherigen Kursniveaus.« Oder:»Die Kunden sind namhaft. Glaubt ihr, die arbeiten mit Partnern zusammen, die nicht top-seriös sind? Das sind doch keine Anfänger.«

Im Grunde hat dieser Typus in Wirecard investiert, weil die Rahmenbedingungen der Story in der Sekundärliteratur gut sind. Geschäftsberichte liest man nicht. Komplexe Auseinandersetzungen rund um Cashflows versteht man sowieso nicht. Der Rationalist hat viel zu tun und hält sich an die Logik des Mainstreams: Die großen Namen der Analysten – WestLB, Citigroup oder Credit Suisse zum Beispiel – können nicht irren. Punkt.

Der weitere Typus im Aktienforum ist der Fan oder der Schwärmer. Er hat bestenfalls einen kleinen Webshop und nutzt Wirecard als Payment Provider. Und da läuft alles richtig rund. Er vermeldet Bombenstimmung im Unternehmen:»PS, mein Ansprechpartner bei Wirecard ist seit Jahren dieselbe Person und so wie der immer gut gelaunt ist, geht es dem Unternehmen richtig gut.« Das ist jetzt ein Originalzitat – nur ohne die zahlreichen Rechtschreibfehler.

Last but not least: Der Nerd, der scheinbar jedes Detail der Bilanz lesen kann und auch versteht, der trotz einiger Herausforderungen im Berufsleben immer die Zeit findet, seitenlange Posts auf Wallstreet:Online zu schreiben. Oft wird er schnell ziemlich rau bis arrogant im Tonfall und fordernd in der Sache. Memyselfandi007 ist der Phänotyp der vielseitig interessierten Business-Fachkraft:»Schaut man sich mal den Q3 Bericht an, also vor der Akquisition von Trustpay, stehen 192 Millionen kurzfristige Anlagen 167 Millionen kurzfristige Verbindlichkeiten gegenüber. Ich weiß solche Detail interessieren niemanden solange der Kurs steigt.«

Tatsächlich geht die Diskussion auf Wallstreet:Online eine ganze Zeit fröhlich hin und her, und der Aktienkurs zeigt sich zuerst noch recht unbeeindruckt vom Blogger-Geschehen. Dann lädt die Wirecard AG am 24. Juni des

Jahres 2008 zur Hauptversammlung in das Haus der Bayerischen Wirtschaft ein.

Ich bin vor Ort, weil die neuesten Broschüren und Werbematerialien so spät gedruckt worden sind, dass ich sie persönlich ausliefern muss. Außerdem will ich bei dieser Gelegenheit auch ein wenig Aktionärsspirit aufsaugen. Ich mache schließlich den Geschäftsbericht und interessiere mich dafür, wie die Zielgruppen so drauf sind. Die Ladies von der Investor Relations rund um Wirecard-Urgestein Iris Stöckl warnen mich jedoch im Vorfeld. Im Prinzip werde ich auf dieser launigen Veranstaltung vor allem Rentner treffen, die scharf auf kostenfreie Wiener Würstchen und bedruckte USB-Sticks sind. Und dann treten natürlich immer dieselben Spinner mit ihren ewig gleichen Wortmeldungen auf. Die Hauptversammlung der Wirecard: Das ist eine recht traditionell ausgerichtete Pflichtveranstaltung mit wenig überraschendem Ausgang. Wirecard-Mitarbeiter werden hier aus Prinzip weniger gerne gesehen – aber für mich macht man dann doch eine Ausnahme.

Besser zwei Stunden in der Stadt verbringen, als in Grasbrunn im Dachgeschoss ohne Klimaanlage schwitzen, denke ich, und bin dabei. Und tatsächlich: Im Vorfeld wirkt die Hauptversammlung wie ein fröhliches Miteinander der Protagonisten von Aufsichtsrat und Vorstand. Paul Bauer ist da – wie immer im samtig-glänzenden Anzug einer Designermarke. Markus Braun, der smarte CEO-Supernerd mit den immer guten Marktaussichten. Burkhard Ley, als CFO der Zahlenjunkie mit dem Background nicht nur einer erfolgreich abgeschlossenen Banklehre bei der

Stadtsparkasse Solingen, sondern u. a. einer Tätigkeit bei der illustren Kirch-Gruppe, die in der Vergangenheit auch für reichlich Bilanzwirrwarr gesorgt hat. Und last but not least Rüdiger Trautmann als COO für Sales und Marketing verantwortlich.

Das Prozedere folgt dann der in der Einladung zur Hauptversammlung zum Jahr 2007 festgelegten Tagesordnung. Auf der Bühne sitzen an getrennten Tischen Aufsichtsrat und Vorstand. Der Aufsichtsratsvorsitzende eröffnet die Veranstaltung zunächst in einer so unaufgeregten Art und Weise, dass man selbst als Wirecard-Mitarbeiter Schwierigkeiten hat, einigermaßen interessiert zu fokussieren.

Dann folgt der große Auftritt von Markus Braun: Das Jahr 2007 wurde hervorragend abgeschlossen. 64 Prozent Plus beim Umsatz. 78 Prozent beim EBITA. Das sind jetzt mal Zahlen – mitten in der Finanzkrise, meine Damen und Herren. Und das alles mit einem »umfassenden und attraktiven Angebot für elektronische Zahlungsabwicklung, das in seiner Komplexität, in seiner Verlässlichkeit und Innovationskraft wegweisend ist«. Und dann erwähnt der CEO noch unsere Errungenschaften rund um den neuen Bezahldienst »Wirecard« und das »Prepaid Trio«. Beide werden von den Kunden hervorragend angenommen. Ich lächele Oliver zu, der auf der anderen Seite im Saal sitzt. Die älteren Herrschaften auf den Rängen im Haus der Bayerischen Wirtschaft klatschen begeistert. Die Party ist im vollen Gange.

Nach dem Bericht des Aufsichtsrates ist man als Zuhörer nun endgültig so weit, vor Langeweile aus dem Fenster springen zu wollen. Paul Bauer macht auf seinem Platz auf der Bühne diesen Eindruck überdeutlich manifest: Er lehnt sich weit nach vorne über den Tisch, nestelt an seinen Unterlagen und tippt auf seinem heiß geliebten Nokia Communicator rum. Mein Gott, schreit Pauls Erscheinung, wann ist der ganze Scheiß hier endlich vorbei?

Aber Paul muss sich noch etwas gedulden. Denn nun folgen die Wortbeiträge der Aktionäre, und die beginnen zumindest aus der Sicht eines Werbetexters recht vielversprechend. Denn der erste Redner führt ziemlich langatmig, aber durchaus unterhaltsam aus, dass die Verwendung von Anglizismen bei Wirecard gewissermaßen völlig aus dem Ruder läuft. Payment, Acquiring, Issuing, Technologies oder Call Center – das kann man doch alles auch super in deutscher Sprache rüberbringen. Der Vorstand blickt amüsiert, die Rentner nicken, Wirecard-Mitarbeiter verdrehen die Augen – Hauptversammlung, das ist eine lustige Veranstaltung mit folkloristischen Elementen.

Doch dann steht ein Mann aus dem Publikum auf und geht nach vorne zum Podium. Und dieser Typ sieht so überhaupt nicht nach Folklore und Unterhaltung aus. Ein schmaler Mann, nicht unsympathisch im Prinzip, in einem Tweedblazer und mit Nickelbrille. Typus Oberlehrer mit gehobenem Einkommen. Er trägt mit ernster Miene zwei Aktenordner zum Podium und beginnt, sich stumm in seinem Material zu orientieren. Der Vorstand kritzelt in seinen Unterlagen. Paul Bauer blickt verzweifelt auf den Communicator. Oliver nestelt am Nadelstreifenanzug.

Der Mann am Podium stellt sich jetzt als Klaus Schneider vor, seines Zeichens Vorstand der Schutzgemeinschaft der Kapitalanleger, kurz SdK. Und Herr Schneider hat eine Liste mit Fragen dabei, die er in der Folge durchgehen möchte. Und darum geht es in der Kurzfassung: Die Bilanzierung der Wirecard ist irreführend. Die Ertragslage der Banksparte bei Wirecard ist intransparent und außerdem verschleiert Wirecard Erträge aus der Abwicklung des Online-Wettgeschäftes.

In der Tat hat sich die SdK bei ihren Ausführungen im Wesentlichen vom Blog-Post von Memyselfandi007 inspirieren lassen. Zwei clevere Manager des Vereins, Markus Straub und Tobias Bosler, haben die Vorwürfe aus dem Netz sogar in ihre Börsenbriefe übernommen. So legt Memyselfandi007 jetzt eine ziemlich steile Karriere hin.

Auf der Hauptversammlung feuert Klaus Schneider nun Frage nach Frage ab. Zu unseren Büros in Gibraltar, in Dublin und auf den British Virgin Islands etwa. Zur Höhe der Erträge aus dem Glücksspiel-Business und zum operativen Cashflow. Und nicht zuletzt zu dem außergewöhnlich hohen Materialaufwand unseres Unternehmens. Und vorne auf der Bühne, wo die Vorstände sitzen, macht sich allmählich Panik breit. Man merkt schnell, dass die Herren Ley, Braun und Trautmann nicht vorbereitet sind auf einen solchen Hagel von Fragen, der jetzt auf sie einprasselt. So radebrechen sich die Vorstände durch vorgefasste Antwort-Schemata. Man wiegelt ab. Versucht, Zeit zu gewinnen. Gerät hörbar ins Stottern.

Rechts neben dem Tisch mit den Vorständen hat der Aufsichtsrat seinen Platz. Wenn die Blicke töten könnten, die Paul Bauer abfeuert, dann wäre der tapfere Klaus Schneider jetzt schlagartig aus dem Leben geschieden. Paul ist sichtbar erregt. All dieser Unsinn kostet meine wertvolle Zeit, ihr Fucker, sagt sein ganzes Erscheinungsbild und sagen recht eindeutig auch seine Gesten.

Dann ist alles vorbei. Die SdK kündigt an, der Wirecard in den kommenden Tagen einen dezidierten Fragenkatalog zu übermitteln. Klaus Schneider gibt den Medien im Vorraum der Hauptversammlung noch ein Interview, das seine vernichtenden Vorwürfe zusammenfasst. Und der Aktienkurs der Wirecard bricht im Verlauf weniger Tage um mehr als 20 Prozent ein. Es ist ein Desaster, ein Angriff aus dem Hinterhalt, eine Katastrophe.

Es berichtet das Handelsblatt über Unregelmäßigkeiten in der Bilanzierung der Wirecard, die Zeit, das Manager Magazin und die Süddeutsche. Die ganze große Achse der deutschen Wirtschaftsmedien schießt sich zum ersten Mal auf den merkwürdigen Konzern mit Sitz in Grasbrunn ein. Der Aktienkurs fällt weiter wie ein Stein. Und im Unternehmen selbst macht sich Endzeitstimmung breit. »Klar, man hat immer gewusst«, heißt es auf den Fluren des Unternehmens, »dass die Story irgendwann ein jähes Ende haben wird.« Und ja, das ganze Online-Gambling ist eben nicht wirklich substantiell. Wer hätte das gedacht?

Das ist aber ein so beschissen-gemäßigtes Meinungsbild, dass es die jungen Herren der Wirecard gar nicht akzeptieren können. Im Büro von Oliver B. werden »Call of Duty«-Phantasien gegen Memyselfandi007 laut. »Der Typ würde sofort mit einem Raketenrucksack gekillt, wenn er irgendwo auftaucht«, sagt Oliver und mischt Realität und Spielgeschehen, um die Sache anschaulicher zu machen. Und Jan und Brigitte nicken zum Kill-Rant von Herrn B. Jetzt muss etwas passieren.

Zunächst passiert aber nur, dass im Wallstreet:Online-Forum, wo das ganze Unglück seinen Ausgang nahm, die Emotionen hochkochen. Und das geht am Besten in Großbuchstaben. So schreibt ein User hocherregt:»GANZ EGAL WER AN DEM HEUTIGEN DISASTER SCHULD IST; DAS VERTRAUEN IST ZERSTÖRT WORDEN: BEI WIRE-CARD HERRSCHT SEIT HEUTE FRÜH KRIEG.« Und wieder andere labern sich über Einstiegskurse und Übernahmestrategien in Rage:»Der Absturz ist Fake. Hier will jemand billig einsteigen bzw. ist schon eingestiegen.«

Schnell macht ein Terminus die Runde, der zuvor allenfalls Börsenprofis bekannt war: Shortseller. Damit tritt der ultimative Superschurke auf den Plan. Denn der Shortseller setzt nicht brav, und wie es sich nun einmal gehört, auf steigende Kurse – nein, er wettet im Prinzip auf das Scheitern von Unternehmen. Damit ist der Shortseller das Gegenbild zum stets optimistischen Wachstumstypen, eine negative Kraft, beinahe ein Aasgeier.

Und im Jahr 2008 hat der Shortseller seinen ganz großen Auftritt. Denn offenbar, so schreiben es einige Börsengurus auf Wallstreet:Online, und so schreibt es auch Iris Stöckl von der Wirecard Investor Relations, ist die Wirecard AG das Ziel konzentrierter Leerverkaufsattacken mehrerer Hedgefonds. Die Richtung des vermeintlichen Angriffs ist natürlich auch klar: Angloamerikanische Heuschrecken schwärmen aus, um eine aufstrebende und grundsolide deutsche Technologiefirma sturmreif zu schießen. Am Ende erfolgen die Übernahme und die Abwicklung. So wird das nie etwas mit dem Technologiestandort Europa.

Die Ereignisse überschlagen sich jetzt und werden einigermaßen unübersichtlich. Die SdK will der Wirecard eine Fragenliste zukommen lassen und ist zu einem Gespräch mit Markus Braun bereit. Aber weil »vor der Übermittlung klar wurde, dass die Gesellschaft keinerlei Interesse an einer Aufklärung des Sachverhalts hat«, verzichtet man auf diese Schritte und geht gleich rechtlich gegen die Beschlüsse der Hauptversammlung vor. Der Kurs stürzt um weitere 40 Prozent. Insgesamt 700 Millionen Euro werden in wenigen Wochen vernichtet.

Die Wirecard reagiert scharf. Zunächst kauft Paul Bauer 50 000 Wirecard-Aktien nach. Und dann legt auch Markus Braun 50 000 zusätzliche Aktien zum Schnäppchenpreis von 382 000 Euro in sein Portfolio. Im Netz kommt das gut an. Auf »Top oder Flop« auf Wallstreet:Online resümiert ein Kleinaktionär: »Wirecard hat alles notwenige [sic] getan um zu zeigen, das [sic] sie Opfer eines Anschlags waren. Der Vorstand hat Aktien gekauft, zeigt Stärke. Bin sehr optimistisch.«

Gleichzeitig reicht nun auch die Wirecard Klage gegen die SdK ein. In einem weiteren Schritt leitet man zusätzlich Ermittlungen bei der BaFin ein. Die Bankenaufsicht soll prüfen, ob es bei den Trades rund um die Wirecard-Aktie vor und nach der Hauptversammlung zu Auffälligkeiten gekommen ist. Denn die Wirecard hat den Verdacht, dass die Manager der SdK ihre Position nutzen, um sich durch Marktmanipulation und Insiderhandel selbst zu bereichern.

Jens Röhrborn, der Rechtsanwalt der Wirecard, der immer zum Zug kommt, wenn es irgendwo auf der Welt ernst wird, kündigt Schadensersatzansprüche im »dreistelligen Millionenbereich« an.

Weil die Situation verfahren ist, greift das Wirecard-Management nun auch zu unkonventionellen Maßnahmen. Jens Röhrborn taucht am 10. Juli 2008 plötzlich mit zwei Begleitern im Schlepptau bei Tobias Bosler, seines Zeichens Sprecher der SdK, vor der Haustür auf. »In der Türkei sterben Leute wegen 1000 Euro, Mann. Verstehst du?«, soll in jener Nacht gesagt worden sein. Ok, Boxer. Wir erinnern uns: Ahmet Öner, der Arena Boxstall, Jens Röhrborn und Paul Bauer. Würde Sinn machen. Aber weit gefehlt.

Bosler gibt zwar später zu Protokoll, dass er sich »total bedroht« gefühlt und schließlich die Polizei gerufen habe. Die beiden Begleiter Röhrborns will er als Boxer identifiziert haben. Dagegen bestreitet Jens Röhrborn diese Schilderung vehement und verklärt das Treffen zu einem eher zufälligen Get-together unter Freunden mit völlig unschuldigem Charakter. Man habe sich vor der Tür von Herrn Bosler darüber unterhalten, wie der Kursverfall zu erklären sei, so der Jurist, laut Karriereportal XING heutzutage tätig in eigener Kanzlei mit Schwerpunkt u. a. im Bereich Kapitalmarkt und »Special Situations«. Und die beiden Begleiter seien keine Boxer gewesen, sondern Aktionäre. So unterschiedlich kann man eine Situation bewerten.

Engagiert versucht die Wirecard auch die Identität von Memyselfandi007 herauszukriegen. Ganze Legionen von Rechtsanwälten reichen Anträge auf Erlass einstweiliger Verfügungen gegen seine Posts auf Wallstreet:Online ein, oder drohen zumindest damit. Das führt dazu, dass das Forum aussieht wie ein Flickenteppich. »Dieser Beitrag wurde moderiert«, heißt es nun vielfach im Forum. »Grund: Beschwerde durch Firma liegt vor.« Und natürlich konzentriert man sich dabei nicht nur auf »Top oder Flop« – das Wirecard-Forum. Jede Äußerung von Memyselfandi007 in jedem Forum wird nun rechtlich auseinandergenommen.

Am Ende schmeißt Wallstreet:Online den Blogger von der Seite. Memyselfandi007 erlebt seine 5 Minuten of Fame – und gleichzeitig den Schock seines Lebens. Dann werden härtere Bandagen angelegt. Memyselfandi007 wird an seinem Arbeitsplatz von der Polizei zum Verhör abgeholt. Die Beamten wollen seine Rolle bei möglichen Marktmanipulationen verstehen. Sie warnen den konsternierten Blogger, dass die Wirecard ihn um jeden Preis verklagen will. Am Ende des Gesprächs wird jedoch klar, dass Memyselfandi007 einfach nur ein Aktiennerd ist, der als Hobby Geschäftsberichte analysiert. Noch am gleichen Tag darf er wieder gehen. Die Polizei wird die Identität des Wirecard-Kritikers schützen. Die Wirecard ist davon nicht begeistert.

Der Druck auf das Unternehmen wird derweil immer größer. Der Aktienkurs ist weiter im freien Fall. Aufsichtsrat und Vorstand haben Aktien nachgekauft, sie haben die BaFin um Hilfe angerufen, reichlich Pressemitteilungen publiziert, eine Transparenz-Initiative mit ausführlichen FAQs zum Thema auf der Website publiziert und einige Dutzend Rechtsanwälte eingespannt, die auf alles einschlagen, was sich regt in den Foren, in der Presse und in der SdK. Das alles zeigt jedoch keine Wirkung: Die junge Tech-Firma steht mit dem Rücken zur Wand. Jetzt kann nur noch ein Wunder helfen.

Und dieses Wunder passiert tatsächlich. Und wie es mit Wundern nun mal so läuft – so richtig begreifen kann die ganze Magie am Ende eigentlich niemand. Das macht es ja so interessant. Es ist jedenfalls Jan Marsalek, der sich im Sinne der Feindaufklärung nach London aufmacht. Was er da auch tut – er wird nie darüber sprechen. Er wird mir jedoch später sagen, dass niemand für die Firma persönlich so ins Risiko gegangen ist wie er damals. Jan zaubert dabei einen wundersamen Trick hin, der sich in trockener Lesart offenbart:

»Wirecard hat Kenntnis erlangt, dass das Mitglied des Vorstands der SdK Herr Markus Straub, gemeinsam mit dem ehemaligen Vorstand der SdK, Herrn Tobias Bosler, am 14. und 15 Mai 2008 begann, sog. Contracts for Difference (CFDs) bei dem Londoner Bankhaus CMC Markets UK mit einem hohen und extrem risikoreichen Hebel von 20 zu kaufen, um so auf sinkende Kurse der Wirecard-Aktie zu setzen.« Die Meldung führt weiter aus, dass die SdK-Vorstände bis zum 4. Juli einen Gewinn in Höhe von 3,3 Millionen Euro erwirtschaftet haben.

Und was ist in den Medien eine noch bessere Story als die eines Unternehmens mit crazy Buchführung? Richtig, es ist die Geschichte von vermeintlichen Aktionärsschützern, die über eigene Publikationen den Kurs der Wirecard nach unten geprügelt haben, um in London einmal richtig groß abzukassieren. Plötzlich ist niemand mehr an Gibraltar, Glücksspiel und Größenwahn interessiert. Alles schießt auf Markus Straub, Tobias Bosler, Klaus Schneider und die SdK. Dies ist die Geburtsstunde des Shortseller-Mythos, den Wirecard nun immer wieder aus dem Hut zaubern wird.

Um der ganzen Sache noch die Krone aufzusetzen, leitet das Unternehmen im Jahr 2008 eine Sonderprüfung der Bilanz durch Ernst & Young ein. Die »wesentlichen Fragestellungen der Kapitalflussrechnung, der Abbildung von Risiken und die Anforderungen an die Segmentberichterstattung werden von Ernst & Young begutachtet«, teilt Wirecard mit. Das Fazit der Sonderuntersuchung fällt positiv aus. Es seien zwar einzelne Punkte angesprochen worden, die aber die Aussagekraft und Richtigkeit des Konzernabschlusses des Lageberichts 2007 nicht wesentlich beeinträchtigten. Kleinere Hickups könnte man sagen, oder wie Wirecard damals offiziell mitteilte: Insgesamt hätten sich keine Hinweise auf irreführende Angaben im Konzernabschluss und im Konzernlagebericht 2007 ergeben. Die Untersuchung selbst bleibt natürlich unter Verschluss.

Lassen Sie uns nun doch einfach mal kurz zusammenfassen, welche Elemente in der Affäre im Jahr 2008 ihre Relevanz hatten:

Da sind zunächst einmal die Verständnisprobleme rund um die Bilanzierung der Wirecard. Diese gehen von der zentralen Fragestellung aus, wie das Unternehmen deutlich mehr Geld mit eigentlich ziemlich standardisierter Zahlungsabwicklung verdienen kann als jeder Konkurrent auf diesem Planeten.

Dann geht es um Shortseller, die von fallenden Kursen profitieren. In der Wirecard-Lesart sind sie die zentralen Schurken in dem ganzen Spiel. Sie drücken mit unbegründeten Gerüchten den Kurs und schaden der Glaubwürdigkeit des Unternehmens.

Um Vertrauen zurückzugewinnen, kauft der Vorstand der Wirecard massiv Aktien nach. Gleichzeitig wird die Finanzaufsicht BaFin in Richtung der Shortseller aktiv und überprüft die Transaktionen dieser Marktteilnehmer.

Eine ganze Serie von Pressemitteilungen schlägt jetzt ein.

Und in den Blogs und Sozialen Medien zieht eine wahre Kampagne von Wirecard-Befürwortern und Fanboys höchst aggressiv ihre Runden.

Jetzt ist die Zeit gekommen für Jens Röhrborn und seine Truppen aus dem Legal-Bereich. Jeder Kritiker wird von Abmahnungen, einstweiligen Verfügungen und Strafandrohungen überrollt.

Im nächsten Schritt zaubert Wirecard dann Nachweise über sagenhafte Gewinne aus dem Hut, die die Kritiker des Unternehmens eingestrichen haben.

Und dann prüft Ernst & Young die Bilanz und stellt keine Unregelmäßigkeiten fest.

Falls Sie dieses Prozedere an aktuelle Entwicklungen rund um die Wirecard erinnert, liegen Sie absolut richtig. Im Kern hat das Management des Unternehmens in den kommenden Jahren immer auf die gleichen Lösungsmuster in seiner Verteidigungsstrategie gesetzt. Und immer wieder war dieses Kalkül erfolgreich. Varianten sind nur unnötiges Risiko. Das Beste dabei ist: Wenn ich zu Beginn einen Shortseller tatsächlich einmal drankriege, dann ist alles, was in den Jahren danach kommt, quasi ein Selbstläufer. Alle kennen ihre Rolle und ihre Funktion. Jedes Rädchen greift ins andere. So baut man ein Erfolgsunternehmen – indem man etablierte Muster einfach immer wiederholt.

Was bleibt im Jahr 2008? Nun, Markus Straub tritt von seinem Posten bei der SdK zurück. Seine Worte zum Abschied sind fast poetisch: »Statt den ganzen Januar im Büro zu sitzen, um das Schwarzbuch Börse zu schreiben, werde ich im nächsten Jahr Ski fahren, auf einer Hütte ein paar Bier trinken und dann wahrscheinlich irgendwo in den Schnee pissen.«

Das mit der Auszeit hat dann etwas länger und auch etwas anders funktioniert. Straub wird 2012 wegen Marktmanipulation verurteilt und verbringt einige Zeit im Gefängnis – allerdings nicht wegen der Ereignisse rund um Wirecard.

Und sonst? Paul Bauer ist nun so genervt, dass er seinen Platz im Aufsichtsrat der Wirecard räumt. Und wenn der Alpha-Wolf dem Rudel den Rücken zudreht, dann wird es auch für seine Betas ziemlich schnell ziemlich kritisch. Rüdiger Trautmann, Simon und alle jene Mitarbeiter, die direkt auf der Payroll von Paul Bauer stehen, werden schnell abgelöst. Im Februar 2010 wird Jan Marsalek, bei Wirecard bisher Bereichsleiter Technik und Produktentwicklung, neuer Vorstand für Vertrieb und Marketing und löst Rüdiger Trautmann ab. Trommelwirbel. Willkommen im Olymp, Jan. Du hast zwar noch nie in deinem Leben irgendetwas von Belang verkauft und warst noch nie als Vertriebler tätig – aber nicht zuletzt deine Talente bei der paramilitärischen Feindaufklärung haben dich in die höchste Umlaufbahn geschossen.

Ich bin derweil mit Oliver B. beim Mittagessen im Rambutan. Sein Tisch ist wie immer für ihn reserviert, sein Lieblingsmenü steht verzehrbereit da, eine noch original verschlossene Flasche Mineralwasser ist akkurat platziert. Es muss immer schnell gehen in Olivers Leben. 450 PS – auch in Reallife – immer Überholspur. Was gibt es Neues? Nun Oliver hat kürzlich mit dem Vorstand eines großen TV-Shoppingkanals gesprochen. Und die haben ein ziemliches Problem. Es gibt Kunden, die jedes Subprime-Niveau sprengen. Diese sind vom Sender bereits mehrfach wegen ausbleibender Zahlungen verklagt worden, und der Gerichtsvollzieher war dort auch schon öfter zu Besuch. Das ist die eine Seite. Die andere Seite aber ist: Es handelt sich um ein hochprofitables und überaus treues Kundensegment. Was also tun? Und hier hat Oliver eine tolle Idee: Wir ermöglichen es den Kunden, die neuesten Porzellanpuppen, den aktuellen Schmucktrash oder immer neue Wohnaccessoires einfach mit Bargeld beim TV-Shop zu bezahlen. Cash gegen Ware. Über ein Internet-Portal registriert sich der Kunde, liefert sein Cash bei einem Kiosk oder einer Tankstelle ab und kommt schnell zu seinem Einkauf. Ein bisschen Kleingeld findet sich schließlich auch in der ärmsten Hütte, und der Shoppingsender verdient weiter prächtig. Kein Risiko. Eine Winwin-Situation sei das, sagt Oliver. »Barzahlen« – so der Generalbevollmächtigte weiter – nennen wir das Produkt und carven das Ganze als eigens gegründetes Start-up aus. Das wird absolut der Burner, Alter.

Die hochprofitablen Ideen von Oliver B., sie sollen mich in der Zukunft noch ziemlich weit bringen. Denn Oliver ist zwar überaus kreativ, aber aufgrund seiner einzigartigen Anforderungen an Kost und Logis und seiner offen zur Schau gestellten Faszination für das Dritte Reich doch etwas eingeschränkt unterwegs … Seine Craziness wird sehr bald meine große Chance werden.

3

Codename Projekt Taurus

Der 7. Februar des Jahres 2011 ist kein guter Tag im Leben von Oliver B. Gemeinsam mit Susanne Steidl, der nerdigen Chefin des Kreditkarten-Programms von Wirecard, und der österreichischen Frohnatur Florian Stermann, seines Zeichens Generalsekretär der Österreichisch-Russischen Freundschaftsgesellschaft (ORFG), ist Oliver von München nach Wien und weiter nach Krasnodar geflogen. In der Metropole tief im Süden der russischen Republik fangen für Oliver die Probleme schon bei der Hotelauswahl an. Denn der Generalbevollmächtigte der Wirecard Bank ist, wie er gerne erzählt, ein totaler Fan der Hyatt-Kette. Hier hat er den höchsten Kundenstatus erreicht, und hier gibt es immer ein offenes Ohr und lösungsorientiertes Handeln, wenn es um die speziellen Anforderungen geht, die er in Sachen Ernährung, Keimfreiheit oder Zimmergestaltung hat.

Ich habe Oliver einmal in der Unschuld eines Hyatt-Low-Profile-Kunden gefragt, was denn nun genau passiere, wenn er mit der legendären Courtesy Card – selbstverständlich »by invitation only« – im Hotel aufschlägt. Und Oliver sah mich angesichts dieser unfassbaren Wissenslücke einen Moment lang etwas ratlos an und antwortete dann: »Es ist so, wie wenn Elvis von den Toten erwacht und in das Hotel kommt.«

Aber Elvis erwacht nicht wieder zum Leben an diesem eiskalten 7. Februar in Krasnodar im Jahr 2011. Denn es gibt kein Hyatt in der Stadt. Natürlich gibt es auch kein Marriott, Hilton oder wenigstens ein W-Hotel im verfluchten Südrussland. Das beste Hotel am Platz ist das 4-Sterne-Haus Red Royal. Das glänzt mit dem Gourmetrestaurant Vinegretto, kostenlosen Parkplätzen, einer Eckbadewanne auf jedem Zimmer und Bademänteln und Hausschuhen zur kostenfreien Verfügung. Es liegt außerdem verkehrsgünstig an einer viel befahrenen Ringstraße. Oliver, das spürt man als sein Begleiter sofort, hasst das Hotel in all seinen durchschnittlichen Details gleich von Beginn an.

Krasnodar ist jedoch gesetzt – und das ist irgendwie natürlich auch Olivers Schuld. Denn der Generalbevollmächtigte der Wirecard Bank hat ein neues Produktkonzept entwickelt. Hier, im Süden Russlands, soll es erstmals getestet werden.

Es geht bei dieser Innovation im Kern um die Verbindung eines Prepaid-Accounts für Telefonie mit einer Prepaid-Kreditkarte. Wie so oft in Olivers Business-Gedankenwelt sind die Zielgruppen für diese Doppellösung Subprimes. Das neue Produkt soll ein Kernproblem der Telekommunikationsunternehmen weltweit entschärfen: die mangelnde Kundenbindung. Taucht irgendwo auf magische Art und Weise ein kostengünstigerer Prepaid-Tarif auf, dann wandern die Bestandskunden wie eine Schar preissensitiver Lemminge von einem Provider zum nächsten. Eine Prepaid-Kreditkarte, die an einen bestimmten Handy-Tarif gebunden ist, könnte diese Entwicklung zumindest abbremsen. Denn mit dem Wechsel des Tarifs wird die dazugehörige Karte wertlos. Das werden sich zumindest jene Subprimes zweimal überlegen, die die Segnungen des kartenbasierten Bezahlens eine Zeit lang genossen haben. Darüber hinaus denkt Oliver im nächsten Schritt an Kredite, an Versicherungen und an Loyalty-Punkte, die sich in Guthaben umwandeln lassen. Kurz: Er konzipiert ein ganzes System von Lösungen, das die Kunden abhängig, die Telefonie-Anbieter erfolgreich und die Wirecard Bank steinreich machen soll. So definiert der junge Herr Generalbevollmächtigte Win-win.

Genau dieses Produktkonzept hat der Wirecard-CEO Markus Braun in Wien mit seinem Buddy Florian Stermann von der Österreichisch-Russischen Freundschaftsgesellschaft (ORFG) diskutiert. Stermann ist in Österreich so etwas wie ein Business- und Politik-Hansdampf in allen Gassen. Ein etwas windiger Typ, der im Prinzip immer dabei ist, wenn bei der FPÖ oder ÖVP im rechten Lager etwas abgeht.

Ähnlich gefragt wie Stermanns politische Winkelzüge sind auch dessen Verbindungen nach Russland. So listet die ORFG unter ihren Unterstützern, den sogenannten Senatoren, 15 Weltkonzerne österreichischer Herkunft auf: von Magna über die Strabag bis zur Signa Holding. Natürlich hat auch die stolze Tech-Unternehmung Wirecard hier den Senatorenstatus.

Lustigerweise ist Florian in Russland ebenfalls in der

Glücksspielszene aktiv. Er brachte das Lotteriekonzept »6 aus 40« ins Land der eiskalten Möglichkeiten. Auch in dieser Hinsicht ist Florian ein kongenialer Partner für die Wirecard.

Florian Stermann ist ein fülliger Typ, trägt stets das Hemd aus der Hose und die Haare wild verweht. Ein trinkfester Lebemann, ein ausgefuchster Business-Typ, vermutlich ohne große moralische Beißhemmungen, aber vor allem ein Networker.

Genau dieses Netzwerk in Russland bringt Florian nun bei der Wirecard ins Spiel. Der Chef der ORFG kennt das Management des Telekom-Riesen MegaFon und organisiert einen initialen Meinungsaustausch in Sachen Guthaben-Kreditkarten. Das russische Unternehmen ist nach diesem Call gleich von Olivers hochfliegendem Subprime-Konzept begeistert. In Krasnodar, so der Plan, soll das neue Zahlsystem erprobt werden, bevor es schließlich in ganz Russland eingeführt wird.

Deswegen lädt man Oliver, Susanne und Florian im Februar zu einem zweitägigen Workshop in die Kaukasusregion ein. Die örtliche MegaFon-Zentrale gibt sich dabei ordentlich Mühe mit dem Rahmenprogramm. Es ist ein russisches Dinner im Grillrestaurant angesetzt, in der Kantine für Führungskräfte wird aufgetafelt, und in den Besprechungsräumen gibt es reichlich belegte Sandwiches und Kekse. Kein Sandwich und kein Keks ist jedoch in sterilisiertes Cellophan eingeschlagen, und auch im Grillrestaurant und in der Kantine geht das Essen wild durch alle Hände. Oliver B. ist auf diesen Keimhorror vorbereitet. Er hat bereits am Flughafen in München ein Kiloglas Nutella gekauft. Aus diesem Vorrat wird er in den zwei Tagen in Krasnodar seine Ernährung bestreiten. Nutella zum Frühstück, Mittagessen und Dinner. Kein Wunder, dass Oliver Krasnodar aus tiefster Seele zu hassen scheint.

Nachdem er den ersten zweitägigen Workshop mit einem vermutlich heftigen Zuckerschock überlebt hat, wird gleich der Folgetermin in Krasnodar geplant. Ende April, so will es das Protokoll, wird man sich wieder für zwei Tage im Kaukasus treffen. Den ganzen Rückflug nach Wien und weiter nach München dürfte Oliver nur eine Frage gequält haben: Welcher Unglücksrabe könnte dieses Projekt übernehmen, sodass er selbst nie wieder nach Krasnodar muss? Wer, verdammt noch mal?

Die interne Nachfolgeregelung ist für Oliver nicht ohne Herausforderungen, weil der CEO der Wirecard in Gestalt von Dr. Markus Braun das Projekt zur absoluten Chefsache erklärt. Er selbst möchte wöchentliche Updates zum Status der Kooperation und bietet operative Unterstützung an. Das heißt, dass Markus sich bereit erklärt hat, seinen Elfenbeinturm in Grasbrunn zu verlassen und selbst nach Russland zu reisen. Ganz großer Trommelwirbel. Denn dieses Ansinnen ist doch ziemlich ungewöhnlich. Die einzigen Reisen, die der Vorstandsvorsitzende in der Regel bestreitet, führen von München nach Wien und wieder zurück. Am liebsten in einer S-Klasse, die von seinem treuen Leibwächter Roy gesteuert wird. Flugreisen vermeidet Markus, wo er nur kann. Er erklärt das mit seiner Zeit als Berater bei KPMG, als er, nach eigener Schätzung, Hunderttausende von Kilometern im Jahr im Flugzeug abspulte. Das erscheint ihm genug für ein Berufsleben.

Jetzt steht also die russische Republik hochoffiziell

auf seiner Reiseagenda. Er möchte nicht nach Krasnodar fliegen – das ist vielleicht doch etwas zu operativ. Aber ein Trip nach Moskau liegt im Bereich des Vorstellbaren. Hier hat schließlich der Eigentümer von MegaFon seinen Hauptsitz. Wir reden von Alischer Burchanowitsch Usmanow: Oligarch, Multimilliardär, Eigentümer des Verlagshauses Kommersant und quasi Besitzer von Dynamo Moskau und vielen weiteren ähnlichen Spielzeugen. Das ist ein Mann, mit dem Markus in all seiner Bescheidenheit vielleicht doch einmal gerne auf Augenhöhe reden möchte.

Die operative Absichtserklärung des Wirecard-CEOs ist nicht nur der Faszination des russischen Wirtschaftswunders geschuldet. Es geht um deutlich mehr. Denn im Jahr 2011 steckt die Wirecard in der Klemme. Nicht nur so ein bisschen wie eigentlich immer in den Anfangsjahren der Unternehmung. Nein, wir reden wirklich von »deep shit«.

Im Jahr 2010 rutscht das Unternehmen aus Grasbrunn mal wieder in die Schlagzeilen, und der Aktienkurs kennt in der Folge nur eine Richtung: ganz steil nach unten. Obwohl man bei der Wirecard mittlerweile mit solchen Situationen Erfahrungen hat, ist es doch immer wieder schmerzhaft, öffentlich vorgeführt zu werden.

Auf der Webseite von »Goldman, Morgenstern & Partners«, kurz GoMoPa, einem Finanznachrichtendienst und selbsternannter Enthüllungsplattform im Netz, wird berichtet, dass die Wirecard Bank in die kriminellen Aktivitäten eines Berliner Immobilienmaklers verstrickt ist. Der wurde in Florida vom FBI verhaftet. In seinem Luxusappartement in Naples fanden die US-Zielfahnder haufenweise

Cash und Belege für gesetzwidrige Finanztransaktionen in Millionenhöhe. Demnach hatte er seit dem 1. November 2007 über ein Firmennetzwerk von insgesamt 424 Unternehmen mehr als 70 Millionen Dollar an 23 000 illegale Pokerspieler in den USA ausgezahlt. Der Wirecard Bank, so sagte der Makler bei seinen Vernehmungen angeblich aus, komme dabei eine zentrale Rolle zu. Wirecard dementierte, mit dem Herrn etwas zu tun zu haben.

Außerdem wurden einige der Geldtransfers von der britischen Firma Bluetool Limited abgewickelt. Im Dunstkreis der Bluetool tauchen – so GoMoPa – zwei Namen auf, die in direkter Verbindung mit der Wirecard stehen: Patrick Mosbach und Brigitte Häuser-Axtner, die vermutlich härtest arbeitende Payment-Fachkraft der Welt. Das alles ist natürlich nur ein dummer Zufall, verkündet die Pressestelle der Wirecard.

Nun geschieht, was immer passiert, wenn Wirecard angegriffen wird. Der Kurs kracht um 30 Prozent nach unten, die Medien schreien kurz und konzertiert »Geldwäsche«, und Aktionärsschützer fordern vehement mehr Transparenz. Wirecard ruft die BaFin um Unterstützung an, und die ermittelt auch gleich wegen Marktmanipulation. Dann zaubert Wirecard die Information aus dem Hut, dass zwei der GoMoPa-Gründer schon 2006 wegen Anlagebetrug verurteilt worden sind. Da ist sie wieder, die gute alte Wirecard-Magie.

Am Ende muss die GoMoPa ihre Berichte zurückziehen. Nach Recherchen des Handelsblatts hat der Berliner Immobilienmakler in seiner Vernehmung mit dem FBI nie den Namen Wirecard genannt.

Für Marktbeobachter steht schnell fest, dass sich wieder einmal Shortseller auf Kosten des Unternehmens bereichert haben. Bankhäuser und Analysten veröffentlichen Kaufempfehlungen, und der Kurs der Wirecard-Aktie setzt zum erneuten Höhenflug an. Wie sagte schon Karl Marx: Die Geschichte wiederholt sich immer zwei Mal – das erste Mal als Tragödie, das zweite Mal als Farce.

Die kleine Auseinandersetzung mit GoMoPa ist für Wirecard jedoch nur ein Nebenkriegsschauplatz. Das wirkliche Problem beginnt im April des Jahres 2011. Wenn wir in diesem Fall von Drama reden, dann sprechen wir von der ultimativen Tragödie. Die wird unter dem Titel »Black Friday« am 15. April des Jahres 2011 in den USA uraufgeführt. An diesem Tag sperrt das FBI die meisten Pokerseiten und Glücksspielangebote im Internet. Poker-Stars, Full Tilt oder Absolute Poker sind in Amerika nicht mehr erreichbar. Schlimmer noch: Wer die Domains aufruft, der blickt auf eine Nachricht mit dem Siegel des FBI, die ihm klarmacht, dass jede Unterstützung des illegalen Glücksspiels in den USA ein Federal Crime ist. Dafür drohen bis zu fünf Jahre Haft.

Das FBI lässt diesen martialischen Aussagen Taten folgen: Noch am selben Tag werden zahlreiche Top-Manager der Pokerkonzerne verhaftet und angeklagt. Gleiches gilt für die Verantwortlichen der beteiligten Zahlungsabwickler. Hierbei ist jetzt die Rede von 50 Jahren Haft wegen Bankbetrug und Geldwäsche. Das ist eine Ansage.

Gleichzeitig werden die Betreiber der Online-Casinos zu Strafzahlungen in Höhe von 3 Milliarden Dollar verurteilt, weswegen die meisten direkt pleitegehen. Das ist nur folgerichtig, denn die Spieler haben keine Lust mehr auf Online-Gambling. All ihre Einsätze und Gewinne, alles Geld, das sie auf den Konten von Internet-Casinos haben, jeder Cent wird eingefroren. Das hebt jetzt nicht gerade die Stimmung. Das FBI hat Tabula rasa gemacht: Online-Glücksspiel in Amerika ist von einem Tag auf den anderen Geschichte. Mission accomplished.

Natürlich spüren auch jene Unternehmen die Auswirkungen der Krise, die im fernen Europa residieren. Zum Beispiel in Grasbrunn. Eigentlich müsste Markus Braun jetzt eine Gewinnwarnung aussprechen, denn das Unternehmen mischt noch immer beim US-Gambling mit. Aber eine offensive PR-Strategie kommt für den CEO nicht in Frage. Was soll er auch sagen? Dass der Konzern einen Großteil seiner Umsätze im lange Zeit umstrittenen, jetzt illegalen Poker-Business in den USA erzielt hat? Diese Nachricht an die leidgeplagten Aktionäre und Investoren der Wirecard dürfte das Ende des Konzerns bedeuten und hätte zudem ziemlich unangenehme Untersuchungen des FBI zur Folge.

Die Wirecard ist in den Jahren seit 2002 im Glücksspiel erste Schritte gegangen, und jetzt gibt es kein Zurück mehr. Das ist die Natur des Bad Business: Es lässt sich vortrefflich Geld verdienen an den Rändern der Gesellschaft. Doch man macht sich gleichzeitig abhängig von sich ständig wandelnden rechtlichen und moralischen Rahmenbedingungen.

Mit dem Black Friday tritt eine Entwicklung ein, vor der zahlreiche Wirecard-Mitarbeiter intern schon lange gewarnt haben. Der Vorstand hat auf dem Fundament sprudelnder Umsätze aus dem Online-Gambling und dem Adult Entertainment einen börsennotierten Großkonzern aufgebaut. Er wollte das Beste aus zwei Welten – die enormen Wachstumszahlen aus dem Digitalgeschäft und das Renommee einer Erfolgsstory an der Börse. Einen Plan B hat es nicht gegeben.

Jetzt müssen schnell gute Ideen für neue Geschäftsfelder her. Es geht darum, dass die Story von den 30 Prozent Wachstum pro Quartal weitergeht. Umsätze und Einnahmen vor Steuern müssen ungebrochen fließen. Jetzt mehr als jemals zuvor. Jede noch so kleine Unregelmäßigkeit würde die Kritiker des Unternehmens erneut auf den Plan rufen – und diese Blöße will man sich in Grasbrunn nicht geben. So hat der Vorstand die Wirecard mit seinen hochfliegenden Ambitionen in eine überaus schwierige Lage gebracht.

Nicht zuletzt deswegen also bricht das Management der Firma im Jahr 2011 in neue Wachstumsmärkte auf. In Asien erkundet man die Möglichkeit, mit Übernahmen von regionalen Kundenportfolios zusätzliche Einnahmen zu generieren. Und in Krasnodar ist pro Jahr locker über 120 Millionen Euro zusätzlicher Umsatz drin. Jedenfalls gemäß des Business-Plans von Oliver B. Das ist genau die Story, die der Vorstand hören will. Deswegen sieht sich Oliver womöglich schon auf Dauer-Business-Trip mehrmals im Jahr nach Krasnodar jetten. Nach allem, was man ahnt, eine Horrorvorstellung für den in eigenen Belangen überaus sensiblen Bankenboss.

Aber dann hat Oliver doch eine brillante Idee. Das Management von MegaFon hat sehr viel Erfahrung, wenn es um die Vermarktung von Telefonie-Produkten geht. Aber Bankinnovationen laufen in der Werbung, in der Kommunikation und bei der Produktanmutung deutlich anders. Was wäre, so fragt Oliver den Vorstand, wenn wir vor diesem Hintergrund einen ausgewiesenen Marketingspezialisten zum Workshop nach Krasnodar schicken?

Anfang April 2011 stehe ich auf einer Konferenz zum Thema Facebook-Marketing herum und langweile mich. Plötzlich klingelt mein Firmentelefon, und Markus Braun ist in der Leitung. Wie es denn um den Status meines Reisepasses bestellt sei, fragt der CEO der Wirecard ohne große Vorreden. Nun, mein Reisepass ist in Wirklichkeit schon länger abgelaufen. Aber Markus Braun hat noch nie bei mir angerufen. Ich will diese erste, zarte Kontaktanbahnung nicht mit lästigen Details verkomplizieren. Also erkläre ich, dass mein Reisepass sich im besten Zustand befindet. Das trifft übrigens auch auf mich persönlich zu. Ich bin sozusagen zu allen Heldentaten bereit.

»Ok«, sagt Markus, der nie ein Freund großer Worte ist. »In zehn Tagen fliegst du mit Susanne Steidl nach Krasnodar.«

Zehn Tage sind lang genug, um einen vorläufigen Reisepass zu organisieren und ein Visum für Russland. Es sind aber auch zehn enorm anstrengende Tage, weil Susanne und Markus, diesen Eindruck vermitteln sie mir, das wichtigste Projekt der Wirecard seit Menschengedenken planen.

Am 20. April soll es losgehen. Bei diesem zweiten Workshop steht die Produktdemonstration im Mittelpunkt. Ziel ist es, in einem beliebigen Geschäft in Krasnodar eine Kreditkartentransaktion zu zeigen. Mit einer Plastikkarte, die speziell für MegaFon aufgesetzt worden und mit dem Telefonie-Account eines beliebigen Nutzers verbunden ist. Prepaid-Telefonie und Prepaid-Kreditkarte von einem MegaFon-Account – so lautet das Thema unserer kleinen Produktshow.

Technisch ist das durchaus anspruchsvoll. Einzelne Kreditkarten als Testobjekte zu produzieren, ist teuer und sehr komplex. Hinzu kommt, dass wir nicht wirklich hundertprozentig für die Herausforderungen gerüstet sind, die der russische Markt für Bezahlprodukte bereithält.

Das ist vielleicht die Untertreibung des Jahrhunderts: Wir sprechen kein Russisch, verfügen über keine Banklizenz, die für die Herausgabe von Kreditkarten in der Region erforderlich ist, haben null Ahnung vom Markt und vom Kundenverhalten, wissen nicht, wie Bezahlterminals in Russland funktionieren, kennen uns nicht beim Datenschutz in diesem Land aus, wissen nicht um die Anforderung bei der eindeutigen Identifikation von Kunden und haben ganz allgemein vom Mobile-Geschäft nicht den Hauch einer Ahnung.

Trotzdem wird der Wirecard CEO nicht müde, Florian Stermann und mir ständig zu erklären, dass unsere Ausgangsposition schlicht und ergreifend konkurrenzlos ist. Auch wenn Florian vorsichtig zu bedenken gibt, dass es durchaus Banken in Russland mit Erfahrung beim mobilen Bezahlen gibt, kennt der Optimismus unseres größten Visionärs keine Grenzen. Das ist der Stoff, aus dem wirklich große CEOs geschmiedet sind. Ihr Augenmerk ist mitunter der Realität entrückt und allein auf die Zukunft gerichtet.

Ich muss zugeben, dass mir der klare, unverfälschte und auch etwas wahnsinnig scheinende Optimismus meines CEOs imponiert. Ich meine, die ganze Welt ist voll von diesen ewigen Zweiflern und Nörglern. Kein Meeting, in dem nicht mindestens ein oder zwei Leute sitzen, die jede technische Weiterentwicklung immer für totalen Humbug halten. Das Schlimmste ist natürlich, dass diese Protagonisten des Stillstands stets zu mindestens 50 Prozent recht behalten, weil von all jenen Entwicklungen, denen eine weltbewegende Rolle zugesprochen wird, sich nur die wenigsten wirklich durchsetzen. Wer fährt heute zum Beispiel mit einem Segway durch die Gegend? Das futuristische Gefährt sollte eigentlich die Stadt der Zukunft prägen und die Ära der Autos ablösen. Klingt ja im Prinzip nach einer guten Idee. Der Segway wurde jedoch ein gigantischer Flop, und das nicht nur, weil der Firmeninhaber mit seinem eigenen Gefährt über eine Klippe in den Tod stürzte. In unzähligen Meetings und Workshops lächeln jetzt genau jene bräsigen Typen zufrieden, die den Misserfolg natürlich schon immer vorausgesehen haben.

Das geht mir auch deswegen gehörig auf die Nerven, weil ich in meinem Kopf tendenziell auch immer die negativsten Gedanken am attraktivsten finde. So ist Markus Braun mit all seinem Optimismus auch das adäquate Gegenmittel für meine eigenen ständigen Zweifel.

Im Falle von Markus darf man jedoch Optimismus nicht mit Euphorie verwechseln. So weit sollten wir wirklich nicht gehen. Markus' Stil ist eher mathematisch-nüchtern als emotional mitreißend. Er sieht sich allem Anschein nach als brillanter Analyst. Zahlen, Zukunft und Visionen, so lautet sein Programm. Die Kernbotschaft des CEOs ist schlicht, und sie lässt sich auf zwei Sätze herunterbrechen: Wir stehen am Anfang einer digitalen Transformation, die nach und nach alle Lebensbereiche erfassen wird. Das Bezahlen, die Transaktionen und die Geldflüsse bilden den technologischen Backbone dieser neuen Welt.

Solche Botschaften machen natürlich viel her auf Keynote-Stages oder PowerPoint-Slides für Investoren. Sie ignorieren jedoch die Komplexität des internationalen Zahlungsverkehrs: etwa die nationalen Regulierungen, die unterschiedlichen technischen Systemstandards oder die Erwartungen der Zielgruppen, die von Land zu Land überaus unterschiedlich sind. Man könnte endlos weitermachen. Aber Markus sieht seine Aufgabe nicht darin, sich mit Details herumzuschlagen. Er gibt als Máximo Líder die Richtung vor. Dahin müssen die Dinge sich eben irgendwie bewegen. Ob das nun in Krasnodar ist oder sonst wo auf der Welt.

Ich stelle mir dabei noch eine ganz andere Frage: Warum mache ich eigentlich bei dem ganzen Projekt mit? Warum arbeitet vor allem Susanne die Nächte durch, um das Unmögliche am Ende doch irgendwie möglich zu machen?

Wir könnten beide auch stehen bleiben und unsere Karrieren ganz normal fortsetzen. Das machen schließlich viele Menschen. Auch bei der Wirecard gibt es immer mal wieder Mitarbeiter, die nicht mitziehen, wenn der Vorstand aufs Gaspedal drückt. Sie werden nicht etwa geviertelt oder gekündigt. Gekündigt wird ohnehin nie jemand.

Aber noch mal: Wenn es für uns nicht um Leben oder Tod geht, warum stecken wir dann all unsere Kraft jetzt in dieses Unterfangen? Warum ignorieren wir die Unmöglichkeit des Projekt-Scopes in Krasnodar? Nun, ich kann nicht für Susanne sprechen, aber ich denke, wir tun dies, weil wir beide gleichermaßen die Anwesenheit der Macht spüren. Ich weiß, dass das einfach klingt. Aber manchmal sind die Dinge ziemlich simpel strukturiert. Die Macht: Das ist Zugang, das ist Exklusivität, das ist Entscheidungsgewalt und das ist Kontrolle.

Innerhalb der Wirecard manifestiert sich diese Macht am stärksten auf den jährlichen Weihnachts- und Sommerpartys. Wen wird Markus Braun in seiner launigen Rede erwähnen, die er vor der Eröffnung des Buffets hält? Vice Presidents und Heads mühen sich lässig um Fassung. Aber jeder, der vom CEO kurz genannt wird, befindet sich im Zentrum der Macht.

Wenn wir ehrlich sind, dann war die Macht in den Jahren zuvor für uns etwas wenig Greifbares. Susanne hat als Technik-Nerd die Kartenprogramme für Oliver und Jan operativ exekutiert. Aber Spezialisten sind immer austauschbar. Die Hierarchien in der Tech-Welt sind so angelegt, dass personelle Ausfälle leicht verkraftet werden können. Solange du keine Kernkraftwerke entwickelst oder am CERN experimentierst, wird es immer jemanden geben, der dich schnell und unkompliziert ersetzen kann.

Was ist mit mir? Ich bin irgendwie Jans Designboy und natürlich auch der Marketingleiter des Unternehmens. Aber als Werbechef muss ich immer mit den Produkten und Services arbeiten, die andere gestalten. Ich bin im Grunde nie an der eigentlichen Produktentwicklung beteiligt. Ich bin der Ausgestalter, der zum Schluss alles bunt anstreicht. Das bedeutet, dass auch ich nicht wirklich relevant bin.

Auch mit Jans Liebe ist es immer so eine Sache. Er würde zwar nie jemanden feuern – das hat er auch später in absoluten Extremfällen niemals getan –, aber er kann seine Aufmerksamkeit sehr schnell völlig neu ausrichten.

Das ist seine Strategie, wenn er von Mitarbeitern die Nase voll hat: Er blendet sie einfach aus all seinen Gedanken aus. Gone, vorbei, arrivederci.

So sehen Susanne und ich in diesem ganzen Projekt mit MegaFon auch eine Chance, unsere Position bei Wirecard nachhaltig zu sichern. Und die Macht ist von nun an mit uns auf all unseren Wegen. Der CEO ist jetzt ganz operativer Sparringspartner. Täglich ruft er mehrmals an, er bittet regelmäßig zu Spontan-Meetings, und er bewegt sich – ja, das muss an dieser Stelle auch einmal explizit erwähnt werden – er bewegt sich auch in unsere Büros. Das ist ein echtes Novum, dass er seinen Elfenbeinturm verlässt und andere Flure aufsucht. Die Marketingabteilung ist jedenfalls nachhaltig verwirrt, als Markus regelmäßig auf der Suche nach mir auftaucht. Aber natürlich ist auch das eine Manifestation der Macht: Jeder im Unternehmen von Legal über Controlling bis zu Tech hat verstanden, dass Susanne und ich jetzt hochoffiziell »Batwoman and Robin« sind. So nennt uns Markus in seiner Rede bei der Sommerfeier des Jahres 2011 tatsächlich.

Bei all den Calls und Meetings interessiert den CEO weniger die Technologie, sondern vor allem der Business-Plan des Projekts. Den hütet Susanne in einem überaus komplexen Excel-Chart. Es geht um zusätzliche Einnahmen bei der Telefonie, es geht um Kosten für die Produktion und Auslieferung von Karten, Aufwände für den Identifikationsprozess der Kunden, und es geht natürlich um Annahmen zur Kartennutzung. Nach endlosem Hin und Her steht jedenfalls fest, dass wir aus dem Geschäft mit einem zu erwartenden Umsatz in Höhe von mindestens 100 Millionen Euro rausgehen. MegaFon nickt diese

Perspektive schnell und überraschend unkompliziert ab: »It's pretty straightforward now, so we don't need any tuning.« Kein Wunder, dass Markus Braun findet, dass wir richtig gute Fortschritte machen.

Beim eigentlichen Workshop in Krasnodar gehen die Dinge dann schnell in eine eigenartige Richtung. Während ich zwei Stunden lang im Detail Marketingpläne für Kreditkartenprodukte präsentiere, sitzt das zahlreich erschienene Management von MegaFon nicht nur einfach da und erfreut sich an meinen Ausführungen. Man plaudert vielmehr untereinander ausgiebig auf Russisch, verlässt spontan den Raum, wird durch neue Manager ersetzt, man telefoniert, tippt, gähnt, gestikuliert. Kurz, das Ganze ist ein einziges Superchaos.

Der Höhepunkt ist dann der gemeinsame Gang zu einem Kiosk mit Kreditkartenterminal in der Nähe. 20 Manager von MegaFon laufen an einem lauen Frühlingstag hinter uns her zu der groß angekündigten Produktdemonstration. Das eigentliche Event ist ziemlich banal: Wir haben in unserer Not eine deutsche Kreditkarte produziert, die im MegaFon-Design daherkommt. Jede Kontobewegung im Backend ist ein sogenannter Mock-up – eine stilisierte Demonstration einer tatsächlichen Transaktion.

In der Welt der Technologie ist eine solche prototypische Umsetzung beileibe nichts Ungewöhnliches. Es geht darum, einen ersten Produkteindruck zu vermitteln. Dabei sind natürlich nur Kernfunktionen wirklich relevant. Ein echtes Produkt zu entwickeln, ist eine ganz andere Hausnummer. Aber immerhin: Wir haben in zwei Tagen in Krasnodar einen sehr guten Eindruck hinterlassen. Florian Stermann erwähnt in der Abschluss-Mail an Markus, dass meine »richtige und wichtige Anwesenheit enorm dazu beigetragen hat, einen erfolgreichen Business-Case zu entwickeln«. Chapeau, ich bin in der Macht angekommen, um zu bleiben.

Der nächste Schritt in der Choreographie des Projektverlaufs ist nun ein Treffen des MegaFon-Managements aus Krasnodar in München bei Markus Braun. Die Vorbereitung für dieses Meeting, das am 10. Mai 2011 stattfinden soll, ist ein Feuerwerk an neuen Business-Berechnungen, an Abstimmungen über den Erwerb einer russischen Bank, an immer tougher werdenden technischen Herausforderungen und Requirements.

Niemand sagt Markus in dieser Situation jedoch, was eigentlich logisch erscheint: dass dieses ganze Projekt mit all seinem Wahnsinn ohne Lizenzen, ohne Erfahrungen und ohne qualifizierte Teams nie funktionieren kann. Es wäre schon in Europa eine echte Herausforderung. In Krasnodar ist es beinahe unmöglich. Die Herren Oliver B. und Jan Marsalek verfolgen das Projekt wahrscheinlich deswegen sehr entspannt von der Seitenlinie …

Zudem sind sie anderweitig ziemlich beschäftigt. Ende April ist die Wirecard endlich aus dem eher provinziellen Büro in Grasbrunn ausgezogen und in Aschheim angekommen. Alles wirkt groß, frisch und deutlich zeitgemäßer auf dieser neuen Seite des Münchner Speckgürtels.

Jan hatte auf bizarre Weise in Grasbrunn nie ein festes Büro. Er setzte sich immer in irgendeinen Konferenzraum oder ein freies Office. In Aschheim residiert er endlich standesgemäß auf 110 Quadratmetern mit eigenem Konferenzraum. Oliver seinerseits hat im neuen Bankgebäude viel Platz für einen noch größeren Monitor, auf dem ständig »Call of Duty« läuft. All das muss natürlich geplant, ausgestattet und abgenommen werden. Susanne und ich werden beim Umzug von der Assistentin des CEOs unterstützt – auch das ist eine Demonstration unserer neuen Macht.

Der Chef von MegaFon ist ein Russe wie aus dem Bilderbuch. Ein massiger Typ mit Händen so groß wie Wagenräder. Er trägt keine schicken Maßanzüge, sondern eher praktische Reisebekleidung von der Stange. Kurz, der Chef aus Krasnodar wirkt in keiner Weise so, wie sich Markus Braun vermutlich einen Geschäftspartner oder Tech-Protagonisten auf Augenhöhe vorstellt. Aber der CEO der Wirecard scheint beschlossen zu haben, gute Miene zum bösen Spiel zu machen. Nach einer kurzen Begrüßung im brandneuen Konferenzraum des Vorstandsvorsitzenden übernehme ich die Führung. Die Ehre, durch die Mega-Fon-Präsentation zu führen, habe also ich.

Diese Präsentation: Jedes Wort wurde in den vergangenen Tagen auf jede erdenkliche Goldwaage gelegt. Von Legal, von Compliance, von Controlling, Tech, von Florian und seinem Team, von Susanne und auch von Markus Braun himself. Es ist nach allen Maßstäben ein perfektes Dokument geworden. Kurz – ungefähr 15 Seiten lang –, aber vollgestopft mit den relevanten Informationen zum Projekt. Jede PowerPoint-Page bietet Stoff für lange Diskussionen und weiterführende Abstimmungen. Es könnte ein schwieriger Termin werden im vierten Stock in Aschheim an diesem Tag.

Ich präsentiere auf Englisch, und Florian Stermann übersetzt simultan ins Russische. Das macht die Sache nicht leichter. Der Geschäftspartner aus Krasnodar blickt dabei starr nach vorne auf den Monitor. Dann komme ich schließlich zu meiner letzten Folie und zum Ende meiner Ausführungen. Alle Blicke ruhen nun auf unserem neuen russischen Freund in seinem betont praktischen Styling. Der schaut jedoch nur kurz auf und bittet darum, die Farbe der Eingangsfolie doch ins MegaFon-Grün zu verändern. Ansonsten gebe es keinen weiterführenden Gesprächsbedarf mehr. Alle Vorgaben des Business-Cases und Produktkonzepts, so verstehen wir das, sind hiermit angenommen.

Auch das ist ein Problem von Quereinsteigern wie Susanne und mir. Wir verfügen über kein System von Erfahrungen, das es uns ermöglicht, die Dinge letztgültig zu bewerten. Jeder wirkliche Profi hätte wahrscheinlich gleich erkannt, dass dieses Meeting dann doch ungewöhnlich ablief. Keinerlei Rückfragen bei einem solch ambitionierten Projekt? Das ist eigentlich kaum vorstellbar.

Doch Florian und Markus freuen sich sehr über den Erfolg des Treffens, und ich will kein Spielverderber sein. Ich sehe Susanne aus den Augenwinkeln an, dass sie ziemlich genau das Gleiche denkt wie ich. Das Ganze lief etwas zu glatt, um wirklich wahr zu sein. Anyway, wir machen natürlich Vollgas weiter.

100 Millionen Euro zusätzlicher Umsatz liegen nun in greifbarer Nähe. Wir erwägen sogar, eine eigene Bank für das Projekt in Russland zu erwerben und ein Projektteam in Moskau einzustellen. Wirecard goes East und erobert den russischen Telefonie-Markt. Florian Stermann stellt gigantische Folgeaufträge in Aussicht. Mit all den großen Mobile-Anbietern in Russland – aber auch in der Ukraine

und anderswo. Dies ist der Beginn einer wirklich großen Geschichte. Für uns, für die russische Republik und natürlich auch für Florian Stermanns Expert Management Beratung, kurz EMB, die mit jedem Schritt in neues Territorium vorstößt, bei jeder neuen Mail und jedem Treffen verdient.

Im Juni des Jahres 2011 kommt es jedoch zu einem Moment des schlagartigen Stillstands in unserem ansonsten sauber sekundengenau getakteten Projektablauf.

Der Chef der MegaFon-Sparte in Krasnodar, unser Hauptansprechpartner und genau jener CEO, der im Büro von Markus gesessen und meiner Präsentation zugehört hat, sieht sich intern Korruptionsvorwürfen ausgesetzt und wandert kurz darauf ins Gefängnis. Bad Luck. Im Knast hat der Ex-CEO nun ausgiebig Zeit, sich über meine Ausführungen zum russischen Prepaid-Markt und mein Produktkonzept im Detail Gedanken zu machen. Doswidanja, Andrej, Mastermind von MegaFon im fernen Kaukasus. Es war mir ein Vergnügen.

Damit sind auch Trips nach Krasnodar Geschichte. Das Wirecard-Team konzentriert sich von nun an auf den russischen Gesamtmarkt und berichtet direkt an die MegaFon-Zentrale in Moskau. Alle gut festhalten, jetzt geht die wilde Fahrt erst richtig los.

Auch in der Hauptstadt mag das MegaFon-Management im vortrefflichen Business-Englisch schnelle, klare Entscheidungen. 10 Millionen Euro hin, 10 Millionen Euro her. Alles wird so unkompliziert festgelegt, dass es eine helle Freude ist. Nur so richtig unterschreiben will in der russischen Republik niemand unser sorgsam ausgearbeitetes Memorandum of Understanding und unseren Letter of Intent.

So fliegen wir schließlich mit Markus nach Moskau, um unser Konzept erneut zu präsentieren und endlich zu einem Vertragsabschluss zu kommen. Und natürlich nächtigen wir im Ararat Park Hyatt nahe dem Roten Platz. Einen schönen Gruß von dort schicke ich per Sprachnachricht auf das Mobiltelefon von Oliver B.

Ich bin zunächst einen Tag alleine mit Markus im Hotel, weil Susanne und Florian erst später nachkommen. Die Situation gestaltet sich etwas anstrengend. Ich weiß einfach nicht immer so genau, nach wie viel gepflegtem Autismus dem CEO gerade zumute ist. Jedes Gespräch und jede gemeinsame Mahlzeit ist unfassbar beschwerlich, denn ich bestreite fast die gesamte Konversation als Monolog. Markus ist dagegen sehr auf den teuersten Caesar Salad der Welt konzentriert und beachtet mich kaum. Als er sich dann zum Frühstück entschuldigt, bin ich ehrlich gesagt nicht richtig traurig. Einen persönlichen Draht zueinander entwickeln wir an diesem Tag nicht. Aber damit bin ich in der Wirecard nicht alleine. Es ist eigentlich von niemandem bekannt, dass er oder sie ein einigermaßen entspanntes Verhältnis zum Chef hat. Das ist einfach nicht Teil des Szenarios.

Unser aktuelles Meeting mit den elegant gekleideten Managern bei MegaFon verläuft – laut Aussage von Florian Stermann – einmal mehr sehr erfolgreich. Wieder werden kaum Fragen gestellt und wieder kaum verbindliche Zusagen geliefert. Aber Florian führt glaubhaft aus, dass die Dinge nun mal genau so laufen in der russischen Geschäftswelt. Ich habe da mittlerweile so meine Zweifel. Aber Zweifel habe ich im Prinzip immer. Es lohnt nicht, deswegen ein großes Aufhebens zu machen.

Das Highlight ist dann unsere Rückreise nach München. Markus möchte eigentlich mit dem Taxi zum Flughafen aufbrechen, aber das dürfte angesichts des Moskauer Feierabendverkehrs viel zu lang dauern. Ich mache ihm schließlich den Vorschlag, dass wir schnell und unkompliziert den Aeroexpress-Zug nehmen. Das ist für Markus ein ziemlich ungewöhnlicher Reiseplan. Seine letzte Erfahrung im öffentlichen Nahverkehr dürfte seinem Verhalten nach zu schließen schon einige Jahrzehnte zurückliegen. So wirkt er am Bahnsteig und im Zug alles andere als entspannt. Entsetzt blickt er in alle Richtungen. Diese ganzen Massen und diese ständige Bewegung überall. Jan wird später von Menschen-Suppen sprechen, die es auf jeden Fall zu vermeiden gilt. Das alles ist so gar nicht die Welt des kultivierten Dr. Braun. Nachdem er die Fahrt trotz überall lauernder Gefahren überlebt hat, ist er so euphorisch wie ein Bergsteiger nach der erfolgreichen Route über den Großglockner. In diesem Hochgefühl beugt er sich zu mir, legt seine Hand auf meine Schulter und bietet mir das Du an.

Ein Chor von Cherubim singt in der Ferne, und feiner Feenstaub legt sich über uns. Auf Du und Du mit Markus Braun. Wir sind jetzt Blutsbrüder, für immer. Am Flughafen bringe ich Markus noch zurück in die zivilisierte Welt. Diese beginnt für den CEO am Eingang zur Lounge der Lufthansa. Hier atmet er wieder auf nach all den Aufregungen und Emotionen der letzten Tage. Bei einer guten Tasse grünem Tee, so stelle ich mir das vor, wird er das Geschehen an seinem inneren Auge vorbeiziehen lassen und sehr glücklich sein. Alles läuft gut im Hause Wirecard. In Russland, aber auch an der Heimatfront.

Unser kleines Projekt mit MegaFon geht jetzt laufend zwischen Deutschland und Russland hin und her – nur es bewegt sich leider um keinen Millimeter. Unsere russischen Management-Partner prüfen und konsolidieren, beraten sich mit ihren Rechtsanwälten und externen Consultants und haben immer neue, zeitintensive Nachfragen. Es gibt unzählige mündliche Zusagen zum Projekt und dem dazugehörigen Commercial Offering.

Dann gehen wir zurück auf Los im großen Business-Monopoly. Mit einem Schuss, Peng – mit einer Mail von 15 dürren Zeilen – killt das Management von MegaFon schließlich das ganze Projekt. In ziemlich ernüchternden Worten führt die rechte Hand von Herrn Usmanow aus, dass man in Zukunft in Sachen Bezahlen eher auf eine interne Entwicklung setzen wird. Man bedankt sich für die durchaus unterhaltsame Zusammenarbeit und hofft auf weitere Kooperationen und Joint Ventures in der Zukunft. Markus schäumt und will sofort Usmanow himself sprechen, Florian Stermann telefoniert wie ein Irrer, aber es hilft alles nichts. Es ist vorbei. Nur gut, dass wir nie ernsthaft auf die Idee gekommen sind, in Moskau eine Bank zu kaufen.

Die Lage ist ausweglos – aber Markus hört nicht auf zu kämpfen. Bis zum November dieses Jahres versucht er, einen weiteren Termin bei MegaFon zu bekommen. Gegen Jahresende muss auch er erkennen, dass die Monsterumsätze in der russischen Republik keine Realität werden.

Das ist bedauerlich. Aber es trifft sich doch gut, dass die Wirecard noch ein zweites Ass im Ärmel hat, um dem drohenden Umsatzkollaps entgegenzuwirken. Im

November des Jahres 2011 erwirbt der Konzern das Unternehmen Systems@Work in Singapur. Es handelt sich nach Aussage des Wirecard-Vorstands um einen führenden technischen Zahlungsabwickler für Händler und Banken im ostasiatischen Raum. Das Venture wird in Zukunft die Grundlage für das Asiengeschäft der Wirecard. Alles nimmt hier seinen Anfang: die großen Wachstumsgeschichten, die Umsatzrekorde, die mit Milliarden prall gefüllten Konten – eine neue Zeitrechnung beginnt. Markus wird, zumindest meines Wissens nach, in Asien allerdings nur einmal in persona auftauchen – im Rahmen einer Reise des Aufsichtsrats. Ansonsten wird er zukünftig sein Büro und seinen Konferenzraum kaum noch verlassen. Er reist selten bis nie – schon gar nicht in operativer Mission. Er herrscht jetzt über ein Weltreich. Vom vierten Stock in Aschheim aus.

Wenn man aus heutiger Sicht auf die Wirecard-Story blickt, dann gewinnt man schnell den Eindruck, dass alles linear verläuft und sich ganz eindeutig in eine Richtung entwickelt. Der größte Bankraub der Geschichte – von langer Hand geplant? Das deckt sich jedoch nicht mit meinen Erinnerungen. Markus hat mit seinem Engagement in Krasnodar und bei ähnlichen Themen immer wieder gezeigt, dass er das Ruder herumreißen will und nach einem nachhaltigen Geschäftsmodell sucht. Er hat, so sieht es aus, recht lange daran geglaubt, dass er einen neuen Kurs einschlagen kann. Gleichzeitig jedoch war er immer stärker gefangen in seiner Wachstumsstory. Der Druck des Marktes, der Druck, neue Kreditgeber und Investoren zu gewinnen, der eigene Druck, erfolgreich zu sein. Es war auf der einen Seite immer zu einfach, an neues Geld zu kommen und auf der anderen Seite immer so schwer, ein wirklich relevantes Business aufzubauen. Dadurch verschoben sich die Prioritäten Stück um Stück. Das ist die Geschichte der Wirecard, wie ich sie von innen erlebt habe.

Und was ist mit mir im Jahr 2011? Ich bin jetzt wieder mehr im Office in Aschheim und weniger im Transit nach Russland. Oliver B. findet offenbar an meiner Anwesenheit Gefallen. Er hätte ein super Projekt für mich, sagt er mit verschwörerischem Grinsen. Ich erinnere mich doch noch an die Idee mit dem Barzahlen. Wie lief das noch gleich? Subprimes, Gerichtsvollzieher, entschlossene Kaufabsichten, Bargeld gegen Ware am Kiosk und an der Tankstelle. Oliver hat die Sache in den letzten Wochen weiterentwickelt und will tatsächlich ein Start-up daraus bauen. Burkhard Ley, der Wirecard CFO, ist auch dabei, und auch Vorstände einer Tankstellenkette. Jetzt fehlt nur noch das dazugehörige Marketinggenie. BarPay heißt die Sache jetzt und wird uns alle zu Millionären machen.

Millionär klingt gut genug für mich, und so beginne ich mit einem externen Team, das Erscheinungsbild von Bar-Pay zu gestalten: vom Logo über die Produktbroschüre bis zur Website. Auf einem superkonspirativen Treffen im September 2011 in Schloss Fuschl bei Salzburg stelle ich das neue Konzept einer illustren Schar von Mitverschwörern vor. Darunter finden sich zahlreiche bekannte Gesichter aus dem obersten Wirecard-Management. BarPay ist eine ganz heiße Sache, und jeder will dabei sein.

Im Oktober meldet sich Oliver mit der Hiobsbotschaft:

Unser kleines Engagement ist zum Wirecard-Vorstand durchgesickert. Markus Braun und der Aufsichtsrat sind ziemlich sauer wegen unseres Alleingangs. Ich mache mir ehrlich nicht viele Sorgen, denn es gibt BarPay nicht als Gesellschaft. Ich habe keinen Vertrag unterzeichnet, sondern nur ein paar Logos und Webseiten gestaltet. Trotzdem beginnt Oliver durchzudrehen.

Wir treffen uns zu einer weiteren konspirativen Abstimmung im Restaurant des NH-Hotels, das gegenüber der neuen Wirecard-Firmenzentrale in Aschheim liegt. Ich esse vom Buffet, und Oliver hat seine eigene Flasche Mineralwasser mitgebracht. Sicher ist sicher. Mitten im Gespräch springt Oliver plötzlich auf und stürmt in voller Panik auf die Fensterseite des Restaurants. Er gestikuliert wie ein Irrer. Ich soll bitte sofort auch kommen. Dann stehe ich auf und folge Oliver, der sich inzwischen hinter einem Vorhang versteckt hat.

Da stehen wir beide – hinter einem Vorhang im Restaurant des NH-Hotels in Aschheim. Denn Oliver hat einen Sicherheitsbeauftragten der Bank entdeckt. Wenn der uns zusammen sieht, flüstert der Generalbevollmächtigte atemlos, dann wird das für uns kein gutes Ende nehmen. Ich bin mir nicht sicher, ob Oliver mich mit der ganzen Sache hier nicht vielleicht nachhaltig verkohlen will. Das wäre eine tolle Geschichte, die er ewig mit Jan Marsalek durchkauen könnte. Wie ich in einer Art Panikattacke aus dem NH geflohen bin. Zuzutrauen wäre es dem Duo Jan und Oliver allemal. Sie hatten immer Sinn für solche Scherze – vor allem Jan konnte endlos Insider-Gags durchziehen, an denen nur er und seine Crew Gefallen fanden.

Am nächsten Tag bittet mich Markus Braun zu einem spontanen Meeting. Das ist seit der MegaFon-Sache nichts wirklich Ungewöhnliches, und deshalb bin ich eigentlich ganz entspannt.

Doch der CEO der Wirecard hat Bad News für mich. Er hat von der Sache mit BarPay gehört, und er sieht diese ganze Initiative überaus kritisch. Er versteht meinen unternehmerischen Spirit, müsse mich aber eigentlich feuern. Große Denkpause. Er würde davon allerdings absehen, wenn ich jetzt mal ehrlich erzählen würde, wie ich diese ganze Idee mit BarPay eigentlich entwickelt habe und wer alles daran beteiligt ist. Klingt so, als wäre ich der Vorstandsvorsitzende und Ideengeber unseres kleinen Ventures gewesen. Ich versuche kurz abzuwiegeln und erkläre, dass ich eigentlich nur ein paar Logos gebastelt habe. Aber ich merke schon, wie Markus immer schroffer wird. Also gut, sage ich, und lege ein vollständiges Geständnis zu meiner Zusammenarbeit mit Oliver ab.

»Sehr gut«, sagt Markus am Ende zufrieden. »Ehrlichkeit bringt uns immer weiter. Und by the way: Mir gefällt dein ambitionierter unternehmerischer Zug zum Tor.« Fußballvergleiche sind ganz seine Sache. Markus Braun glaubt vermutlich, dass er über diesen kleinen Kniff eine Brücke schlägt von seiner hochintellektuellen Ebene auf unser niederes Niveau. »Der Ball liegt direkt vor dem Tor, du musst ihn nur noch reinmachen.« Oder: »Das ist jetzt ein Elfmeter für dich.« So in der Art.

Am Ende lässt er mich ziehen, ohne mir zu kündigen. Einen Warnschuss nennt er das. Oliver B. indessen verlässt Aschheim und kümmert sich fortan um die Geschäfte in Dubai. In der Zentrale taucht er nur noch sporadisch auf.

Und ich? Ohne dass ich es weiß, hat offenbar eine fremde Macht ein Auge auf mich geworfen. Sie hat meine Winkelzüge bei MegaFon beobachtet und mein Tun genau studiert. Sie hat das Desaster bei BarPay verfolgt und dabei leicht geschmunzelt. Ich war sehr nah dran an Markus Braun, und das hat dieser Macht nicht gefallen. Denn sie will ihre Leute lieber ganz und gar und teilt nicht gerne. Und diese Macht hat mich auserwählt, um große Dinge zu bewegen. Sie sieht zu mir hinab, von der Dachterrasse im Haus 33 am Einsteinring in Aschheim. Ich kann sie schemenhaft erkennen, wenn ich aus dem Hauptgebäude herausgehe und links nach oben blicke. Es ist Jan Marsalek, der von seinem Büro zu mir herabschaut.

4

Vier Jahre mit Facebook und ein Systemausfall, der das Fürchten lehrt

Es ist das Jahr 2014. Wir befinden uns in der Konferenzraumwelt der Wirecard. Auf einem langgestreckten, grauen Vitra-Sofa, vor einem Vitra-Couchtisch und einer Vitra-Vase mit ein paar weißen Orchideen haben es sich Natasha und ihre Crew aus Moskau gemütlich gemacht. Natasha ist eine junge russische Geschäftsfrau wie aus dem Business-Bilderbuch: großgewachsen, gertenschlank, blonde, sanft gewellte Locken, körperbetont gekleidet in einen Dreiklang von Dsquared, Dolce und Dior. Ihre beiden Begleiter fallen stylemäßig dagegen etwas ab. Sergej aus dem schönen Kasachstan, der Vermittler dieses Deals und Buddy von Wirecard-Vorstand Jan Marsalek, setzt ganz auf Business Casual von Zegna. Dmitry, der Star der ganzen Show hier, ist ein schmaler, unauffälliger Nerd-Typ in No-Name-Jeans und T-Shirt. Seine Haut ist auffällig blass, und die Haare kämmt er sich nach vorne in die Stirn. Ein Computerfreak.

Dmitry ist verantwortlich für Innovationen rund um das

Bezahlen bei der Metro in Moskau, einem der größten, innerstädtischen Verkehrsbetriebe der Welt. Tiefe U-Bahn-Tunnel ziehen sich quer durch die russische Hauptstadt, wie unterirdische Paläste wirken einige der Stationen. Großes Kino im Untergrund.

Das Riesennetzwerk der Moskauer Metro steht im Mittelpunkt von Jan Marsaleks Zukunftsstrategie. Er plant dort den Start eines komplett neuen Bezahlsystems für den öffentlichen Nahverkehr. Jan denkt dabei nicht an Kleingeld und Kreditkarten. Das wäre doch ziemlich 90er. Er skizziert in seiner selbstverfassten Präsentation zum Thema vielmehr einige weitreichende technologische Visionen. Payment und Ticketing funktionieren natürlich per App und Smartphone. Und wenn wir schon dabei sind: Auch die automatische Erkennung von Metro-Passagieren per Bluetooth, die intelligente Reiseplanung per GPS, ein Portfolio von Mehrwerten in Echtzeit sowie offene APIs (Programmierschnittstellen) für Third Party Provider gehören mit zum Konzept. Das sind jetzt ziemlich viele verwirrende Technikbegriffe, und vielleicht ist es verständlicher, das alles einmal in einem fiktionalen Kundenerlebnis aufzulösen. In der Vision von Jan Marsalek steht der Kunde der Moskauer Verkehrsbetriebe etwas verloren im Untergrund herum und wartet auf seine U-Bahn. Er öffnet seine Metro-App und erfährt, dass es irgendwo ein Problem mit einer Gleisanlage gibt und seine Fahrt sich heute verzögern wird. Jetzt schickt das intelligente Superhirn, das die Metro-App im Hintergrund steuert, genau diesem Kunden eine Benachrichtigung über einen individuellen Gutschein für einen nahen Coffee-Shop. Einmal Latte halber Preis. Der Kunde bestätigt den Deal, läuft zum

Kaffee-Lieferanten, wo sein Heißgetränk natürlich schon dampfend bereitsteht. Dann erhält er eine weitere Benachrichtigung, dass sich die U-Bahn wieder in Bewegung gesetzt hat. Im Untergrund der russischen Hauptstadt greift alles nahtlos ineinander – bezahlen, informieren, konsumieren. Zumindest in der Konzeptwelt von Jan Marsalek läuft das so auf schlanken 15 Pages in PowerPoint datiert vom 20.08.2014. Die dazugehörigen Screenflows der App fügt Jan praktischerweise gleich mit an und führt auf Seite 13 seiner Ausführungen auch den Preis der ganzen Entwicklung auf: Für ein halbes Jahr liefert die Wirecard das komplette System – also Software-Lösungen, Transport Gateway und Operations – an die Moskauer Metro zum einmaligen Vorzugsangebot von sage und schreibe 0 Euro. Danach greift ein Revenue-Split 70/30 »in charge of Wirecard on third party revenues«.

Deswegen sitzen Natasha, Dmitry und Sergej heute hier in Aschheim rum. Und deswegen hat Jan auch die gesamte Tech-Crew der Wirecard zum Meeting eingeladen. »ASAP«, schreibt der COO jetzt ziemlich oft in bedrohlichen Großbuchstaben in seine Telegram-Nachrichten. »Zur Not nehmt ihr wen aus anderen Projekten raus. Russland ist wichtiger.«

Nach unseren ersten Erfahrungen in Krasnodar mit MegaFon sind die Produktmanager und Tech-Protagonisten von Wirecard erst mal froh, dass bei der Metro ganz flott auf Englisch kommuniziert wird. Ansonsten betrachtet die vollständig angetretene Technikabteilung das Projekt mit durchaus gemischten Gefühlen. Vielen erscheint Jan nicht wirklich als ausgewiesener Kenner des öffentlichen Nahverkehrs. Der Herr Vorstand bevorzugt First Class und Taxi. Dazu kommt: Warum sollte die Moskauer Metro ausgerechnet die Wirecard mit diesem Projekt betrauen? Und warum liefern wir das alles zum Selbstkostenpreis? Fragen über Fragen. Aber Jan bläst zur Attacke – und das bedeutet, dass die Führungsriege pflichtschuldig auf operativen Umsetzungsbetrieb schaltet.

Die hohe Priorität, die Jan dem Projekt gibt, ist natürlich berechtigt. Denn das Verkehrssystem der Metro ist gigantisch. 2,4 Milliarden Menschen nutzen die Infrastruktur im Jahr. Wer hier moderne Bezahlmethoden und automatisierte Geschäftsmodelle anbietet, dem gehört die Welt. Jedes andere Verkehrssystem dieses Erdenrundes wird die Lösung implementieren wollen. Die Tube in London, die Subway in New York und natürlich auch die Toei Subway in Tokio.

Die Sache hat nur ein paar kleine Haken. Minimale Problemstellungen, die es irgendwie operativ zu überwinden gilt. Zum einen ist die technische Infrastruktur großer Verkehrsbetriebe unfassbar komplex. Die Zugangssysteme und Gates sind meist veraltet, Online-Verbindungen können nicht garantiert werden, und Ticket- und Telematiksysteme sind häufig nicht miteinander vernetzt.

Erschwerend kommt hinzu: Im Grunde ist die Wirecard ein Payment-Anbieter. Von Technologien rund um mobiles Ticketing etwa hat in Aschheim kaum jemand einen Schimmer. Es gibt natürlich weltweit sehr kompetente Unternehmen, die über langjährige Erfahrungen bei der Umsetzung von Innovationsthemen im Nahverkehr verfügen. Nur diese würden für ein Projekt in der Größenordnung der Moskauer Metro locker einen Millionenbetrag als Preis aufrufen. All das weiß natürlich Dmitry, der Bezahl-Nerd der Moskauer Metro, der da auf unserem Vitra-Sofa sitzt. Aber er will erst mal sehen, was Wirecard liefern kann, und ohnehin geht er kein Risiko ein, wenn er in Aschheim zum Workshop aufschlägt.

Immerhin: Die aggressive Preis- und Innovationsstrategie von Jan Marsalek war in den vergangenen Jahren für Wirecard in anderen Bereichen überaus erfolgreich. Das Debakel mit MegaFon in Russland war ein schlechter Start – mehr nicht. Jan hat das Thema Mobiles Bezahlen von CEO Markus Braun übernommen und zu einer Success Story gemacht.

Inzwischen setzen wir die mobilen Bezahlprodukte der Deutschen Telekom, von Vodafone, Orange und O2 um. Das ist vor allem das Verdienst von Susanne Steidls Tech-Team und dem Sales-Charme von COO Marsalek. Jan erobert die Herzen der Vorstände und der Entscheidungsträger der Mobile Operator im Sturm in den Jahren 2012 bis 2014. Er tritt zu einem Eskalations-Meeting an und findet sich in stundenlangen SteerCos wieder. Er lädt ins Käfer-Restaurant in der Prinzregentenstraße und zu legendären Besäufnissen auf dem Oktoberfest ein. Jan ist mit diesem Engagement maßgeblich verantwortlich für den Erfolg. Und der schlägt sich zunächst in einer Reihe vorteilhafter Pressemeldungen nieder. »Wir haben mit Wirecard den besten Partner für das Kartenmanagement gefunden«, schreibt enthusiasmiert die Telekom. Vodafone ergänzt: »Mit Wirecard haben wir einen kompetenten Technologie-Partner.« Wir sind jetzt nicht mehr die Pornobude aus dem Münchner Speckgürtel – wir sind die High-Tech-Partner der größten Mobilfunker auf dem Globus.

Der Deal, der den Partnerschaften mit den Mobilfunkern zugrunde liegt, ist im Prinzip immer der gleiche. Die Wirecard liefert die Payment-Technologie, und Telekom, Vodafone, Orange oder O2 aktivieren ihre Kunden für die Nutzung mobiler Bezahlmethoden via App und NFC-Sticker. Wenn sich aus diesem Zusammenspiel zukünftig Erträge ergeben, dann werden diese mehr oder weniger brüderlich geteilt. 70/30, 60/40, 50/50 – das ist die Zahlenmagie von Jan.

Wieder einmal Win-win: Die Telcos können das mobile Bezahlen ohne finanzielle Risiken erproben. Jan und Markus Braun bekommen ihre Pressemitteilungen. Die Analysten jubeln. Wallstreet:Online ist happy. Der Aktienkurs steigt.

So weit – so gut. Doch die Deals mit der Umsatzbeteiligung, dem sogenannten Revenue Share, sind alles andere als perfekt. Weil die Projekte im laufenden Betrieb kaum Kosten verursachen, lassen sich die Telco-Verantwortlichen bei der Kundengewinnung viel Zeit. Sehr viel Zeit. Man könnte auch sagen: forever.

Die Manager aus Bonn, Düsseldorf und München haben sehr viele neue Produktideen und Feature-Listen, die jetzt Schritt für Schritt und Roadmap nach Roadmap umgesetzt werden müssen. Insofern leisten die Tech-Teams bei Wirecard echte Pionierarbeit unter höchstem Druck. Jeder Lösungswunsch der Mobile Operator wird immer gleich zum Wirecard-Board hocheskaliert. Man kann deswegen gar nicht schnell genug planen, entwickeln, testen und live gehen. Sprint nach Sprint. Feature um Feature.

Ich bin von dieser Entwicklung unmittelbar betroffen,

denn Jan und Markus haben mich mit viel Tamtam zum Leiter der Entwicklungsabteilung Mobile Services befördert. Ich führe jetzt eine brandneue Produktdivision als Executive Vice President und bin für jene Apps und Zusatzservices verantwortlich, die in Zukunft das große Geld bringen sollen. Weil mein Job aber schon auch ein wenig herausfordernd sein soll, hat mir Markus Braun, mein Chef in jenen Tagen, ein ehrgeiziges Profit and Loss Statement (P&L) verpasst. Anders gesagt: Ich bin nicht nur für Technologie, sondern auch für Umsatz und Gewinn verantwortlich. Das ist im Kontext Wirecard eine recht unkonventionelle Kombination an Verantwortlichkeiten – um es mal vorsichtig auszudrücken. Die meisten anderen technischen Teams sehen sich eher als Cost-Center, verursachen also primär Kosten, statt Umsätze generieren zu müssen. Davon bin ich meilenweit entfernt.

So muss ich von nun an jeden Monat einmal im Chefbüro im vierten Stock antreten und mir anhören, wie die jungen Damen vom Controlling CEO Markus Braun über die mangelnden Fortschritte meiner P&L informieren. Die ausgedruckten A3-Seiten, die sie präsentieren, sind pure Excel-Kunstwerke in der Primärfarbe Dunkelrot. Anders ausgedrückt: Wir stecken mit unserer ambitionierten Umsatz- und Gewinnplanung knietief im Minus. Das ist alles kein Wunder, weil Jan die Projekte schlicht und ergreifend an unsere Kunden verschenkt hat.

Jeden Monat am Ende unseres Status-Meetings bekomme ich von Markus Braun nun einen überaus aufmunternden Fußballspruch zum Abschied. Vom Ball, der auf dem Elfmeterpunkt liegt zum Beispiel. Oder von meinem Sololauf auf das freie Tor.

Um mich weiter zu inspirieren, kürzt Markus jedes Quartal meinen variablen Gehaltsanteil. Ich bin nach Aussage der Rechnungsprüfer so ziemlich der einzige Mitarbeiter der ganzen Firma, dem diese Ehre zuteilwird. Deswegen habe ich zu Rev-Shares ein eher gespaltenes Verhältnis: Kunden, die für ein Projekt nichts bezahlen, sind in der Regel nicht so richtig motiviert, ihren Teil der Leistung zu erbringen.

Ok, was haben wir? Ich bekomme einen eingeschränkten Bonus, arbeite an einigen Wahnsinnsprojekten mit, deren Scope sich praktisch wöchentlich erweitert, und bin natürlich verantwortlich dafür, dass sich der Umsatz dieser Projekte auf magische Art und Weise wie geplant einstellt.

Warum tue ich mir das Ganze überhaupt über Jahre hinweg an? Die Antwort ist simpel: Weil mich die technische Herausforderung reizt. Wie viele andere Mitarbeiter der Wirecard will ich etwas bewegen und durch Technologie eine Spur hinterlassen. Die erste Bezahltransaktion mit dem Smartphone. Das erste Mal, wenn ein System von Services perfekt ineinandergreift. Das erste Armband, mit dem man bezahlen kann. Der erste Supermarkt, der ohne Mitarbeiter vollautomatisch läuft. Der erste Bezahlvorgang per Gesichtserkennung. Pure Magie für mich. Deswegen bin ich hier.

Für diese Momente gibt es in meiner Vergangenheit einen Blueprint. Mein Vater hat nie wirklich über seine Arbeit als Metallurge gesprochen bei uns zu Hause. Nur einmal zeigte er mir, als ich noch ein Kind war, ein brandneues Fünfmarkstück. Mit einem gewissen Stolz in der Stimme erklärte er, dass er für die Metallverbindungen in der Münze verantwortlich sei. Ein ganz seltener Moment des Sharing. Endlich war es greifbar, das geheimnisvolle berufliche Wirken meines Vaters. Erklärt waren seine Abwesenheit, seine Gedankenverlorenheit, sein System. In meinem kindlichen Bewusstsein war er nun der Tüftler, der die Münzen prägt. Diese Zahlungsmittel setzen unsere ganze Welt erst in Gang. Das ist im Rückblick so etwas wie mein privater Erweckungsmoment. Das will ich auch erreichen. Ich möchte – da, wo ich heute stehe – mit Technologie das Leben der Menschen verändern. Das ist meine Mission bei Wirecard. Und Jan hat genau die Projekte und Ideen, die passgenau in mein technologisches Beuteschema passen. Der Rev-Share ist mir am Ende genauso egal wie der Bonus und der Umsatz der Projekte. Es geht um Tech-Magie. Es geht darum, First Mover zu sein. Es geht darum, Zusammenhänge herzustellen, die andere nicht sehen.

Ein solches Projekt ist natürlich auch die Moskauer Metro. Wir planen etwas, das es auf der Welt bisher in dieser Form und Größenordnung nicht gibt. Nicht mal annähernd. Es geht darum, den Zauber ineinandergreifender, intelligenter Systeme in Gang zu setzen, die das Leben der Menschen einfacher und besser machen. So viel Wahnsinn gibt es nur bei der Wirecard. Auch in Jans Augen lodert in jenen Tagen oft das Feuer echter Begeisterung, wenn wir über Wege in unerschlossenes Tech-Land reden. Es geht ihm dabei weniger um Weltverbesserungsmaßnahmen. Dafür ist Jan zu dieser Zeit bereits viel zu zynisch unterwegs. Für ihn ist das alles ein Spiel. Und er will in diesem Wettbewerb zu den Großen der Welt aufschließen. Zu Apple, zu Amazon, zu Microsoft. Er sieht sich an der Spitze. Sehr oft sogar weit darüber hinaus. Unzählige Male analysiert er die Schwächen der großen Tech-Konzerne und erklärt auch gerne, was er überall besser machen würde. Unser verkanntes Genie aus dem pulsierenden Herzen von Aschheim. So träumt jeder seinen eigenen Traum im Tech-Wunderland.

Aus heutiger Sicht kann man die Rev-Share-Anstrengungen von Jan Marsalek sicher anders beurteilen. Vielleicht ging es ihm bei diesen Deals nur darum, potentielles Transaktionsvolumen und Pressemeldungen zu produzieren. Für diejenigen, die in die Projekte im Jahr 2014 involviert waren, war seine immer gleiche Business-Logik jedoch nicht abwegig. Wer neu in einen Markt eintreten will, muss eben zu unkonventionellen Methoden greifen, um erfolgreich zu sein. Das Modell der Umsatzbeteiligung nutzen auch Google und andere große Tech-Unternehmen. Es ist immer einfacher, die Dinge einzuordnen, wenn man die Schlusspointe kennt. Kannten wir nicht im Jahr 2014. Wäre besser gewesen. Hätte, hätte, Fahrradkette.

Jan Marsalek in jenen Jahren ist stets der intelligenteste, smarteste und schnellste Mensch im Raum. Seine Synapsen funktionieren in Millisekunden. Vielleicht liegt das auch an den Alzheimer-Medikamenten und halblegalen Dopamin-Bomben, die er aus China importiert, um die Fähigkeiten seines Gehirns zu erweitern. Es ist jedenfalls immer beeindruckend, die Klarheit und Schärfe seines Verstandes zu beobachten. Er durchschaut Zusammenhänge sofort, die andere – mich eingeschlossen – in Stunden nicht auf die Reihe bekommen. Das alles gepaart mit augenzwinkerndem Wiener Charme, perfektem Austria-Englisch und tadellosen Manieren. Das ist der Mann, der jedem Handwerker mit großer Geste die Tür aufhält und jede Schwiegermutter verzückt: Der talentierte Herr Marsalek, aus dem alles hätte werden können. Der sich nun aber offenbar dazu entschieden hat, Europas größter Wirtschaftskrimineller zu werden.

Wo helles Licht ist, da ist auch dunkler Schatten. So kämpft Jan mit einigen signifikanten Schwächen. Da ist zum Beispiel seine dramatisch kurze Aufmerksamkeitsspanne. Wir reden von zwei Minuten round about. An schlechten Tagen – und die gibt es eigentlich doch häufiger – gerne auch eine Minute und 30 Sekunden weniger. Anders gesagt: Es dauert bei Jan Marsalek in der Regel wenige Sekunden von ungeteilter Konzentration bis zum vollständigen geistigen Ausfall. Ich erlebe unzählige Meetings und Präsentationen, bei denen Jan zwar die Augen geöffnet hat, aber hinter diesem glasigen Blick in fernen Sphären schwebt. Das ist seine Zen-Taktik: Den Blick ruhig auf den Vortragenden gerichtet, driftet er innerlich vollständig ab. Wenn er dann auf sein Smartphone blickt, ist im Grunde alles zu spät.

Jans Projekte haben einen gewissen Lebenszyklus, der sich immer wiederholt. Große Euphorie zu Beginn: All hands on deck. Erste operative Vorgaben – eine technologisch meist sehr ambitionierte Präsentation aus der Hand des Meisters persönlich. Nie geht es dabei um Standardprodukte oder Lösungen aus der Schublade. Immer uncharted territory – technologisch gesehen.

Dann das erste Meeting mit dem potentiellen Kunden. Jetzt macht sich schnell eine gewisse Ernüchterung breit. Denn Jan hat das Thema überaus optimistisch verkauft. Das ist jetzt eine ziemlich zurückhaltende Beschreibung für den vollen Wahnsinn des Forward Selling. Die meisten der Funktionen, Plattformen oder technischen Umsetzungen, die Jan Marsalek beschreibt, existieren weder auf der Produkt-Roadmap der Wirecard noch irgendeines anderen Technologieunternehmens der Welt. Ähnlich wie bei der Metro in Moskau brechen wir auch bei anderen COO-Projekten zu völlig fremden Märkten und Technologien auf. Wir blicken stets weit in die Zukunft. Bedenkenträger haben keine Chance. Große Träume. Verwegene Kaperfahrten. Neue Technologien. Das ist es, was wir machen.

Und Jan kommt praktisch jeden Monat mit einem neuen Superthema daher. Big Business – meist in der russischen Republik angesiedelt: Ein Minister im Kreml fragt nach einem nationalen Tax-Free-System. Wir konzipieren Lösungen für das legendäre Kaufhaus GUM in Moskau. Und immer wieder beschäftigen wir uns mit MegaFon. Wenn all der geliebte russische Kram ausgeträumt ist, dann bekommen wir bevorzugt die großen Namen der Weltwirtschaft um die Ohren gehauen: Carlos Slim, die Familie Mittal oder Bill Gates. Darunter macht Jan es nicht. Mal geht es um ein Bezahlsystem für kolumbianische Sozialhilfeempfänger, mal um solargepowerte E-Ink-Panel mit Payment-Funktion für Flugzeuge oder ein andermal um ein Wearable für den Nahverkehr in allen relevanten asiatischen Ländern. Komplizierter und schwieriger kann es im Prinzip nicht werden.

Immer laufen Kommunikation und Projektverlauf gleich. Telegram ist der präferierte Kanal des Meisters. Es beginnt mit einem freundlichen Start und geht dann im Sekundentakt weiter:

»Hey, Jörn, wie geht es?«

»Könntest du eventuell am 10. Dezember nach Moskau zu einem Termin mit MegaFon?«

»Welche Präsentation zeigen wir da?«

Von da an nur noch Ein-Wort-Comments:

Klar
Cool
Gerne
Bitte
Ok
Danke
Top
Fuck
Come On

Alles könnte immer so weitergehen für Jan. Projekt nach Projekt. Scheitern nach Scheitern. Aufrappeln, ein Stück stärker desillusioniert sein, Aschheim und alle Mitarbeiter verfluchen, alles Fucker, die nichts auf die Reihe kriegen und dann doch wieder weitermachen. »Fuck das Marketing«, »Fuck die Sales«, »Fuck Controlling«, Fuck das ganze verdammte Mistkaff Aschheim, das auf seinen lahmen Ärschen sitzt, während Kollege Marsalek wieder und wieder die Kohlen aus dem Feuer holt. So sieht er das.

Nichts bleibt am Ende als ein feiner Nebel von Telegram-Messages, der sich wie weiße Asche über beinahe jede Initiative legt, die Jan beginnt.

Genau so läuft das natürlich auch bei der Moskauer Metro. Nach unzähligen Meetings und Calls ist klar, dass die ganze Sache sehr kompliziert wird. Diffizile Projekte mit vielen operativen Facetten findet Business-Superhirn Jan Marsalek auf Dauer nicht so richtig packend. So bewegt sich das Vorhaben noch einige Zeit auf diversen digitalen Kommunikationskanälen zwischen München und Moskau hin und her, bis es endgültig zum Stillstand kommt. Keine Telegram-Messages mehr – das ist das Todesurteil.

Von der kurzen Aufmerksamkeitsspanne des Meisters sind fast alle Projekte betroffen bis auf eines: Facebook. Wir starten dieses Martyrium im Jahr 2011 und beenden es erst im Jahr 2015. Tausende Telegram-Messages und Mails werden ausgetauscht. Über die Jahre investieren wir ungefähr vier Millionen Euro, um in Dublin – dem europäischen Sitz von Facebook – ein innovatives, neues Bezahlsystem im Stealth Mode zu etablieren.

Die Geschichte nimmt im November 2011 erstmals Fahrt auf. In einer kurzen Mail führt Jan aus: »Habe mich gestern mit jemandem aus dem Kreis der Familie Mittal getroffen, der jederzeit einen Termin bei Mark Zuckerberg bekommen kann. Falls wir eine wirklich coole Idee haben, steht uns nichts mehr im Weg.«

Ok, die Familie Mittal ist eine steinreiche Stahldynastie aus Indien, die maßgeblich in Facebook investiert ist. Keine Ahnung, wie Jan an diese Milliardäre geraten ist. Der COO von Wirecard fragt jedenfalls freundlich bei mir an, ob ich vielleicht eine Idee für den milliardenschweren Tech-Gott Mark Zuckerberg hätte. Es versteht sich von selbst, dass ich mit meiner First-Mover-Philosophie hier ungeheure Möglichkeiten sehe. Denn Facebook ist mit Online-Marketing sehr erfolgreich. Der Kunde klickt im Social Network auf einen Werbelink und gelangt zu einem Angebot. Wenn er jetzt kauft, erhält Facebook eine Provision. Rev-Share, wenn man so will. Das ist im Kern das Geschäftsmodell.

Die ganze Sache funktioniert im Internet sehr gut, weil jede Aktivität des Kunden über einen Tracking-Pixel nachvollziehbar ist. Wenn es jedoch um die Realität eines Einkaufs im stationären Handel geht, versagt die ganze Facebook-Magic. Der Zusammenhang zwischen dem Interesse an einem Produkt und dem konkreten Erwerb ist in der analogen Welt nicht nachvollziehbar.

Und hier setzt meine Idee an: Wenn wir eine spezielle Kreditkarte für Facebook herausgeben, könnten wir verstehen, was der Kunde in der Fußgängerzone und im Einkaufszentrum kauft. Die Karte hätte jetzt die gleiche Funktion wie der Tracking-Pixel im Internet. Und das würde komplett neue Geschäftsfelder für das Online-Marketing eröffnen. Facebook erobert die Innenstädte. Let's make shopping social again. Das ist doch mal eine solide Punchline für Herrn Mark Zuckerberg.

Wenn man so eine Idee mit Jan Marsalek diskutiert, dann packt der natürlich gleich noch ein paar weitere Features oben drauf: Könnte man nicht jeden Einkauf der Karte in Echtzeit auf Facebook posten? Wenn man schon mal dabei ist: Wäre es nicht cool, wenn man allen Freunden im Network automatisiert einen Gutschein schicken würde? Gute Ideen, aber extrem schwierig in der Umsetzung. Denn nur Facebook selbst kann diese

Logiken auf der Basis der hauseigenen Algorithmen realisieren. Das alles ist Jan natürlich völlig schnuppe. Selbstredend würde er nie Facebook ausprobieren, indem er sich auf Nutzerebene damit auseinandersetzt. Auch CEO Markus Braun hat zu Facebook sicherlich eine klare Meinung. Die lautet, so meine Deutung: Es ist interessant zu beobachten, wie die Menschenameisen auf ihren kleinen Lebensbahnen versuchen, sich gegenseitig zu beeindrucken und zu unterhalten. Große Geister mit kultiviertem Hintergrund lassen sich von derlei Schabernack nicht anstecken, sind jedoch offen dafür, Profite aus dieser Art von simplem Blendwerk zu generieren.

Wir starten das Projekt Facebook in bewährter Form mit einer Präsentation. Flott verpackt, natürlich nicht im langweiligen Wirecard-Design, sondern richtig cool. Ich baue das Dokument mit meinem Tech-Team zusammen. Jan Marsalek gibt die Richtung vor: soziales Shopping durch einen Mix innovativer Technologien. Das sieht nach einigen Runden gepflegten Telegram-Hin-und-Hers alles wirklich recht ansprechend aus. Hier könnte die ganze Geschichte vorbei sein. Aber in Wirklichkeit beginnt sie erst. Denn Jan will keine profane PowerPoint, er will dem Dokument eine reale Kreditkarte beilegen, die den ganzen Schnick-Schnack, den wir in der Theorie hier ausgeführt haben, auch wirklich kann. Das ist leider technisch unmöglich.

»Technisch unmöglich« gehört nur unglücklicherweise nicht zum Vokabular unseres jungen COOs. Ganz im Stil von Steve Jobs, der sich ja auch nie mit dem Status quo und ein paar banalen technischen Einschränkungen zufriedengab, setzt auch Jan voll auf Druck und technologischen Wahnsinn.

Das Projekt wird von Jan zum Kernthema für die Zukunft der Wirecard hochgejazzt. Nur wissen von dieser Initiative lediglich Jan, Markus, ich und ein paar Techies am Rande. Die Situation ist für den COO so aufgeladen, dass er für einen kurzen Moment echte, ungefilterte Euphorie zulässt. Wir sind auf dem Oktoberfest an einem Abend im Jahr 2012. Es ist die große Zeit von Jans Oktoberfest-Zeremonien. Er lässt sich in der Regel schon zwei Wochen vor dem Event mit Vitaminspritzen fit machen. Die 16 Tage, die die Veranstaltung dauert, wird er nun praktisch Tag und Nacht in seiner tausendjährigen Lederhose mit dem größten Charivari der Menschheitsgeschichte am Schoß verbringen. Er hat im Käfer oder besser im Hippodrom über die ganze Zeit des Festes Reservierungen für die besten Tische. Er lädt gerne Kunden ein – etwa aus dem Bereich der Mobile Operator. Oder Geschäftsleute aus Asien: Der sogenannte Asientisch ist ein berüchtigtes Event, das sich Jahr für Jahr wiederholt. Oder er geht locker auf das Oktoberfest mit Friends und erweiterter Business-Family. Das Ganze ist immer ziemlich nah dran an einer formvollendeten Neureichen-Show. Und niemand, der die Ehre hatte, an einem dieser Events teilzunehmen, wird das jemals vergessen.

Jan inszeniert sich am Kopf des Tisches als Zeremonienmeister der High-End-Oktoberfestnacht. Mit einem dezenten Wink signalisiert er dem Ober im Hippodrom, dass es nun Zeit für Champagner Rosé im Bierkrug, Destillate von Lantenhammer oder die nächste Essensrunde ist. Im Anschluss geht es fast immer ins P1, wo der Abend im VIP-Bereich ein blutiges Ende nimmt mit großformatigen Wodkaflaschen und Champagner Magnum, die die Kellnerinnen mit angezündeten Wunderkerzen zum Tisch des Meisters tragen. Am Ende dreht die Centurion-Amex von Jan weithin sichtbar ihre Runden, und alles kann am kommenden Tag aufs Neue beginnen. Diese Abende sind Jans größte Freude. Und seine Bereitschaft zum Geldausgeben ist legendär. So trifft er sich zum Beispiel auf dem Oktoberfest einmal mit dem Vorstand eines Telekommunikationsunternehmens im Hippodrom. Das immer gleiche und immer gleich beeindruckende Programm entfaltet sich. Champagner, Schnaps, gehobene Brotzeitplatten. Eine Dame aus dem Kreis des Vorstands trägt jedoch weder Dirndl noch Lederhose. Das kann Jan so nicht gelten lassen. Im P1 angekommen, sind alle so betrunken, dass nun auch die Vorständin erklärt, sie habe eine gewisse Offenheit in Bezug auf die Tracht erreicht. Das lässt sich Jan nicht zweimal sagen und kauft einer P1-Kellnerin für 5000 Euro in Cash ihre Lederhose ab. Legendäre Geschichte, viel Geld, großes Kino.

Im Jahr 2012 bin ich auf ein recht privates Oktoberfest-Event von Jan eingeladen. Der COO hat eine Freundin dabei – was eher selten ist. Es sitzen berühmte Weinhändler und Wirecard-Friends am Tisch, zudem einige Freunde und Wegbegleiter aus der Tech-Szene. Der Moët wird in kleinen Krügen mit dezenten Motiven serviert, die üblichen Etageren mit Essen sind angerichtet, man ist nach einer Stunde schon etwas angetrunken. Ich trage keine Lederhose und keine Tracht, weil ich das alles hier doch befremdlich finde. Ich sehe in T-Shirt und Jeans in dieser uniformierten Hirschleder-Welt der oberen Luxusklasse wie ein Freak aus. Mittendrin, aber nie wirklich dabei – das ist wohl irgendwie mein Lebensmotto.

Da nimmt mich Jan einmal kurz zur Seite, wir prosten uns mit Moët zu, und er sagt die unsterblichen Worte: »Wenn wir das mit Facebook hinbekommen, dann reporten alle Vorstände der Wirecard zukünftig an dich. Verstehst du?« Dann schreit er den Satz laut in die Runde und jubelt dazu. Krüge werden gehoben, jemand steigt auf den Tisch.

Jan ist angeheitert, ich bin angeheitert. Aber diese Aussage ist sein voller Ernst. Das spüre ich sofort. Wenn wir Facebook erfolgreich hinbekommen, dann beginnt ein neues Zeitalter. Für Wirecard und vielleicht auch für mich. Ich konnte jedoch noch nie gut mit Druck umgehen. Für mich ist der Satz von Jan daher eher ein Problem. Das Projekt Facebook markiert für den COO der Wirecard den Zeitenwandel des Unternehmens. Alle Augen sind nun auf mich gerichtet. Das kann nicht gutgehen. Ich trinke an diesem Abend deutlich mehr Champagner Rosé, als ich vertrage und bin einigermaßen verkatert am Morgen danach. Immer wieder fährt wie auf Schienen ein Satz durch meinen Kopf: »Alle reporten an dich.« Das wird nie passieren, erklärt mir eine innere Stimme fest und mit großer Überzeugung. Natürlich wird sie recht behalten.

Die Idee, eine maßgeschneiderte Kreditkarte für Facebook zu produzieren, die gleichsam bei allen Einkäufen Interaktionen auf der Timeline des Users auslöst, funktioniert nicht, weil wir nicht Facebook sind. Nur das Unternehmen selbst kann tiefgreifende soziale Interaktionen auslösen. Jan bleibt jedoch dabei, dass er unser Angebot unbedingt demonstrieren will. Dann hat er die entscheidende Idee:

Die Europazentrale von Facebook liegt in Dublin. Wie wäre es, wenn wir verschiedene Cafés, Bars und Restaurants in der irischen Hauptstadt mit hochspezialisierter Technik ausstatten, sodass wir die angestrebte Customer Experience auf der Facebook-Wall zeigen können?

In Jans Gedankenwelt läuft das in etwa so ab: Er ruft seinen milliardenschweren Mittal-Buddy an, und der meldet sich prompt bei Mark Zuckerberg. Coole Typen, schnelle Kommunikationswege, klare Entscheidungen: Das nächste Mal, wenn Mark Dublin besucht, würde ihm Jan gerne mal etwas zeigen. Auf dem Programm stehen einige innovative Einkaufserlebnisse rund um das Firmengebäude. Man läuft im ersten Coffee-Shop ein. Beim Bezahlen zückt Jan überraschend die Facebook-Kreditkarte. Bäm. Unmittelbar nach der Zahlung geht auf dem Facebook-Account von Jan eine Notification ein. Alle seine Fake-Freunde erhalten jetzt einen Coupon. Danach Aufschlag im Restaurant. Nächste Runde Social Shopping. Jetzt zahlt der Meister zum Erstaunen von Mark Zuckerberg mit dem Smartphone. »Oh my gosh, Jan.« Wieder brennt ein Feuerwerk exotischer Interaktionen auf Jans sorgsam inszenierter Timeline ab. Dann folgt das große Finale. Jan und Mark schlendern lässig in einen Zeitschriftenladen. Produkte auswählen, zahlen, Smartphone zücken. Der Händler – so wird klar – kennt jetzt alle relevanten Daten des Shoppers und ist in der Lage, künftig personalisierte Angebote direkt auf die Karte des Kunden zu senden. »Great stuff«, wird Mark Zuckerberg sagen. Der Facebook-CEO weiter: »Jan, we have to meet in our headquarter in Menlo Park pretty soon.« Ok, kleiner Schönheitsfehler, Mr. Zuckerberg, denn Jan fliegt grundsätzlich nie in die USA. Der Unlawful Gambling Act, wir erinnern uns. Aber hey, Mr. Marsalek hat einen Spitzenmitarbeiter, der sich um diese Details kümmert. Mich. Jan macht derweil ein Treffen mit Mark auf dem Oktoberfest klar. Es ist der Beginn einer langen Freundschaft.

In Dublin überzeugen wir im Jahr 2013 ungefähr zehn Händler davon, dass wir neue Technologien bei ihnen ausprobieren. Monatliche Zahlungen helfen dabei enorm. In diesen Shops und Restaurants wollen wir Jans Tech-Dream für Facebook möglich machen. Das ist jedoch nicht ganz ohne. Um die sozialen Interaktionen nachzuvollziehen, brauchen wir für jedes Fallbeispiel und jeden Händler fünf unterschiedliche Smartphones. Wenn alles laufen soll wie geplant, müssen also ungefähr 40 bis 50 mobile Endgeräte miteinander kommunizieren. In die Kassen bei den Händlern haben wir spezielle Geräte eingebaut, die Angaben über Kaufprozesse in unser Backend pushen. Die Händler wissen das nicht, aber wir zapfen über Jahre auf recht zweifelhafte Art und Weise den gesamten Datenbestand ihrer Kassen ab.

Unser ganzes System ist so komplex und störanfällig, dass eigentlich ständig jemand nach Dublin reisen muss, um Technologie auszutauschen und neu aufzusetzen. Hinzu kommt, dass Jan monatlich neue Features wünscht und die Nutzerführung, das Design und das Gesamterlebnis laufend weiterentwickeln will. Das Projekt wird Schritt für Schritt zum Alptraum. Unsere Geldverbrennungsrate für die Demonstration pendelt sich jetzt sauber in Richtung 60 000 Euro pro Monat ein. Reisekosten, Spesen, Hardwarekosten und weitere Kleinigkeiten nicht inbegriffen. Geht alles direkt auf die Kostenstelle des COOs.

Das 2011 gestartete Projekt erreicht 2012 seinen vorläufigen Höhepunkt. Danach geht es rasant abwärts. Immer wieder moniert Jan Marsalek unser mangelndes Engagement. So viel kann man noch verbessern, bis Mark Zuckerberg endlich nach Dublin reist. Ich verschleiße einen Projektmanager nach dem anderen an den ganzen Irrsinn. Doch nie ist es genug. Der Ton der Mails von Jan verändert sich im Jahr 2013 und 2014. Am Ende ist nur noch vom »Scheiß-Projekt« die Rede, das nie richtig cool ist. »Wann?«, fragt Jan immer wieder, »wann ist das Ding endlich fertig?« Zu Beginn war in der Lesart der Telegram-Messages alles ok, aber »noch nicht richtig inspirierend, Maestro«. Maestro bin übrigens ich. Just saying. Am Ende ist alles »richtiger Fuckup!« Ich falle derweil vom Hoffnungsträger der Firma ganz steil in Richtung Mega-Versager.

Im Jahr 2014 kommt jedoch echte Bewegung in die Sache. Die Kollegen von Mittal haben sich anscheinend nicht mehr bei Jan gemeldet, und ein Meeting mit Mark Zuckerberg ist in eine gewisse Ferne gerückt. Um aus der ganzen Sache doch noch so etwas wie einen Erfolg zu machen, plant Mr. Marsalek jetzt seinen Spaziergang durch Dublin mit dem Europa-Chef von Facebook. Das ist ein Typ aus dem Start-up-Umfeld, recht reich, aber konventionell zeitgemäß in seinem Geschäftsgebaren. Mir schwant Böses, als ich das LinkedIn-Profil des Managers studiere.

Aber gut: Drei Meetings in Dublin werden für 2014 und Anfang 2015 angesetzt. Immer wieder schicken wir unsere Developer-Force nach Irland und bereiten uns minutiös auf den Höhepunkt unserer Anstrengungen vor. Wir stellen 20 Studenten an, die während des Treffens die sozialen Interaktionen untereinander demonstrieren sollen. Immer wieder jedoch wird das Meeting abgesagt. Mal von Jan, mal von Facebook, dann wieder von Jan. Am Ende glaubt niemand mehr an das Facebook-Projekt. Aber Jan gibt nicht auf. Die Sache eskaliert, als Herr Marsalek im Jahr 2015 in aller Unschuld nachfragt, ob wir die ganze Show statt auf Android-Smartphones auch auf iPhones von Apple zeigen könnten. Das wäre doch irgendwie cooler. Klar, aber dann müssen wir jetzt alles von Grund auf umprogrammieren, lieber Jan. Komplett. Als ich meinen Chefentwickler davon erzähle, bekommt der fast einen Herzinfarkt. Alkoholiker sind wir über dem Projekt ohnehin alle bereits geworden.

Dann ist es endlich soweit. Am 17. April des Jahres 2015 trifft sich Jan Marsalek mit Facebook in Person des Europa-Chefs. Das Meeting findet bizarrerweise nicht in Dublin statt, sondern im Konferenzraum New York im Wirecard-Headquarter in Aschheim. Ich frage bei Jan an, ob er eine Präsentation für das Treffen braucht. Der Meister winkt lässig ab. Vier Jahre Wahnsinn, Millionenbeträge, Studenten, die in Dublin rumstehen und auf ihren Einsatz warten – alles vergeblich. Es reicht am Ende nicht mal für eine PowerPoint.

Das Meeting mit Facebook dauert schließlich ganze fünf Minuten. Jan betritt den Konferenzraum in seinem maßgeschneiderten Nadelstreifenanzug aus der Savile Row – am Arm blitzt die größte Panerai-Designeruhr aller Zeiten. Der Facebook-Chef läuft in Jeans, Parka und mit Casio-Uhr ein. Die beiden kommen von Anfang an nicht miteinander klar. Nach einigen Minuten empfiehlt der Facebook-Chef, dass Jan sich doch erst mal auf der öffentlich zugänglichen Partnerseite des Social Networks anmelden soll. Dann würde man weitersehen. Solche Prozesse sind für eher unbedeutende Tech-Lieferanten vorgesehen. Das dürfte dann mal die Klatsche des Jahrzehnts sein. Project Facebook – over and out. Irgendwo in Dublin funkt aber sicher heute noch unsere Stealth-Technologie sauber ins Nirgendwo.

Wenn ich aus heutiger Sicht eine Einschätzung vornehmen müsste, dann war dies Jans letzter ernsthafter Versuch, den Kurs von Wirecard herumzureißen. Wir schreiben das Jahr 2015. Die Projekte von Telekom, Orange, Vodafone, O2 plätschern fröhlich vor sich hin, werfen aber kaum Profit ab. Facebook ist mausetot. Alles ist so stark gestartet, so voller Hoffnung und Engagement, und am Ende wird es immer komplizierter. Denn nie wurden ernsthaft Strukturen aufgebaut, nie wurden Plattformen konsolidiert, nie Produktkonzepte abgeschlossen, nie wurde der Flut an Change Requests für alle Kunden Einhalt geboten, und nie hat der Vorstand ein vernünftiges Preismodell verabschiedet. Was machen die zahlreichen Wirecard-Mitarbeiter eigentlich? Nun, sie halten mit einer unglaublichen Anstrengung das ganze Gebäude der Unternehmung zusammen, sodass es nicht in sich zusammenfällt. Manuelle Prozesse, Nachtschichten, Super-Sprints – jeder kämpft mit unheimlichem Engagement dafür, dass die Sache irgendwie läuft und weitergeht. Niemals zuvor habe ich so kampfbereite und so ambitionierte Kollegen erlebt wie in Aschheim.

Das zeigt sich in einem extremen Maße im Jahr 2016. Am 16. Januar genau zwischen 12.40 und 15.30 Uhr rauchen alle Kernsysteme der Wirecard ab. Größte Downtime aller Zeiten. Alles stoppt: Bezahlprozesse, Auszahlungen, APIs, Backups, Front- und Backends. Es ist Samstagnachmittag in Europa. Die betroffenen Händler bekommen vom Support-Team ein Statement zugesandt, das auf ein Problem mit einem Netzwerkcontroller hinweist. Trotzdem ist die Stimmung angespannt. Wenn ein Händler keine Zahlungen mehr entgegennehmen kann, macht er kein Geschäft. Das ist der Worst Case. Um dieses Risiko aufzufangen, vereinbaren die großen Kunden alle ein sogenanntes SLA, ein Service Level Agreement. Dieses Vertragswerk legt fest, dass es im Falle von Downtimes Ausgleichszahlungen von Wirecard gibt. Der 16. Januar 2016 wird für die Wirecard also ziemlich teuer. Aber es wird noch viel schlimmer kommen.

Unmittelbar nach der Downtime gehen Gerüchte innerhalb des Unternehmens herum, dass es sich in Wirklichkeit um das Resultat eines Hackerangriffs handelt. Hektisch werden von der IT-Security die Notebooks einiger Mitarbeiter konfisziert und ausgewertet. Die Stimmung ist nervös und angespannt.

Doch zunächst läuft inside Wirecard für ungefähr zwei Wochen alles weiter wie gewohnt. Ich plane ein großes Event mit einer innovativen Technologie. Für Visa geben wir ein brandneues Bezahlband heraus, das der Konzern im VIP-Bereich des Superbowl 2016 testen will. Alle CEOs der Visa-Partnerbanken sollen ein Armband erhalten, das ihr Ticket enthält und eine Bezahlfunktion im Stadion. Zudem kann man über die App des Wearables für verschiedene Organisationen spenden. Das Ganze ist aus Payment-Perspektive tatsächlich die größte Show des

Jahres: Visa, Superbowl, CEOs der Top-Banken – Markus Braun ist sehr happy mit dem Projekt. Das Spiel zwischen den Carolina Panthers und den Denver Broncos soll am 7. Februar 2016 um 15.30 Uhr Ortszeit angepfiffen werden. Einen Tag vorher am 6. Februar gehen bei Wirecard die Lichter aus. Und das meine ich durchaus wörtlich. Um 15.26 Uhr fällt die gesamte Payment-Infrastruktur aus. Wenige Minuten später ist alles down – komplett: Kein einziges Wirecard-System ist mehr ansprechbar. Selbst Outlook ist von einer Minute auf die andere nicht mehr da. Das Internet fällt im ganzen Gebäude in Aschheim aus. Das Licht, die Zugangskontrollen, die Drucker – alles weg. Das ganze verdammte Digital-Monster Wirecard hört von einer Sekunde auf die andere auf zu atmen.

Jetzt schlägt die Stunde der SysAdmins und OCDs, also jener Kollegen, die On-call Duty machen und immer erreichbar sind. Am Abend senden meine technischen Teams die ersten Einschätzungen zur Lage – per SMS, Telegram oder privater Mailadresse. Was die Tech-Profis berichten, ist katastrophal: Wir sind nicht nur down, wir sind komplett gelöscht. Jeder Server und jedes Logfile ist aus den Systemen der Wirecard verschwunden. Es gibt keine Daten mehr, und keine technische Infrastruktur funktioniert. Das ist kein »Major Incident«, das ist in der Lesart der Systemspezialisten das Armageddon.

Die Händler laufen Sturm. Ihr Geschäft steht praktisch still. Was für mich jedoch auch relevant ist: Unser kleines Vorzeigeprojekt beim Superbowl implodiert. Denn die APIs, die das Wearable ansprechen soll, sind nicht verfügbar. In Santa Clara drehen die Visa-Boys jetzt durch – Panikattacken kurz vorm Anpfiff.

Wir senden Teams mit privaten Laptops in die Firmenzentrale. In einer unglaublichen Kraftanstrengung versuchen sie, die Kernsysteme der Wirecard wieder in Betrieb zu nehmen. Manche Funktionalität wird von einem einzelnen Laptop rebootet. Das ist ungefähr so, als würde man einen Flugzeugträger mit der Batterie eines VW Tiguan starten wollen. Tag und Nacht arbeiten die Teams jetzt – die meisten schlafen gleich im Office – es ist ein unglaubliches, schier übermenschliches Engagement. Jeder Server, jede Funktionalität wird händisch neu aufgesetzt. In der Welt der Technologie dürfte das einzigartig sein.

Unsere Freunde von Visa verstehen trotzdem keinen Spaß. Zwar kennt auch der Kartenherausgeber durchaus Downtimes – aber die betreffen nie die komplette Systemarchitektur. Denn im Normalfall läuft immer ein Disaster Recovery System mit, das bei einem Ausfall der Primärsysteme die Funktion übernimmt. Die Interaktion zwischen diesen Infrastrukturen regeln sogenannte Controller und Core Router. In der Lesart des Tech-Chefs der Wirecard kommt es zu dem ganzen Desaster, weil ein externer Mitarbeiter bei der Konfiguration dieser Systeme ein fehlerhaftes Zeichen eingesetzt hat, das dann den Befehl zum Löschen gab. Das wäre, selbst wenn es irgendwie möglich wäre, allein schon ein Skandal. Ein externer Mitarbeiter werkelt ohne jede Kontrolle an systemrelevanter Infrastruktur herum. Das ist eine nette Geschichte, aber im Grunde wenig glaubwürdig.

In der Außendarstellung sieht die Sache natürlich komplett anders aus. Laut der PR der Wirecard gibt es einige Network Hickups, aber nichts Ernstes. »Wir haben keine technischen Probleme«, erklärt die Unternehmenssprecherin gegenüber dpa, als auf Twitter Gerüchte über einen Systemausfall kursieren. Das ist jetzt mal ein ziemlich steiles Statement – denn wir haben schlicht und ergreifend überhaupt keine Technologie mehr.

Am 7. Februar habe ich eine spontane telefonische Verabredung mit dem CEO von Visa. Markus Braun wäre grundsätzlich sehr interessiert an einem Meinungsaustausch auf Augenhöhe, lässt sich bei dieser Gelegenheit nur leider entschuldigen. Ja, man muss eben Prioritäten setzen in der schnelllebigen Welt des High Tech. Der CEO von Visa schreit mich durch sein Handy von Kalifornien aus nun geschlagene fünf Minuten lang an. Einzelne Kombinationen von Schimpfworten waren mir bisher unbekannt. Aber man lernt ja doch immer gerne etwas Neues von Native Speakern dazu.

Am 9. Februar 2016 gibt es noch immer kein Internet in der Firmenzentrale in Aschheim. Alle, die nicht unmittelbar zu den technischen Teams gehören, machen Homeoffice. Erst am 12. Februar, also gut eine Woche nach dem initialen Ausfall, laufen die meisten Systeme wieder einigermaßen hochverfügbar.

Markus Braun nimmt das ganze Geschehen äußerlich gelassen und ziemlich sportlich. Externe Mitarbeiter, so sein laxes Resümee, sollten nicht mehr an Kernsystemen der Wirecard herumdoktern dürfen. Und natürlich wird die Anschaffung neuer Technologie für die Datacenter mit Nachdruck vorangetrieben.

In Wirklichkeit jedoch brennt es innerhalb der Wirecard an allen Ecken und Enden. Für alle Kunden mit SLAs ist diese Woche ein Schlachtfest. Denn die Wirecard muss Strafzahlungen in zweistelliger Millionenhöhe leisten.

Hat es sich bei den Ereignissen rund um den umfassenden Systemausfall von Wirecard nun um eine Hackerattacke, eine Erpressung oder einen Angriff von Shortsellern gehandelt? Wir normalen Mitarbeiter bekommen die Auflösung dieser Geschichte nicht mit. Längst hat sich die Firma in zwei Ebenen aufgeteilt. Auf der einen stehen die funktionalen Mitarbeiter, die in operativen Tasks komplett versinken. Und auf der anderen Seite formiert sich der kleine Kreis jener Geheimnisträger rund um Jan und Markus, die nun stets extrem gleichmütig ihre Stories zum Netzwerkausfall herunterbeten.

Tatsache ist auch: Das Desaster bleibt für die Wirecard intern erst mal ohne Folgen. Niemand wird gefeuert, es gibt keine sichtbare Restrukturierung und kaum Informationen über neue Automatismen bei Systemausfällen. Ein Ereignis, das bei anderen Unternehmen mit Sicherheit zu einer ernsten Krise, wenn nicht gleich zur Einstellung des Geschäftsbetriebs geführt hätte, wird bei der Wirecard weitestgehend ignoriert. Man geht zur Tagesordnung über – so einfach ist das.

Auf unsere Erfolgsgeschichte haben der Systemausfall und die damit verbundenen Strafzahlungen am Ende natürlich keinen Einfluss. Im ersten Quartal des Jahres 2016 erhöht sich der operative Gewinn vor Zinsen wieder einmal um satte 35 Prozent. Kein Systemausfall, keine Pandemie, keine Finanzkrise könnte diese Entwicklung bremsen. Immerhin erhöht Markus Braun und sein Vorstandsteam nicht die Prognose für das Gesamtjahr.

Das ganze Prozedere und die Kommunikation rund um den Systemausfall der Wirecard zeigen vor allem eines: dass der Vorstandschef der Wirecard offenbar Nerven aus

Stahl hat. Auch wenn die Situation komplett aussichtslos erscheint und vielleicht jeder andere aufgeben würde, veröffentlicht Markus ein positives Pressestatement und redet im Gespräch mit Medienvertretern mit Wiener Charme von kleineren Netzwerkverbindungsproblemen. Kennt man ja von seinem Internet-Router zu Hause. Das muss man auch erst mal draufhaben.

Viel Zeit zum Ausruhen bleibt dem CEO zu Beginn des Jahres 2016 ohnehin nicht. Die Aktie der Wirecard bricht am 24. Februar massiv ein, nachdem eine unbekannte Firma namens Zatarra Research dem Unternehmen in einem neuen Web-Report betrügerische Machenschaften vorhält. Wirecard verliert in nur wenigen Minuten einen Börsenwert von 1,3 Milliarden Euro.

Im Report werfen die unbekannten Autoren dem Wirecard-Management in ziemlich aggressiver Tonalität Korruption, Betrug, Geldwäsche und Beteiligung am illegalen Glücksspiel vor. O-Ton von Zatarra: »Wegen des signifikanten Risikos einer Strafverfolgung durch US-Behörden sowie der Beendigung der Geschäftsbeziehungen durch Visa und MasterCard, sehen wir Wirecards Firmenkapital als wertlos an. Kursziel: null Euro.« Die Financial Times nimmt jetzt erstmals die Berichterstattung auf.

CEO Markus Braun setzt auf eine bewährte Strategie: Er kauft zunächst massenhaft selbst Aktien nach. Dann gibt er ein Statement heraus, das auf die Shortseller abzielt. Markus weist auf das klassische Muster betrügerischer Spekulanten hin: Man bringt in einem Report auf 100 Seiten reichlich unbewiesene Vorwürfe in Umlauf, und im Hintergrund kassieren die Shortseller ab. Denn eine Reihe angelsächsischer Hedgefonds, so wird der

Wirecard-Vorstandsvorsitzende nicht müde zu erklären, hat zu Beginn des Jahres 2016 auf sinkende Kurse gewettet. Natürlich passen auch Berichte von Systemausfällen sehr gut in dieses Bild. Die Shortseller arbeiten eben mit allen Mitteln, um Wirecard zu schaden.

Zatarra wird indessen ein Fall für die deutschen Strafbehörden. Die unbelegten Betrugsvorwürfe gegen Wirecard könnten Marktmanipulation sein, erklärt eine Sprecherin der Münchner Staatsanwaltschaft. Die Behörde erstattet im Jahr 2018 Strafanzeige gegen den nunmehr enttarnten Herausgeber von Zatarra, der auf den Namen Fraser Perring hört. Das Strafverfahren wird erst im Mai 2020, kurz vor der Wirecard-Insolvenz, endgültig gegen Zahlung eines fünfstelligen Betrages an eine gemeinnützige Einrichtung eingestellt. Fraser Perring jedoch wird in den Jahren zwischen 2016 und 2020 immer mit einer Brechstange unter dem Bett schlafen. 75 Zentimeter lang, vier Kilo schwer. Der Brite, paranoid oder nur vorsichtig, rüstet sich mit dieser Gerätschaft gegen einen möglichen körperlichen Angriff, der von der Firma Wirecard in Aschheim oder deren Aktionären in Auftrag gegeben werden könnte.

Natürlich ist die Welt nicht nur schwarz und weiß. Natürlich weist die Häufung von Ereignissen im Jahr 2016 darauf hin, dass Investoren bei Wirecard erfolgreich auf fallende Kurse gewettet haben. Sicher ist auch, dass der Zatarra-Report in weiten Teilen ein schnell zusammengeschustertes Machwerk ist, das im Kern auch ein konkretes Ziel gehabt haben dürfte – den Wert der Wirecard-Aktie zu dezimieren. Ein solcher Plan wird in der Geschichte der Wirecard von Gegnern des Unternehmens so oft in die

Tat umgesetzt, weil er immer funktioniert. Wenn die UBS oder die Deutsche Bank Vorwürfe wegen Geldwäsche hinnehmen müssen, bewegt sich deren Aktienkurs, wenn überhaupt, im niedrigen einstelligen Prozentbereich. Bei Wirecard kann man dagegen mit 100 Seiten flott zusammengewürfeltem Copy-and-Paste aus LinkedIn, Twitter und Chatverläufen den Kurs schnell und unkompliziert komplett in die Knie zwingen. Auch das ist Shortselling – eine reinigende Kraft, die die Schwächen von Unternehmen offenbart und sie im idealen Fall besser und stärker macht.

Es ist viel los gewesen im Jahr 2016. Am Ende geht jedoch einmal mehr alles gut aus. Markus Braun hat bewiesen, dass er »Balls of Steel« hat. Angriffswelle auf Angriffswelle läuft gegen Wirecard. Aber nichts kann den Höhenflug des Unternehmens wirklich bremsen. Markus erklärt seiner versammelten Führungsmannschaft im Sommer 2016, dass er den Einzug der Wirecard in den DAX plant. Er sieht darüber hinaus einen Börsenwert von 100 Milliarden Euro voraus. Wir lächeln im Meeting und schauen optimistisch. Kaum hat Markus den Raum verlassen, schütteln die meisten Top-Manager der Wirecard entsetzt den Kopf. Der DAX. Das ist BMW, Siemens, Volkswagen oder SAP. Das ist ganz entschieden nicht unsere Liga ... But: The best is yet to come.

5

Bijli und Blutsbrüder im Dengue-Fieber

Ritter Heinrich von Sullivan vom ehrenwerten Orden der Business-Brüderschaft Jan Marsaleks reitet an einem heißen Augusttag im Jahr 2012 in mein Leben. Es ist Liebe auf den ersten Blick. Denn Henry O'Sullivan ist in allen Facetten und mit jeder Faser seines sympathisch korpulenten Körpers so ganz anders als alle anderen Partner der Wirecard. Er ist steinreich, wild und brandgefährlich, ein smarter britischer Hooligan mit sehr viel Geld. Das ist eine ziemlich explosive Kombination.

Ich begegne O'Sullivan zum ersten Mal in Aschheim im Büro von Jan. Der COO der Wirecard hat mich zum Gespräch gebeten, um gemeinsam mit einem Partner ein Projekt in Indien zu erörtern. Ich sitze also im Vorzimmer des Vorstands und stelle mich innerlich bereits auf die übliche Jan-Klientel ein: Distinguierte Geschäftsleute in schicken Nadelstreifenanzügen mit dezenten Uhren am Arm. Doch der Mann, der nun auftaucht, ist in jeder Hinsicht alles andere als dezent und distinguiert. James

Henry O'Sullivan ist in eine Skinny-Jeans von Brioni gekleidet und trägt ein weißes Oberhemd, das bis zum vierten Knopf geöffnet ist, an den nackten Füßen Slipper der italienischen Luxusmarke Tod's. Von der Brand sind auch seine Umhängetasche aus dunkelbraunem Kalbsleder und sein Kleidersack. Henry hat ebenso Geschmack bei den Accessoires: Er trägt einen Hermès-Gürtel mit silberner H-Schnalle und die lauteste Breitling-Uhr, die ich jemals gesehen habe. Alles an Henry ist Leder und Bling-Bling. Eigentlich fehlt nur noch ein Stetson und sein Erscheinungsbild wäre perfekt.

Meine Begegnung mit Henry O'Sullivan ist ein exklusives Vergnügen, weil der Geschäftsmann nur der engsten Clique rund um Jan Marsalek bekannt ist. Selbst Markus Braun hat Henry nach eigener Aussage nur ein einziges Mal getroffen. Das ist insofern bemerkenswert, als Mr. O'Sullivan einige Jahre lang auch der erfolgreichste Kundenvermittler der Wirecard ist. Er sorgte beispielsweise für einen Deal mit Monarch Airlines. Die britische Billigfluglinie führte lange Jahre das Ranking der transaktionsstärksten Kunden von Wirecard an. Für die Anbahnung dieses Geschäfts kassierte Henry Monat für Monat Hunderttausende an Euro Provision. Für den Briten ist das eher ein nettes Taschengeld. In jenen Tagen lebt Henry in einem der feudalsten Apartments in Monaco. Ihm gehören in dem Luxus-Stadtstaat Restaurants und Nachtclubs. Er nennt darüber hinaus auch ein Hotel auf einer Insel vor der Küste Afrikas, einen Privatjet und ein goldenes Rolls Royce Cabrio sein Eigen.

O'Sullivan ist nach eigenen Angaben beim Kontostand da angekommen, wo Jan Marsalek immer hinwill: eine

Milliarde. Nur als Milliardär hat man in der Lesart des jungen Wirecard-Vorstands wirklich etwas erreicht im Leben. Nur fehlen Jan zu diesem Status im Jahr 2012 wohl noch einige Hundert Millionen. Immerhin, er ist auf einem erfolgversprechenden Weg.

Woher kommt nun der sagenhafte Reichtum des Henry O'Sullivan? Der Brite hat seine Karriere einst als Software-Entwickler im Payment-Geschäft begonnen. Sein Mentor war der südafrikanische Geschäftsmann David Vanrenen – ein Name, den man auch in den Panama Papers finden kann. Vanrenen gründet Anfang 2000 die Payment-Bude Walpay. Die konzentriert sich auf die profitabelsten Geschäftszweige im Bezahlgeschäft: Porno und Gambling. Natürlich wurde Walpay von der Steueroase Isle of Man aus gesteuert. Henry steigt in dem verschlungenen Firmenkonstrukt von David Vanrenen schnell vom einfachen Developer zum Chief Technology Officer auf. Dann entwickelt er sich zum Serien-Entrepreneur weiter, was bedeutet, dass Henry als Unternehmer überall dort dabei ist, wo sich mit Transaktionen schnell viel Geld verdienen lässt: bei Payday Loans etwa, hochspekulativen Expresskrediten. Oder bei der Abwicklung binärer Optionen, finanziellen Wetten am Rande der Legalität.

Mit den Jahren verliert sich die öffentliche Spur von Henry O'Sullivan im Payment-Geschäft jedoch mehr und mehr. Der Brite schaltet auf Stealth Mode. Henry tritt nicht mehr als C-Level oder im Handelsregister auf, sondern vermeidet jede Form der Öffentlichkeit. Er setzt stattdessen Geschäftspartner an Schlüsselstellen seiner Firmen und bleibt selbst im Hintergrund. So existiert in den Weiten des World Wide Web kein einziges Bild von ihm, und bis zum Zusammenbruch der Wirecard bleibt der Geschäftsmann nur Insidern ein Begriff.

In Aschheim sind vor allem Brigitte Häuser-Axtner und ihr Mann Carlos mit Henry befreundet. Zum erweiterten Kreis gehört der Wirecard-Manager Arne M. sowie zwei bis drei Mitarbeiter in Asien. Das war es dann schon. Vom August 2012 an bin nun auch ich Teil der Party.

Bei unserer Besprechung in Aschheim, als ich Henry kennenlerne, geht es um Bijli. So heißt das Projekt, das Jan und Henry mit meiner technischen Unterstützung in Indien starten wollen. Die Grundidee des Produkts ist simpel: Mein Team hat eine Lösung entwickelt, die es ermöglicht, dass Händler Kartentransaktionen mit ihren Smartphones entgegennehmen können. Sie müssen dazu nur einen Mini-Kartenleser per Bluetooth mit ihrem Handy verbinden. Dieser liest die Kartendaten aus, verschlüsselt sie und jagt sie über die Verbindung des Phones raus an das Wirecard-Backend. Willkommen in der schönen neuen Welt der mobilen Transaktionen.

Der Clou bei der Sache ist der Preis. Ein handelsübliches Terminal für Kartentransaktionen kostet gut und gerne zwischen 300 und 700 Euro. Meine Lösung für Mobile POS – auch mPos genannt – ist bereits für einen Kosteneinsatz von 30 bis 40 Euro zu haben. Für kleinere Händler in Indien ist das ideal. So lautet das Mission Statement von Bijli: Wir erobern den indischen Payment-Markt mit Henrys Organisation und der Technologie von Wirecard. Das klingt doch theoretisch mal nach einer Sache, mit der man zu Milliarden kommen könnte, und interessiert vor diesem Hintergrund natürlich Herrn Marsalek brennend.

Doch die Sache hat – wie eigentlich immer – ein paar

kleinere Haken. Sonst könnte das ja jeder machen. Zunächst einmal verfügt Wirecard auf dem indischen Subkontinent über keinerlei Lizenz, um Kreditkarten-Transaktionen entgegennehmen und verarbeiten zu können. Also muss man wohl oder übel mit einer lokalen Partnerbank zusammenarbeiten. Außerdem besitzen die Mini-Händler in Indien nur selten die neuesten Flagship Phones von Samsung oder Apple. Sie setzen vielmehr auf Modelle aus lokaler Produktion, deren Technologie durchaus eigenwillig sein kann. Meine Bezahllösung für den indischen Subkontinent muss also so robust sein, dass sie selbst unter den widrigsten Umständen funktioniert: Schlechtes Bluetooth-Pairing, geringe Verbindungsqualität, eigenwillige Software-Standards, Hitze und Luftfeuchtigkeit. So ist Bijli über die Jahre eine enorme operative Herausforderung. Dennoch kriegen wir es hin, das System zum Laufen zu bringen.

Das liegt auch am Engagement von Henry O'Sullivan. Der Brite lässt sich nie lange bitten, wenn es um wichtige Meetings und entscheidende Business-Trips geht. Er reist oft nach München, wo er seinen Arbeitsplatz praktischerweise gleich im Konferenzraum von Jan Marsalek eingerichtet hat. Er begleitet mich in der Anfangsphase von Bijli, aber auch zu Messeterminen oder zu Partnerunternehmen. Eigentlich ist Henry immer nur eine Mail entfernt und stets auf dem Sprung, um in die First Class der »Luftwaffe« zu steigen, wie er die gute alte Lufthansa scherzhaft nennt.

Henry hat es überhaupt sehr mit der deutschen Sprache und den regionalen Gebräuchen. Nicht selten radebrecht der Brite zur allgemeinen Begeisterung in Mails und Messages auf Deutsch. Das klingt dann in etwa so: »Thank you very much. Ich wünsche Ihnen allen gutes Wochenende. Großen Küsse.« Gerne ist auch von Ariern die Rede, die bevorzugt Breitling-Uhren tragen, wenn sie russische Begleiterinnen flachlegen. Und Henry O'Sullivan bezeichnet sich selbst mit großer Freude als Ritter Heinrich. Ist er deswegen ein Nazi? Nein, ich denke, das alles ist Teil einer ganz bestimmten Art von britischem Humor. Zumindest wenn Henry nüchtern ist. Dieser Zustand kommt vor in seinem Leben, ist aber nicht wirklich die Regel. Denn der Brite macht auch deswegen Business, weil er sein Lebensmotto »Work hard. Play hard« bei seinen Ausflügen ins Geschäftsleben mit großem Enthusiasmus und einer Kreditkarte ohne Limits konsequent umsetzen kann. Er hat dabei durchaus seinen eigenen Stil.

Legendär ist eine Zeit lang etwa seine Begeisterung für Luxus-Handys der Marke Vertu – in der Preisklasse 10 000 Euro und aufwärts. Nachdem Henry am Flughafen in der First Class Lounge von Singapore Airlines oder der Luftwaffe die Gin-Vorräte dezimiert hat, führt ihn sein mittlerweile doch recht schwankender Gang mehr oder weniger zielstrebig in den Vertu-Shop, den es bis zum Jahr 2017 in jeder guten Duty-Free-Zone gab. Dort ersteht er gerne spontan und sturzbetrunken ein oder zwei Luxusphones. Diese findet er am Morgen reichlich ernüchtert und doch etwas verwundert in seinen Taschen wieder. 20 000 Euro für ein harmloses Hobby. Peanuts für Henry.

So etwas passiert, wenn O'Sullivan allein unterwegs ist, jedenfalls erzählt er das. Wenn er im Team Party macht, kann es durchaus verhängnisvoller werden. Mit genug Alkohol im Blut holt Henry seine Vergangenheit als echter britischer Fußball-Hooligan regelmäßig ein. Dann ist es besser, dem sonst so charmanten Business-Bären weiträumig aus dem Weg zu gehen. Nur so als Tipp unter Freunden.

Meine erste Erfahrung mit dieser anderen Persönlichkeit von Henry O'Sullivan mache ich 2013 in Paris. Wir sind in der Stadt, um im Rahmen einer Payment-Messe potentielle Partner für Bijli zu treffen. Sogar Jan Marsalek himself und sein allgegenwärtiger Schatten Sergej sind hier. Grund genug für ein solides Besäufnis. Nach einem späten Dinner mit Kalbfleisch der gehobenen Qualität und entsprechendem Rotweinkonsum beschließt unsere Runde, noch einen Abstecher in einen nahe gelegenen Club zu machen.

Im VIP-Bereich ordern Jan und Henry wie üblich Magnum-Wodka und Champagner. Die Stimmung wird immer ausgelassener. Mit der Zeit schießt sich Henry jedoch mehr und mehr auf den armen Sergej ein, der aus Kasachstan stammend leicht asiatisch aussieht. Henry vertritt in seinen Witzen zunehmend die Auffassung, dass Sergej in Wirklichkeit aus Nordkorea kommt und hier als Spion eingesetzt wird. Die Sache eskaliert, weil Sergej fortwährend gute Miene zum bösen Spiel macht und Jan Marsalek passiv-lächelnd die unangenehme Situation aussitzt. Am Ende wirft der völlig betrunkene Henry Cent-Stücke auf Sergej und schreit dazu: »Dance, North Korean boy, dance.« Und Sergej tanzt tatsächlich hilflos herum. Das Personal des Clubs blickt recht verstört in die VIP-Zone. Für mich ist es – wie immer, wenn ein Abend diesen Zustand erreicht hat – Zeit zu gehen. Ich verabschiede mich erst gar nicht und nehme ein Taxi zurück ins Hotel.

Henry bleibt noch einige Stunden länger im Club. Als er endlich loszieht und schwankend den Heimweg antritt, überfallen ihn zwei Jugendliche. Sie haben es auf seine Breitling-Uhr abgesehen. Das ist eine verdammt schlechte kriminelle Idee. Henry, so geht seine Erzählung, streckt die Diebe mit ein paar Kicks und Handkantenschlägen zu Boden. Fuck, man legt sich nicht mit Milliardären an, die in den Fußballstadien der britischen Insel groß geworden sind.

Geschichten wie diese begleiten Henry auf Schritt und Tritt. Regelmäßig kommt es zu kleineren Auseinandersetzungen oder angeregten Diskussionen im Nachtleben. Mal zerlegt er das Mobiliar im Pool-Bereich eines Luxushotels in Singapur. Mal ist die Einrichtung einer Flughafen-Lounge an der Reihe.

Henry avanciert schnell zum wichtigsten Business-Buddy von Jan Marsalek. In den Jahren zwischen 2012 und 2016 sind die beiden praktisch unzertrennlich. Wie Schulmädchen schreiben sie sich pausenlos Messages auf Telegram, starten ein Projekt nach dem anderen und lassen sich sogar beide gleichzeitig einen coolen Vollbart wachsen. Echte Dudes vereint in einer globalen Gesichtsbehaarungs-Challenge. Der Fortschritt dieser Entwicklung wird ständig auf Fotos dokumentiert, die auf Telegram zwischen den beiden hin und her gehen. Am Ende gewinnt Jan den Bart-Battle mit einem stattlichen Hipster-Bart, der perfekt zum Maßanzug passt.

Nie ist man sich bei diesem dynamischen Duo wirklich sicher, wer im Grunde wen kontrolliert. Macht Jan das, was Henry vorschlägt? Oder ist es umgekehrt? Ich habe es nie herausbekommen.

Zur Schaltzentrale für die gemeinsamen Aktivitäten avanciert mit der Zeit das Büro der Firma Senjo, das höchst seriös im 56. Stock am One Raffles Place in Singapur liegt. Wirecard-Insider und investigative Journalisten atmen jetzt etwas schwerer. Denn ob Henry O'Sullivan die Senjo Group kontrolliert, gehört inzwischen zu einer der zentralen Fragestellungen im Wirecard-Case.

Die Unternehmensgruppe mit Sitz in Singapur ist in einige sehr merkwürdige Deals in Indien verstrickt. Dabei zahlt die Wirecard zum Beispiel deutlich überhöhte Preise für diverse Firmenankäufe. So erwirbt die Wirecard im Jahr 2015 etwa von einem geheimnisvollen Fonds für 320 Millionen Euro die indische Hermes-Gruppe. Dieses Unternehmen sorgt zu jenem Zeitpunkt für einen Jahresabschluss von sage und schreibe 4,5 Millionen Euro. Noch einmal: 320 Millionen Euro für ein Unternehmen mit 4,5 Millionen Gewinn. Ein sauberes Multiple für eine Firmenübernahme. Doch das ganze Potential von Hermes entfaltete sich im Zusammenspiel mit Wirecard dann recht schnell in gewohnt erfreulicher Art und Weise. Unter Führung aus Aschheim kann das Unternehmen in Indien das Ergebnis nach Steuern um den Faktor acht erhöhen. Zusätzliche Kosten entstehen dem indischen Unternehmen bei dieser Wachstumsstory laut eigenem Reporting nicht. Es ist schon erstaunlich, welche Synergien sich nach einem Deal mit Wirecard immer wieder freisetzen.

In welcher Form passt nun Henry in diese Geschichte? Die ursprünglichen Eigentümer von Hermes haben ihr Unternehmen für rund 37 Millionen an den Fonds veräußert, der den Kaufpreis in der Folge auf 320 Millionen hochgejazzt hat. Die beiden Gründer fühlten sich durch die Transaktion betrogen und zogen vor Gericht. In der folgenden Auseinandersetzung behaupten sie, dass Jan Marsalek gemeinsam mit einem gewissen Henry O'Sullivan den Deal eingefädelt hat. Vor Gericht sagen sie aus, dass der smarte Brite in Wirklichkeit der Inhaber des geheimnisvollen Fonds sei, der die Übergabe abgewickelt hat. Wenn das stimmen würde, dann ergibt sich aus dem Geschäft mit Wirecard für den Eigentümer des Fonds ein Nettoerlös in Höhe von 280 Millionen Euro. Das ist jetzt mal keine schlechte Marge für eine Geschäftsanbahnung, die in Summe vielleicht zwei bis drei Monate gedauert hat.

Damit nicht genug: Natürlich ist Senjo auch einer von drei Partnern von Wirecard im berühmt-berüchtigten Third-Party-Geschäft (TPA). Bei diesem Konzept wickelt die Wirecard angeblich Transaktionen für andere Payment-Unternehmen ab. Das ist – um es mal vorsichtig auszudrücken – hochprofitabel. Fast zwei Drittel aller Umsätze und ein Großteil des EBITA von Wirecard stammen in der Lesart der Wirtschaftsprüfer in den Jahren zwischen 2015 und 2019 aus diesen Quellen. Welche Grundlage die Geschäfte haben und welche Händler durch die TPAs abgewickelt werden – all das bleibt letztlich schleierhaft. Was jedoch auffällt ist, dass die Partner, die der Wirecard das Milliarden-Business liefern, relativ kleine und unbedeutende Organisationen sind, die in der Payment-Szene ansonsten völlig unbekannt sind. Das trifft auch auf Senjo zu.

Sicher ist auch, dass die Erträge aus dem Third Party Business von Wirecard zum großen Teil auf ein Treuhandkonto in Asien fließen. Hier sammeln sich Milliardensummen an. Lange wird der Account von Managern verwaltet, die aus dem Umfeld der Senjo Group stammen. Im Chefbüro von Senjo in Singapur sitzt Henry O'Sullivan vor einer Wand von Monitoren im Curved Design und hackt im Sekundentakt Mails und Telegram-Messages in die Tastatur. Obwohl er nicht offiziell als CEO der Gruppe auftritt, wirkt und waltet er hier, als hätte er die volle Kontrolle.

Und Senjo ist der wichtigste Partner für Jan Marsaleks Aktivitäten in Asien; er ist Stammgast am One Raffles Place. Das Office ist fester Bestandteil seines parallelen Business-Universums. Am Asia Square im Finanzdistrikt von Singapur, wo die Wirecard ihr durchaus auch sehr repräsentatives Office hat, taucht Jan immer seltener auf.

Wozu auch? Mit Henry und seinem Team lassen sich schnell und unkompliziert Ideen umsetzen, die bei der Wirecard Ewigkeiten dauern und viele operative Diskussionen auslösen würden. Mit Senjo und Henry läuft die Entwicklung dagegen gleichsam im Echtzeit-Takt der Telegram-Messages. So gefällt es dem COO der Wirecard.

Auch durchaus skurrile Business-Ideen nehmen bei dieser Zusammenarbeit Fahrt auf. So denken Henry und Jan zum Beispiel einige Monate sehr intensiv darüber nach, ob es nicht sinnvoll wäre, ein eigenes Smartphone-Modell auf den Weg zu bringen. Dabei geht es jetzt nicht um Zugang zu neuesten Musik-Downloads oder schicken Multimedia-Anwendungen. Im Mittelpunkt steht vielmehr ein neuer Standard bei der Verschlüsselung der Kommunikation, Stealth Mode im Mobilfunk – das ist eines von Jans Lieblingsthemen. Die üblichen Angebote in diesem Bereich – etwa das vollverschlüsselte Black-phone – erfreuen das Auge des Meisters einfach nicht. So ein klobiges Android-Ding ist schlicht und ergreifend nicht richtig cool. Deswegen kursieren eine Zeit lang Ren-derings eines neuen Smartphone-Modells, das wirkt, als wäre es direkt vom Raumschiff Enterprise in unsere Welt gebeamt worden. Mattgrauer Lack, neueste biometrische Authentifizierung, komplette Verschlüsselung – das sind die Features des Konzepts. Am Ende ist das Projekt jedoch auch für die tiefen Taschen von Jan und Henry etwas zu kostspielig in der Umsetzung.

Deswegen sieht das Business-Duo von der Hardware-Innovation ab und wendet sich dem Thema Messaging-Software zu. Warum das ganze Handy neu bauen, wenn es eigentlich nur auf die Kommunikationstools an-kommt? Gesagt, getan: Mit Tungsten lassen sich Jan und Henry einen eigenen Messenger auf Maß erarbeiten. Die Stealth-Software kann End-to-End Encryption, integriert Tor-Identitäten und unterstützt sogenannte Burner-Ac-counts. All diese Features dürften auf der Wunschliste jedes halbwegs digital interessierten Kriminellen auf der Welt stehen. Für schlappe 9 Euro und 99 Cent kann man das Programm bis heute im App Store herunterladen. Vielleicht trifft man in dieser Software-Umgebung auch auf die selbstredend vollständig verschlüsselten Kontakt-details des charmanten Herrn Marsalek, der sich im Netz gerne auch Janus nennt. In der römischen Mythologie ist das der Gott des Anfangs und des Endes. Passt eigentlich. Anyway: Tungsten und Janus – nur so ein Gedanke.

In dieser Art und Weise ziehen Jan und Henry Projekt nach Projekt auf. Es geht mal um Bezahlbänder für ein

Technofestival, das Henry in Singapur erworben hat, mal um den Export koreanischer Kosmetikartikel in die USA. Natürlich stehen sehr oft auch neue Initiativen auf dem indischen Subkontinent auf der Agenda. Der Riesenmarkt ist für Jan und Henry gleichsam ein ganzer Subprime-Kontinent – voller Chancen für innovative Bezahltechnologien.

Zentraler Punkt bei der Geschäftsabwicklung von Jan und Henry ist die Abneigung gegenüber Angeberei, Aufschneiderei und großspurigem Gehabe, was zuweilen recht bizarre Formen annimmt. Hier versteht das Duo überhaupt keinen Spaß. Über Wochen lästern Jan und Henry etwa über den Fall des britischen Unternehmens Powa. Wir hatten mit dem Start-up Kontakt, weil dieses ein neues Tool für die Kartenzahlung per Handy entwickelt hatte und zu einem unschlagbar günstigen Preis in den Markt drücken wollte. Für Bijli war dieses Produkt relevant. Doch die großspurige Art von Powa-CEO Dan Wagner kam bei Jan und Henry gar nicht gut an.

Als die Financial Times dann wiederholt darüber berichtete, dass der Vorstandsvorsitzende von Powa die meisten seiner Erfolgsmeldungen selbst erfunden hatte, die Technologie noch nicht ausgereift und der Wert des Unternehmens ein Phantasiepreis war, brach die Firma mit Sitz in der Londoner City laut krachend in sich zusammen. Insolvenz. Jan und Henry konnten gar nicht aufhören, sich über das unseriöse Geschäftsgebaren von Dan Wagner aufzuregen. Gegenüber jenen Enthüllungen, die die Financial Times später zu den Herren Marsalek und O'Sullivan publizieren wird, ist der Fall Powa am Ende eher eine Randnotiz. Gemeinsam mit Henry sieht

Jan sich jedoch durchaus als moralische Instanz. Einen solchen Spagat im Kopf muss man erst mal hinkriegen, wenn man die ganze Zeit nur verschlüsselte USB-Sticks austauscht ...

Henry und Jan fühlen sich ganz offensichtlich als Teil einer Elite. Die Rechtfertigung dieses vermeintlichen Status hängt unmittelbar vom eigenen Kontostand ab. Wer einige Hundert Millionen oder mehr sein Eigen nennt, hat im Grundsatz immer recht. Wer weniger besitzt, sollte lieber eine gewisse Demut an den Tag legen.

Das zeigt sich beispielsweise zu später Stunde bei einem Geschäftsessen. Eines Abends sitze ich mit Jan, Henry und einem Geschäftspartner in Hongkong in einem italienischen Lokal. Der Mann hat eine Innovation für das kontaktlose Bezahlen erfunden, die er uns bei diesem Dinner näher vorstellen will. Je später es wird, desto stärker verstrickt sich der Partner in ausufernde Erzählungen über seinen Fuhrpark, der aus mehreren Teslas und S-Klassen zu bestehen scheint. Das sind für Henry schlicht zu viele selbstdarstellende Details. Er fragt den Ober diskret nach der Weinkarte. Ein paar Minuten später kommt der Sommelier an unseren Tisch und unterhält sich angeregt mit Henry. So etwas ist in Asien nie ein gutes Zeichen und deutet nicht gerade auf eine entspannte Rechnung hin. Unser potentieller Partner gibt O'Sullivan mit einer großzügigen Geste die freie Wahl bei der Bestellung der Getränke. Schon stehen drei Flaschen Rotwein auf dem Tisch. Als die Rechnung kommt, erstarrt unser Partner kurz, aber sichtbar. Henry wedelt amüsiert halbherzig mit seiner Centurion. Aber unser Geschäftsfreund sieht sich in der Pflicht und bezahlt die Rechnung für den Wein, der mehrere Tausend Dollar kostet, sichtlich angepisst mit seiner kontaktlosen Payment-Methode. »To see this guy paying – priceless«, textet Henry dazu auf Telegram, eine Anspielung auf die Mastercard-Werbung. Was haben wir gelacht.

Die Geschichte hat eine weitere Pointe: Unser Partner verkauft seine Technologie wenige Wochen später an den Handy-Hersteller Samsung für 100 Millionen Dollar. Henry ist fassungslos. Kommt auch manchmal vor.

Zudem entwickeln Jan und Henry eine starke Affinität zu Fake-Geschichten, in die sie Freunde und Team Members über Wochen und Monate mit einer gewissen Kunstfertigkeit verwickeln. Superfun, wenn ein Mitglied ihrer Clique für eine gewisse Zeit eine Story über einen vermeintlichen Irrsinnsdeal am Horn von Afrika glaubt, der nie stattfinden wird. Speziell Henry hat ein Talent entwickelt, mit erfundenen Mails und getürkten Fotos solche Stories ziemlich lange am Leben zu erhalten. In dieser Hinsicht muss man bei den beiden immer vorsichtig sein. Am besten ist es, stets eine gewisse Zurückhaltung walten zu lassen und das Geschehen aus der zweiten Reihe heraus zu verfolgen. Das ist meine Strategie in dieser Zeit.

Es sind die Jahre zwischen 2013 und 2015. Das Projekt Bijli schreitet weiter voran. Tatsächlich ist die von uns im Zusammenspiel mit Henrys operativem Team in Indien entwickelte Lösung erfolgreich. Das jährliche Transaktionsvolumen des Produktes summiert sich auf einen dreistelligen Millionenwert. Das heißt aber nicht automatisch, dass die Wirecard von diesem Deal finanziell profitiert. Denn Jan hat unsere Technologie für eine Summe von wenigen Tausend Euro im Monat an Bijli verramscht. Diese Großzügigkeit wird von unseren indischen Geschäftsfreunden mit Sitz in Chennai jedoch nicht mit allzu viel Liebe erwidert. Im Gegenteil: Mit beharrlicher Aggressivität werden immer neue technische Features eingefordert. Und Jan sorgt per Telegram und Mail dafür, dass wir immer liefern.

Seinen Höhepunkt erreicht das Projekt, als wir finanzielle Forderungen an Bijli haben, weil wir Payment-Hardware nach Indien liefern. Das Ganze ist für uns ein durchlaufender Posten in Höhe von mehreren Millionen Euro. Doch jeder Versuch scheitert, das indische Team rund um Henry zur Zahlung der ausstehenden Summe zu bewegen. Am Ende wird es zur vollkommenen Posse: Am Telefon dürfen wir einen Bijli-Manager live auf seinem Weg zur Bank begleiten. Hier versucht der Mann wortreich, die entsprechende Millionen-Überweisung an Wirecard auf den Weg zu bringen. Natürlich ist das aufgrund fehlender Papiere dann doch nicht möglich. Ich fühle mich wie bei einer Comedy-Show im Business-Bereich.

Jan und Henry sind derweil – wie immer bei kritischen Themen – auf ihrem Lieblingskanal bei Telegram nicht erreichbar. Wenn man ihnen jedoch zeitgleich einen neuen Sticker von zwei kopulierenden Hasen schickt, reagieren sie sofort. Das macht mich auf die Dauer ziemlich mürbe. Ich konzentriere mich deswegen auf das, was ich kontrollieren kann: das technische Fulfillment.

In der Diskussion mit dem Controlling schnappe ich schließlich auf, dass das Wirecard-Engagement bei Bijli deutlich weitergeht, als mir bewusst ist. Wir unterstützen die Inder mit Krediten in zweistelliger Millionenhöhe. Dass solche Geldflüsse die grundsätzliche Zahlungsbereitschaft von Bijli erhöhen, kann ich nicht behaupten.

Bei Bijli fließt das Geld scheinbar immer nur in eine Richtung: von Aschheim nach Chennai.

Henry engagiert sich in Indien nun deutlich stärker. Er zieht sogar mit einem Geschäftspartner und seiner kompletten Familie von Monaco nach Südindien. Was ihn zu diesem radikalen Schritt bewogen hat, wird mir nie klar werden. Denn, das sagte er mir, er fühlt sich in Indien auch im Luxusapartment und mit eigener Rikscha nie richtig wohl und lebt erst auf, wenn er den Flughafen von Chennai wieder hinter sich gelassen hat.

Ich treffe Henry in Indien nur ein einziges Mal. Zum Start einer neuen Partnerschaft soll ich als Vertreter der Wirecard beim Abendevent eine kurze Rede halten. Ich lande also am Morgen in Indien und werde mir in der kommenden Nacht nach getaner Arbeit meinen Weg mit der Luftwaffe zurückbahnen. Das ist purer Wirecard-Style: Immer komplett durchgetaktet durch die Welt.

Die eigentliche Abendveranstaltung läuft recht ereignislos ab. Ich schüttle die Hände von so ziemlich jedem Europäer, der in Chennai irgendwie relevant ist und begrüße wortreich einige Vertreter indischer Partner-Banken. Henry wirkt gesundheitlich leicht angeschlagen und trinkt nur wenig Alkohol. Das ist kein gutes Zeichen. Anyway: Gegen Mitternacht beginne ich den Heimweg nach Deutschland.

Kurz nachdem ich zurück in München bin, überkommt mich hohes Fieber und starke Übelkeit. Das ist mal die Untertreibung des Jahres: Ich übergebe mich im Sekundentakt. Nach zwei Tagen meldet sich Brigitte bei mir und lässt mir von Henry ausrichten, dass er am Dengue-Fieber erkrankt ist. Der Brite kuriert sich jedoch nicht in

Chennai aus, sondern lässt sich mit dem Privatflieger nach Singapur ausfliegen. Hier richtet er sich im Fullerton Bay – einem der teuersten Hotels der Stadt – ein ziemlich exklusives Krankenzimmer ein. Ich dagegen lande mit der gleichen Diagnose im Isoliertrakt des Schwabinger Krankenhauses in München. Wir teilen unsere Entzündungswerte per Telegram-Chat. Wir sind jetzt Brüder im Dengue-Fieber. Jeder in seiner eigenen Welt. Jeder dort, wo er hingehört.

Im Jahr 2016 bin ich zufällig auf der Durchreise in Singapur, als mich Henry überraschend zu einem Dinner ins Spago, einem Restaurant auf dem Dach eines Luxushotels, einlädt. Ich bin etwas angespannt, weil mein Weiterflug vom Flughafen Changi am kommenden Morgen um 5.30 Uhr abgeht. Henry ist dafür berüchtigt, dass er solche Situationen gerne ausnützt und einen dazu bringt, zeitlich komplett die Orientierung zu verlieren. Schon einige seiner Geschäftspartner haben ihre Flüge verpasst, weil sie mit Henry versumpft sind. Solche Insiderjokes liebt der Mann, der einen Privatjet sein Eigen nennt und dem Flugpläne daher egal sein können.

Als ich im Hotel Marina Bay Sands ankomme, sehe ich gleich, dass dies kein normales Dinner wird. Jan Marsalek ist da – gemeinsam mit seiner Assistentin Sabine. Der Einfachheit halber heißen seine beiden Assistentinnen Sabine. Er leistet sich eine Sabine in Aschheim und eine in seiner privaten Business-Welt. Letztere ist die Super-Sabine, die für den Meister diskret und mit einem strahlenden Lächeln alle Details regelt und jegliches Ungemach aus dem Weg räumt. Super-Sabine ist Jans beste Kraft. Wohl die Einzige, die ihn nie enttäuscht.

Zusammen sind wir am Ende zwölf Leute, die um einen runden Tisch sitzen. Der Rest des Restaurants ist geschlossen, damit wir unter uns sein können. Dann öffnet sich die Tür, und Wolfgang Puck, amerikanischer Starkoch österreichischer Herkunft, betritt das Restaurant. Er wird heute das exklusive Dinner für Henry zubereiten. Endlos werden Trüffel gehobelt, Wagyu-Steaks serviert und sündhaft teure Magnum-Flaschen Rotwein entkorkt. Die Gäste sind dem Anlass entsprechend lässig-kostspielig gekleidet. Sie stellen sich meist als internationale Geschäftsleute vor, die für Henry und Jan Immobilien managen, Reiseportale aufbauen oder Firmenübernahmen planen.

Ich bin die ganze Zeit über halb beeindruckt, halb verstört und denke: Wenn man mit der Mafia an einem Tisch säße, würde es wahrscheinlich genauso ablaufen. Diskret, luxuriös, stylish, international, alle gut ausgebildet und extrem professionell. Das ist an diesem Abend nur so ein blödes Gefühl von mir – mehr nicht. Später werde ich die Gesichter und die Namen einiger Gäste dieses Events in der internationalen Investigativ-Berichterstattung wiederfinden – als illustre Partner oder doch zumindest Entourage bei Jan Marsaleks großem Schwindel.

Lassen Sie uns an dieser Stelle noch ein wenig in Singapur bleiben. Die Metropole in Asien ist in den Jahren zwischen 2015 und 2019 der Nabel der Wirecard-Welt. Hier entsteht die größte Organisation des Unternehmens. Hier sprudelt über Partnerschaften und Kundenprojekte scheinbar der Umsatz. Hier werden die großen Deals gemacht.

In Singapur sitzt natürlich praktischerweise die Zentrale der Senjo-Gruppe, die mit der Wirecard eng verbunden ist. Das Chefbüro von Senjo, wo Henry O'Sullivan residiert, ist fußläufig keine fünf Minuten vom Wirecard-Headquarter entfernt. Es sind manchmal die kleinen Details, die wirklich zählen.

Für die Führungskräfte von Wirecard ist Singapur der Sehnsuchtsort ihrer Business-Träume. Mit der Singapore-Airlines-Maschine gegen Mittag von München in der Business Class in Richtung Asien starten. Erst gibt es Champagner, dann Sate-Spieße von Huhn und Lamm. Der Moment, wenn sich die Türen des Flugzeugs schließen, die Handy-Verbindungen gekappt werden und man es sich auf seinem Platz bequem macht. Immer auf den Plätzen A oder K auf den allein gestellten Sitzen an den Seitenwänden der Maschine. Wenn ich ehrlich bin, gehört das auch für mich zu den besten Momenten meines Geschäftslebens. Auch deswegen bin ich dabei.

Am frühen Morgen dann die Ankunft in Singapur. Dusche am Flughafen und sofort ins Wirecard-Büro, das zu Beginn im Financial District am Asia Square im 40. Stock liegt. Das gehört zu den nie ausgesprochenen Selbstverständlichkeiten im Wirecard-Leben: immer auf direktem Weg ins jeweilige Office vom Flughafen aus. Keine Atempause – Geschichte wird gemacht. Auch wenn die Augenringe vom unruhigen Flug tief sind.

In Singapur blickt man von den großen Fensterfronten des Wirecard-Büros auf den Hafen und die Logos der großen Banken, die von den Dächern der angrenzenden Hochhäuser leuchten: UOB, Citi, CIMB, VISA oder UBS. Die sind alle unsere Partner auf Augenhöhe in jenen

Tagen. Niemand hat ernsthaft Zweifel an der Story des aufsteigenden deutschen Tech-Konzerns. Jeder will dabei sein und ein Stück vom Kuchen abbekommen.

Genächtigt wird nach einem Tag voller Meetings schließlich im Hyatt, das an der Scotts Road in der Mitte der Stadt liegt. Jede Aktivität, jedes Event und viele Dinner enden dabei im Brix Club des Hotels. Das ist eine Bar, die mit Live-Musik und einem deutlichen Überschuss an weiblichen Gästen in hautengen Kleidern überzeugt. Das bedeutet nicht, dass es den Wirecard-Protagonisten hierbei primär um Sex geht. Um Sex geht es in der ganzen Wirecard-Story eigentlich nie wirklich. Wir sind nicht »The Wolf of Wall Street« – wir sind die gejetlaggten Über-Langweiler aus dem Münchner Umland, Ladies. Wir sitzen an der Bar des Brix und lassen die Gelegenheiten der professionellen Damen eine nach der anderen an uns vorüberziehen. Am nächsten Morgen müssen wir früh wieder fit sein. Denn es geht weiter nach Malaysia, China, Indien oder Indonesien.

Wirecard-Manager sind immer unterwegs, immer auf dem Sprung, immer gestresst, immer nur happy, wenn sie die Lounge erreichen, wo sie bei gutem WLAN ungestört ihre Messages in die Welt abfeuern können. Bäm, Bäm, Bäm. Deal nach Deal. Status-Update nach Status-Update per Telegram-Message an Jan und Markus. Einwort-Einpeitschung vom C-Level retour: Top, cool, wow, nope, really? Alles ist gut, aber auch wirklich kompliziert. Zeit für Drinks bis zum Priority Boarding.

Das Muster, die grundsätzliche Struktur und das Selbstverständnis dieser Dienstreisen hat Jan Marsalek festgelegt. Er ist die Best Practice der Wirecard. Wenn Jan mit

Vorliebe Telegram benutzt, wird die ganze Firma auf diesen Messenger umschwenken. Wenn Jan auf Reisen lokale Kost verweigert und sich ausschließlich von Steak ernährt, dann sind alle plötzlich Rindfleisch-Profis. Und wenn Jan maßgeschneiderte Anzüge trägt, interessieren sich blitzartig alle für individuelles Tailoring.

Jans sehr spezieller Style beim Reisen ist daher für das Wirecard-Management verbindlich. Regel Numero uno lautet: Du gibst niemals, unter keinen Umständen, never Gepäck auf. Du trägst alles, was du in Asien brauchst, in einem Cabin Trolley mit dir rum. Je kleiner der ist, umso cooler ist es. So habe ich Kollegen beobachtet, die jeden Morgen früher aufgestanden sind, um ihr einziges Hemd zu reinigen und zu bügeln. Mehr ging in ihren Koffer im Format einer Spielzeugminiatur nicht rein. Sah aber richtig cool aus am Flughafen in Singapur. Mit solchen Marotten sind wir beileibe nicht allein. Die ganze Welt ist voll von solchen Geschäftsleuten on the run, die ständig auf der Suche nach Optimierungsbedarf sind im hektischen Alltag zwischen Office, Lounge und Taxi.

So nehmen die Themen der passenden Reiseausstattung auch bei der Wirecard immer mehr Raum in den Köpfen der stets flugbereiten Manager-Gilde ein. Jan hat in seinem Büro allzeit einen gefüllten Trolley mit überlebenswichtiger Ausstattung für eine Woche stehen. Das sieht unheimlich wichtig aus. Solche Details machen schnell Schule.

Jan ist es auch, der das Thema des passenden Anzugstoffs zum Kantinen-Thema hochjazzt. Welches Material ist auf Reisen wirklich knitterfest? Denn für alternative Kleidungsstücke ist im Handgepäck-Trolley einfach kein

Platz. Unser COO rast im Schnelldurchlauf durch die einschlägigen Angebote der Bekleidungsindustrie. Tech-Merino von Zegna, knitterfreie Travel-Stoffe von Burberry, Designer-Wolle aus dem Hause Tom Ford. Nichts will den gestrengen Standards des Meisters genügen. So setzt Jan am Ende nur auf Maßgeschneidertes aus der Savile Row in London.

Richtig zufrieden ist unser junger Protagonist sowieso nie mit irgendetwas. Denn Jan ist besessen von einer Perfektion, die sich nie einstellen wird. Alles muss seinem Supermenschen-Anspruch gerecht werden. Der maßgeschneiderte Anzug aus der Savile Row – im Grunde auch nur billiger Tand, den man ständig selbst bügeln muss, damit es wirklich gut aussieht. Das Handy von Apple – tja, echt nicht durchdacht. Die Präsidentensuite im Hotel – alles schon mal besser gesehen. Der 4000-Euro-Wein, der Centurion-Service von American Express, das Schnitzel vom Käfer, das Jan sich eine ganze Zeit lang täglich mit dem Taxi ins Büro liefern lässt, die ganze verdammte First Class Experience – dann doch nicht wirklich erfüllend.

Wo waren wir stehen geblieben? Bei crazy rich European business trips und natürlich in Singapur. Ist an irgendeiner Stelle, ab irgendeinem Moment klar zu spüren, dass sich schlussendlich Geld immer nur im Kreis bewegt zwischen Europa und Asien, wie später in der Presse berichtet wird? Round-tripping lautet hierfür der Fachausdruck. Gemeint ist, dass die vermeintlichen Umsätze von Projekt zu Projekt und von Firma zu Firma fließen, ohne wirklich erwirtschaftet worden zu sein. Ziel ist es wohl, vor allem die Finanzaufsicht, Kreditgeber und Partner mit kunstvoll inszenierten Transaktionsströmen zu täuschen.

Nun, damit dieses Spiel wirklich funktioniert, braucht es reale Projekte und reales Volumen mit Bezahlgeschäft. Wenn diese Grundlage nicht gegeben ist, wird kein Auditor und kein Wirtschaftsprüfer die Bilanz testieren.

Dieses reale Geschäft muss so groß und gewaltig sein, dass die Story von den sagenhaften Gewinnen glaubhaft funktioniert. Diese Storyline hat die Wirecard hochprofessionell im Griff. Von 5700 Mitarbeitern arbeiten 5695 daran, tatsächliches Business umzusetzen. Aber diese Geschäfte werfen nur selten relevante Gewinne ab, weil sie wie das Projekt Bijli immer deutlich unter Wert verkauft worden sind.

Für Jan und seine Crew sind die Wirecard-Mitarbeiter und ihre Projekte am Ende nur Staffage. Ohne dass wir es wissen, basteln wir alle nur an der großen Illusion des Vorstands. Das ist durchaus eine absolut herausfordernde Aufgabe. Denn die Wirecard versucht, mit vergleichsweise geringen Mitteln große Technologie-Projekte umzusetzen.

Ein hervorragendes Beispiel dafür stellt ein Mammutprojekt mit dem schönen Arbeitstitel Aslan dar. Die Wirecard erwirbt von der Citigroup im März des Jahres 2017 für den schlanken Preis von etwa 200 Millionen Dollar ein asiatisches Portfolio in Sachen Kreditkartenakzeptanz. In Singapur, Hongkong, Macau, Malaysia, Taiwan, Indonesien, Thailand, Indien, Australien oder auf den Philippinen haben wir auf einmal 20 000 Händler mehr auf unserer Kundenliste. Darunter sind Premium-Brands wie der gesamte Flughafen in Singapur, die Hyatt-Kette oder ganze Luxus-Malls. In Singapur prangt nun auf 70 Prozent aller Bezahlterminals das Wirecard-Logo. Das macht eine Menge Eindruck bei potentiellen Partnern, Auditoren, Pressevertretern oder Kunden. Singapur ist jetzt die Vorzeige-Version der neuen digitalen Payment-Welt von Wirecard.

Den ganzen Deal hat Jan Marsalek als Asienchef eingefädelt. Aber die Umsetzung der Transaktion ist deutlich komplexer, als nur einen Wirecard-Sticker auf ein Bezahlterminal zu kleben. Operativ ausbaden müssen diese Herausforderung die Produktabteilungen des Konzerns. Denn die Übernahme eines Portfolios von Händlern in völlig unterschiedlichen Märkten bedeutet eine enorme Anstrengung und einen gigantischen Aufwand. Wir brauchen in jedem Land individuelle Lizenzen oder Deals mit entsprechenden Partnern. Wir müssen Strukturen für die Kommunikation mit Händlern, den Support von Terminals, die Auszahlungen, die Daten-Aggregation oder die Abwicklung von Zahlungsströmen auf unseren Systemen schaffen. All das wird gleichsam aus dem Nichts und unter höchstem Zeitdruck organisiert. Solche Deals setzen immer festgelegte Zeiträume – das sogenannte Closing – bei der Übergabe von Citigroup zu Wirecard voraus. Das kann nur klappen, wenn alles rundläuft. Davon sind wir jedoch ziemlich weit entfernt. Aslan avanciert immer stärker zum Schicksalsprojekt von Wirecard. Eigentlich müsste ständig mehr Geld in das Vorhaben gepumpt werden, damit es läuft. Doch im Vorstand gibt man sich sparsam – eines der größten Projekte der Wirecard-Story muss auf Sparflamme realisiert werden.

Dazu kommt: Statt tatsächlich Top-Profis mit langer Erfahrung in Asien einzusetzen, hält die Wirecard auch bei

Aslan konsequent am Konzept der Quereinsteiger fest. Produktchefin Susanne Steidl, als studierte Psychologin selbst fachfremd in der technischen Produktwelt, shuffelt das Aslan-Management weitgehend aus Ressourcen bestehender Abteilungen zusammen. Die neuen Chefs des Asien-Business verstehen die internen Strukturen des Unternehmens Wirecard, weil sie hier über Jahre oder Jahrzehnte tätig sind. Sie müssen sich in die komplexen Herausforderungen, die die Übernahme eines großen Händler-Portfolios stellt, jedoch erst einarbeiten. Das kostet Zeit und sorgt für Fehler.

Jan Marsalek ist indessen geistig längst aus dem Aslan-Konzept ausgestiegen. Das Mastermind des Deals gefällt sich in der Rolle als frostiger Beobachter von der Seitenlinie. Er kommentiert und kritisiert aus der Ferne die Performance der Wirecard-Manager, die ununterbrochen arbeiten, um ein durch und durch unausgegorenes Projekt am Ende irgendwie doch in die Tat umzusetzen.

Jan beginnt in den Jahren 2016 und 2017, allmählich von der Bildfläche in Aschheim zu verschwinden. Er ist nur noch sehr selten im Wirecard-Office, weil ihn starke Rückenschmerzen ausbremsen. Die vielen Nächte im Flugzeug waren vielleicht auch in der First Class nicht immer die gesündeste Entscheidung. Zudem konzentriert sich der schmerzgeplagte Vorstand jetzt immer offensichtlicher auf seine Privatgeschäfte, die er von diversen Büros außerhalb der Wirecard managt. Die Grenzen zwischen seinen unterschiedlichen Business-Aktivitäten sind nicht fließend. Sie sind aus Stahlbeton. Praktisch niemand in Aschheim weiß von den privaten Tätigkeiten des COOs. Die meisten waren nie in seiner Nebenwelt. Auch mich hat es in diese Zone nur selten verschlagen – immer dann, wenn Henry O'Sullivan das wollte. Jan selbst hätte mir nie so weit getraut.

Ich persönlich bin nicht wirklich traurig, dass Jan sich ab 2017 immer seltener bei mir meldet. Wir haben uns aneinander abgearbeitet. Das ist mein Eindruck. Wir sind voller Hoffnungen gestartet und Mal um Mal immer wieder gescheitert. Noch nicht einmal unsere Killerpräsentation – das Projekt seit den ersten Tagen Wirecard – habe ich abgeliefert. Ich bin für Jan eine Serie von Enttäuschungen. Das beruht absolut auf Gegenseitigkeit, Jan Marsalek. Schwamm drüber.

Der junge COO hat seit 2017 die Kreise um sich eng geschlossen. Er umgibt sich nur mit seiner engsten Clique von Vertrauten. Ähnlich wie Henry O'Sullivan. Der sitzt im riesigen Senjo-Office in Singapur meist allein herum. Nur einige wenige Vertraute lassen die beiden noch an sich heran.

Allen voran ist immer Brigitte mit ihrem Mann Carlos. Dem Ehepaar gehört das vollste Vertrauen aller Parteien. Speziell Brigitte hat in allen Stürmen der Vergangenheit stramm zu Jan gestanden. Sie trotzt jeder Anfeindung und liefert immer ab. Im digitalen Business erzielt sie Rekordumsätze vor allem mit Porno und Gambling. Stets von Kopf bis Fuß in Dior oder Tom Ford gekleidet, wird sie am Ende die asiatischen Aktivitäten der Wirecard von Singapur aus leiten. Ihr Mann Carlos bezieht ein schickes Office im Senjo-Gebäude. Er führt hier das Start-up Ocap. Die Wirecard unterstützt die unternehmerische Initiative ihres einstigen Managing Directors nach Kräften. Die Ocap erhält aus Aschheim unzureichend gesicherte Kredite in Höhe von über Hundert Millionen Euro. Was die Ocap mit die-

175

sem Geldsegen angefangen hat und warum die Summen flossen – all das gehört zu den großen Rätseln der Wirecard-Story.

Sicher ist nur, dass der charmante Henry O'Sullivan bei den meisten Aktivitäten von Wirecard in Asien immer wieder auftaucht. Natürlich wollen weder Henry noch Carlos oder Brigitte nach dem Zusammenbruch der Wirecard im Jahr 2020 irgendetwas mit dem ganzen Irrsinn rund um Jan Marsalek zu tun gehabt haben. Sie waren eben nur zufällig damals befreundet mit einem der jetzt meistgesuchten Kriminellen der Welt. Kann jedem mal passieren …

Dr. Markus Braun, der distinguierte Don des Wirecard-Imperiums, meidet das ganze Thema Asien, so gut es eben geht. Er reist meines Wissens nur einmal nach Singapur, weil der Aufsichtsrat einen Trip ins Mutterland des Wirecard-Wachstums angesetzt hat. Das ist auch so eine Art Irrsinn. Dass der CEO in seinem wichtigsten Markt des Unternehmens körperlich nahezu nie anwesend ist.

Für Markus sind die Deals in Singapur abgeschlossen, wenn die Tinte unter dem Vertrag getrocknet ist – einen Sinn für operative Problemstellungen hat auch der CEO der Wirecard nicht. Aslan, Bijli, Hermes – sobald die Pressemitteilung raus ist, ist das alles Geschichte.

Markus blickt vom vierten Stock des Firmengebäudes in Aschheim aus nicht zurück, sondern immer nach vorne in die Zukunft. Da ist ein Thema, dass ihn schon immer interessiert hat. Wie wäre es denn, wenn wir die frühere Porno-Bude tatsächlich in den Olymp der deutschen Wirtschaft, in den DAX führen würden? Das wäre ein Stunt ganz nach dem Geschmack des Máximo Líders.

Da sitzt Markus also und überblickt von seinem Büro aus das Alpenpanorama. Er streicht sich ständig über den Bauch, denn er kämpft, wie er nicht mehr verbergen kann, zunehmend mit Problemen im Magen-Darm-Bereich. Der Stress, die Hingabe, die ständigen Entscheidungen – große Führer sind offenbar am Ende immer einsam und haben Magenschmerzen.

30 bis 35 Prozent Wachstum gehören seit Jahren zum Standardprogramm der Wirecard. Das sind keine News mehr. Jetzt muss mal das ganz große Ding her, das uns auf direktem Weg in den DAX führt, denkt Markus und schreitet in meiner Vorstellung zu seinem Whiteboard. Er nimmt einen Stift in die Hand und schreibt in großen Lettern »Vision 2025«. Große Geister denken weit voraus …

6

Die Zukunft ruft an und niemand hebt ab

Dienstreise, irgendwo in Norddeutschland. Als wir am Firmensitz ankommen, entschuldigt sich die Mitarbeiterin am Empfang dafür, dass die Klimaanlage im ganzen Haus ausgefallen ist. Kein Problem, erklären wir und lächeln nachsichtig. Draußen ist es 35 Grad warm – es ist der heißeste Tag des Jahres 2016.

Zweieinhalb Stunden später lächelt niemand mehr. Die Luft im Meetingraum ist zum Schneiden. Es ist inzwischen so warm wie in einer finnischen Sauna. Dennoch trägt jeder der Anwesenden eisern Sakko, Hemd und Krawatte. Uns Payment-Superprofis aus Aschheim steht der Schweiß auf der Stirn. Die Kleidung klebt längst nass am Körper. Uns gegenüber sitzen fünf Mitarbeiter eines weltbekannten Discounters. Sie scheinen völlig immun gegen die Hitze zu sein. Der deutsche Lebensmitteleinzelhandel ist eben aus ganz anderem Holz geschnitzt als die globale Payment-Branche.

Das Team der Wirecard schwitzt, um den größtmöglichen Deal im europäischen Handel abzuschließen. Gemini lautet der Deckname des Projekts. Das ist der Plan: Wir etablieren eine eigene mobile Bezahllösung für den Discounter. Dabei starten wir mit purem Payment per Smartphone. Wir erweitern unser Angebot sukzessive um Rabattaktionen, Loyalty, Versicherungen und Kleinkredite. Wenn das klappt, steigt im preissensitiven Einzelhandel bald die größte Payment-Party aller Zeiten.

Weil alles Prio 1 ist, greift der Vertrieb der Wirecard auf den allseits beliebten Revenue Share zurück. Der Discounter bekommt die komplette Lösung von Wirecard schlüsselfertig ausgebaut für mindestens zwölf Monate for free. Danach greifen für die Endkunden des mobilen Bezahlsystems monatliche Gebühren. Diese Einnahmen teilen Gemini und Wirecard brüderlich. Keine Kosten in den ersten zwölf Monaten – das sollte Musik in den Ohren des technischen Einkaufs dieses Discounters sein. Doch die Manager des Konzerns sind betont emotionslos am Werk: Noch besser als kostengünstig wäre es doch, wenn die Wirecard etwas drauflegen würde für den ganzen Deal. Etwa in Form einer finanziellen Zuwendung als Marketingzuschuss. Da können wir absolut drüber reden. Denn bei der Wirecard ist ein Wert immer wichtiger als die Optimierung von Umsatz und Gewinn: der Aktienkurs. An ihm orientiert sich alles: die Laune des Vorstandsvorsitzenden als größter Einzelaktionär, die Wahrnehmung der Analysten, die Aufmerksamkeit der Medien, das Geld der Investoren und der Weg in den DAX.

Das probate Mittel, um den Aktienkurs in neue Sphären zu jagen, sind Pressemitteilungen. Deswegen ist Markus Braun, unser CEO, längst zum Junkie geworden. Alle zwei Tage braucht er einen neuen Release-Bang. Und der

Deal, über den wir hier und heute mit den Mitarbeitern von Gemini sprechen, ist reines Medien-Dynamit. Wir kooperieren mit einer der größten Handelsmarken der Welt. Erster Höhepunkt der Story. Tief durchatmen. Und weiter geht es: Wir haben Zugriff auf die Daten von Millionen Kunden.

Daten, das ist das Öl des 21. Jahrhunderts, das neue »Gold des digitalen Zeitalters«, der Super-Rohstoff aus dem die Milliarden-Euro-Träume gebastelt werden. Das ist die Champions League, in der die mächtigsten Unternehmen der Welt gegeneinander antreten: Facebook, Amazon, Apple und Google. Ein elitärer Zirkel, dem jetzt bald auch Wirecard angehört. Für diese kühne Vision kann man schon mal schwitzen.

Nach exakt drei Stunden ziehen die Manager-Roboter des Discounters ohne große Erklärungen ihre Sakkos aus. Sie tragen blütenweiße Hemden darunter, die wirken, als würden sie frisch aus dem Kleiderschrank kommen. Dann wendet sich der Chef der Discounter-Delegation im Stil einer kurzen offiziellen Erklärung an uns: Die Regelung, das Sakko nach drei Stunden im Meeting ausziehen zu dürfen, gilt selbstverständlich nur für intern. Das könnte jetzt ein richtig guter Witz sein, denke ich zunächst. Aber niemand lacht. Mein Hemd ist unter dem Blazer komplett aufgeweicht. Ich glaube nicht, dass es eine gute Idee wäre, hier und heute irgendetwas auszuziehen.

Der Gemini-Deal schreitet flott voran. Am Ende ist ein Memorandum of Understanding, ein sogenannter MoU, unterschriftsreif. Dieses Dokument legt die grundsätzliche Struktur des Geschäfts in groben Zügen fest. Da ist nur noch eine kleine Sache, die wir überstehen müssen.

Eine Präsentation vor deren wichtigsten Managern. Klingt easy nach der über Stunden währenden Hitzeschlacht.

Am Flughafen auf unseren Rückflug wartend, senden wir die Erfolgsmeldung in Richtung Dr. Braun. MoU mit Gemini kurz vor der Unterzeichnung. Die Weltherrschaft ist zum Greifen nahe. Markus Braun himself ist in Ekstase. »Sehr gut«, textet der CEO retour. Wahrscheinlich gönnt er sich dazu ein Extraschlückchen von seinem grünen Tee. So sieht das Partyprogramm aus im vierten Stock über den Dächern von Aschheim. Wenige Minuten pingt der Vorstand uns erneut: »Was ist mit dem Press Release?«, steht als Titel einer ansonsten leeren Mail da. Der Pressejunkie braucht einen neuen Schuss. Wir haben guten Stoff hier. »You know me. I'm your friend. Your main boy, thick and thin. I'm your Pusherman.«

Einige Wochen später sind wir wieder bei Gemini. Ich werde das Projekt heute präsentieren. So etwas ist eigentlich Standardprogramm beim Dealmaking. Bei diesen Massen-Meetings gibt es in der Regel einige bemühte Fragen, aber keine ernsthaften Schwierigkeiten. Auf dem Weg in den völlig überfüllten Besprechungsraum – dieses Mal mit funktionierender Klimaanlage – nimmt mich unser Ansprechpartner bei Gemini jedoch kurz zur Seite und erklärt, dass zahlreiche Mitglieder der Inhaberfamilien im Raum sind, um meinen Ausführungen zu lauschen. No pressure – das sind alles richtig coole junge Leute. Ich sehe mich vor der Präsentation im Raum um. Die versammelte Führungscrew von Gemini ist überwiegend männlich und gleichförmig durchstrukturiert. Alle tragen die gleichen grau-blauen Anzüge, dieselben Hemden, Stifte, Haarschnitte, Krawatten und Blöcke. Unter den grauen

Managern kann ich jedoch keine milliardenschweren Inhaber identifizieren. Das ist offenbar das Konzept bei der Sache, dass niemand optisch heraussticht.

Anyway: Ich beginne meine launigen Ausführungen zum Thema mobiles Bezahlen und datengetriebene Services in modernen Supermärkten und werde bis zum Schluss nicht ein einziges Mal unterbrochen. Der Chef-Sales von Wirecard nickt mir zustimmend zu – läuft hier. Ich will mich schon verabschieden, da steht ein junger Mann auf und hält sein betagtes Nokia-Handy Modell 3310 in die Höhe. »Was mache ich damit?«, fragt die Nachwuchskraft des Discounter-Managements. »Wie kann ich damit bezahlen?«

Nun, junger Padawan, auf ein offenes Wort: Im Konzept der Wirecard recyclest du dein Old-School-Phone fachgerecht gemäß den Bestimmungen des Elektroschrottgesetzes. Dann erwirbst du ein smartes, neues Android-Handy, das unter Android 4.0 läuft und installierst die Discounter-Bezahl-App. Diese App sieht aus wie eine Gemini-Lösung, aber in Wirklichkeit kommt die gesamte Technologie von Wirecard. Wir smarten Jungs aus Aschheim lassen dich zunächst durch einen Sicherheitscheck laufen, um dich besser kennenzulernen. Dann lädst du ausreichend Geld auf deinen Account, und schon läuft die Sache schön rund vor sich hin, und du kannst mit deinem Phone im Laden bezahlen. So funktioniert die Welt in der Wirecard-Vision. Im Jahr 2016 ist mobiles Bezahlen noch ein Thema für Early Adopters. In zwei Jahren wird es jedoch absoluter Mainstream sein, mit dem Smartphone zu bezahlen. Der junge Discounter-Manager blickt etwas ratlos auf sein Nokia 3310 und zuckt dann mit den Schultern.

Ich habe mich gut geschlagen, erklärt später unser Ansprechpartner im Konzern. Nur der junge Fragesteller – ausgerechnet der gehört zu den einflussreichsten Junior-Mitgliedern der Discounter-Dynastie. Ich könnte jetzt einen Schnaps gebrauchen. Gerne auch direkt aus dem Sortiment, das der preisbewusste Supermarkt immer so praktisch direkt neben der Kasse platziert …

Drei Tage später erklärt uns Gemini, dass das Projekt auf Eis liegt. Die geplante Umsetzung sei einfach nicht »demokratisch« genug. Denn von ihr profitieren nur vorwärtsgewandte High-Tech-Nasen mit ihren neuesten Super-Phones. Der MoU, die geplante Pressemitteilung, der ganze Big Bang – alles Schall und Rauch. Markus Braun ist supersauer. Er möchte zum äußersten Mittel greifen und erklärt sich bereit, nach Norddeutschland aufzubrechen, um mit dem Vorstand der Discounter-Seite ein vermittelndes Gespräch zu führen. Manchmal muss man einfach All-In gehen. Bei einem guten Tässchen grünen Tee würden die versammelten Milliardäre ihre Stressbäuche streicheln und die Dinge auf Augenhöhe richten. Doch in dem hochherrschaftlichen Villen-Ensemble der Inhaberfamilie, idyllisch irgendwo im Grünen gelegen, nimmt niemand den Hörer ab, als die Assistentin von Markus Braun durchklingelt. Die Zukunft ruft an und niemand hebt ab. So enden High-Tech-Träume.

Die Story von den datengetriebenen Services erzählt Markus Braun schon seit dem Beginn seiner Karriere bei Wirecard im Jahr 2002. Ob es das Fraud Management ist, die Zahlungsabwicklung oder die Zukunft des Banking –

immer geht es dem größten Tech-Visionär, den die Stadt Wien je hervorgebracht hat, um das ungeheure Potential, das bis dato ungenutzt auf den Servern schlummert: die Daten. Das ist wenig originell, aber immerhin recht konsequent. Markus gibt stets zu verstehen, dass er in den letzten 15 Jahren der Wirecard-Entwicklung immer nur fast schon autistisch einer Strategie folgt und diese technologisch antizipiert. Natürlich in der Überzeugung, dass der Markt den kühnen Plänen aus Aschheim irgendwann folgt.

Das sind so die ganz großen Kerngedanken des CEOs: Die Digitalisierung steckt in den Kinderschuhen, der Bezahlmarkt ist noch embryonal, und die Wirecard folgt einem Eisberg-Paradigma. Was man von außen sieht, ist nur die Spitze der Dinge. Unter dem Meeresspiegel gibt es durchaus noch zusätzliche Komplexität. Das ist schon ein irres Bild, wenn man es sich vom heutigen Standpunkt aus vergegenwärtigt.

Im Jahr 2016 bin ich nicht in der Lage, die Tiefe dieser Gedanken weiterzuentwickeln, kann ihnen jedoch einen passenden Rahmen geben. Also erstelle ich eine große, bunte, laute Präsentation zur Zukunft von Wirecard. Fiktionale Händler erklären reihenweise, wie sie mit unseren Services zusätzlichen Gewinn machen. Payment ist kein schierer Kostenfaktor mehr, sondern der entscheidende Treiber für das weltweite Business. Denn über Zahlungsdaten verstehen wir die Bedürfnisse der Kunden. Diese Wünsche machen wir in der Folge actionable – das heißt, wir sorgen für klickbare Services. Du denkst an Autos? Unsere Apps liefern den passenden Car-Content. Du isst gerne japanisch? Wir machen dir ein paar Vorschläge und geben Rabatte dazu. Du suchst ein Hotel? Unsere supersmarte App ist Bezahlinstrument und Hotelschlüssel zugleich. Das alles passiert in Echtzeit, basierend auf Machine Learning und Smart Data Analytics. Come on, SAP. Es ist Zeit für eine sexy neue Tech-Story an den deutschen Börsen.

Selbst Über-Kritiker Jan Marsalek findet diese Ideen cool. C-O-O-L: Diese vier Buchstaben markieren in etwa das Maximum der Begeisterungsskala des COOs. Vielen Dank, Jan. Manchmal gelingt auch mir ein lucky Präsentations-Punch.

Ja, und auch für CFO Burkhard Ley ist die Logik meiner Gedankenspiele für die Zukunft von Wirecard nachvollziehbar. Das ist insofern bemerkenswert, weil Burkhard mich sonst für einen ausgesprochenen Windbeutel zu halten scheint, der die ehrgeizigen Zielsetzungen der Gewinn- und Verlustrechnung nicht einlösen kann. In unregelmäßigen Abständen versuchen er und ich, unsere spürbare gegenseitige Abneigung in einem One-on-one-Meeting in eine positive Richtung zu kanalisieren. Aber das gelingt einfach nicht. Wir sind schlicht viel zu verschieden.

Burkhard erfüllt seine Rolle als Finanzvorstand der Wirecard in der Manier eines westfälischen Großgrundbesitzers der Jahrhundertwende. Hart in der Sache, nüchtern in der Analyse und klar in den Entscheidungen. Graf Burkhard von der Ley vom edelsten Solinger Landadel – sorry, den Adelstitel habe ich mir jetzt ausgedacht. Mal in Cord, mal in Loden, mal im frechen Glencheck-Muster gekleidet. Immer an seiner Seite Deputy CFO Stephan Egilmar Hartmann Freiherr von Erffa (das ist sein wirklicher Name!), seines Zeichens tatsächlich unter den ersten

100 möglichen Thronerben der britischen Queen. Wenn Jan Marsalek, einfach so als Bild, nur drei Gitarrenriffe kennt und Punk spielt und Markus Braun unter Tränen Opernarien trällert, dann ist Burkhard ein Countrysänger mit dunklem Bariton.

Wo wir schon bei der Musik sind: Auch der Vorgänger von Burkhard Ley im Amt des Wirecard-CFO hatte Ambitionen auf die Charts. Alexander Herbst, Leiter der Finanzabteilung von 2002 bis 2004, versuchte sich nach seiner Karriere bei Wirecard unter dem Pseudonym Alex Autumn einige Jahre lang ernsthaft als Rapper. Auf YouTube und MySpace konnte man die etwas ausbaufähigen Skills und leicht holprigen Reimflows des ehemaligen Finanzvorstands bewundern. Alex verließ das Unternehmen Gerüchten zufolge mit Wirecard-Aktien im zweistelligen Millionenwert im Gepäck. Falls das stimmen sollte, wäre das genug Geld für ernsthafte Ambitionen im Musikgeschäft. So schickte Alex seinen Haus-DJ Terrible auf einen ausgedehnten Trip durch die USA, um mögliche Kooperationspartner für ein gemeinsames Reimprojekt zu gewinnen.

Unvergesslich und ein ewiger Klassiker ist Alex' Megahit »Rapastronaut« aus dem Jahr 2008. Insgesamt 572 Klicks (Stand Manuskriptabgabe; Tendenz gaaaanz langsam steigend) und ein Comment sprechen eine deutliche Sprache zum Erfolg des No-Hit-Wonders, das noch heute auf YouTube zu bewundern ist. Zu soften Beats fährt Mr. Autumn mit dem Sportwagen durch verlassene Berliner Industriebrachen. Hat man so noch nie gesehen. Zu den Höhepunkten des Videos gehören Tanzeinlagen von zwei ansonsten ziemlich gelangweilten Models, die ständig an ihren superengen Outfits herumzupfen. Und dann danct auch Alex, der Rapastronaut, im Raumanzug, und fasst sich in den Schritt. Yo! Der ehemalige Finanzvorstand der Wirecard AG berlinert immer wieder die unsterbliche Hookline: »Alex Atumn der Rapastronaut grüßt alle Rapioten, wie ist die Luft da unten?« Mit den Worten »Allet klar? ... Ehre und Stärke« endet die Shortversion des Videos schließlich mysteriös. Wenn es eine Langversion gibt, möchte ich diese lieber nicht sehen.

Ok, die Geschichte des Hip-Hop wurde durch unseren ehemaligen Finanzvorstand nicht neu geschrieben. Die Rap-Karriere von Alexander Herbst erlebte auf seiner eigenen Hochzeit noch einen einsamen Höhepunkt. Dann verließen ihn die Beats. Alex konzentrierte sich künftig auf zwei Dinge, die er wirklich gut kann: Das Fahren von Autorennen sowie Deals mit der von ihm gegründeten Deutsche Payment mit schickem Office in Berlin-Charlottenburg.

Doch die Wirecard-Story ist für Alexander Herbst damit nicht vorbei. Im Gegenteil: In den Offices in Aschheim ist er immer wieder ein gern gesehener Gast. Besonders intensiv ist dabei sein Verhältnis zu Burkhard Ley. Es ist schon ein merkwürdiges Bild, wenn Burkhard in trauter Eintracht mit seinem Vorgänger durch die Straßen von Aschheim spaziert. Hier Alex mit der tief hängenden Jeans und dem Baseballcap der New York Yankees, so cool, dass man sich kaum wunderte, hätte er sich erst mal einen Joint zur Stärkung gerollt. Und neben ihm unser CFO mit der Anmutung eines distinguierten Pferdewirts aus Solingen.

Ein Mitarbeiter des Controllings wird mir später erklären, dass diese Treffen meist gegen Ende des Jahres stattfinden. Oft also dann, wenn die Wirecard neue Ideen und frische Impulse braucht, um ihr Jahresergebnis zu erreichen. Alex mit seinem Kundenportfolio aus der Deutschen Payment hat immer ein paar schlagkräftige Ideen für blitzschnelles Umsatzwachstum.

Solche Deals macht Burkhard nach eigenen Angaben auch gerne mit anderen Freunden aus Berlin. Oliver Samwer, Mitgründer und Vorstand von Rocket Internet, soll bereits bei seiner Banklehre bei Sal Oppenheim mit Herrn Ley zusammengearbeitet haben. So erzählt es dieser gerne – wenngleich sich über diese frühe Beziehung keinerlei Angaben im Netz finden.

Falls also stimmen sollte, was Ley behauptet, hätte das dann später die Kommunikation natürlich enorm erleichtert. Schon gibt es eine Reihe von Pressemitteilungen über die Zusammenarbeit der beiden Unternehmensgiganten. Bei diesen Deals geht das Geld immer recht lustig hin und her. Über Wandelanleihen leiht der CFO der Wirecard den Rocket-Start-ups Geld. Dieses fließt dann über Umsatzvereinbarungen zum nicht unbeträchtlichen Teil wieder zur Wirecard zurück. Deals vermutlich ganz nach Burkhard Leys Geschmack.

Der Herr Ley, der einzige Wirecard-Vorstand, den ich bis zum Schluss hartnäckig sieze, spielt noch in anderer Hinsicht eine führende Rolle im deutschen Wirtschaftsgeschehen. Er ist in gewisser Weise gleichsam der offizielle Totengräber oder zumindest eine Art Sterbebegleiter der Wirtschaft made in Germany. Ley war lange als CFO bei der Kirch-Gruppe tätig. Zwei Jahre nachdem er das Unternehmen verlassen hatte, tauchten Schulden in Höhe von

6,5 Milliarden Euro auf. In der Folge kam es zu einer der wildesten Insolvenzen der Nachkriegsgeschichte, ohne dass ihm jedoch Pflichtverletzungen vorgeworfen wurden. Ähnlich wiederholt sich das Geschehen bei Wirecard. Bis zum Dezember 2017 war Ley als CFO in Aschheim tätig. Zwei Jahre später toppt der Zusammenbruch der Wirecard sogar noch die Vorgänge bei Kirch. Chapeau, lieber Burkhard Ley, Gratulation. Sie sind die führende Finanzfachkraft, wenn es um rechtzeitige Abgänge vor gigantischen Pleiten geht.

Doch bis zum endgültigen Zusammenbruch der Wirecard ist es im Januar des Jahres 2017 noch etwas hin. Der CEO ist offenbar der Meinung, dass seine autistisch anmutenden Visionen, die er nunmehr seit 15 Jahren pflegt, jetzt reif für den Markt sind. Aus diesem Grund hat er wohl auch ein Meeting mit einem unserer größten Kunden aus dem Fashion-Bereich angesetzt. Ziel ist der Austausch über datengetriebene Services aus dem Hause Wirecard. Das Meeting findet bei uns in Aschheim statt, und ich habe natürlich meine Präsentationen dabei. Aber schnell ist klar, dass ich nicht dazu kommen werde, eine einzige Slide zu zeigen. Denn wenn Dr. Markus Braun im Meeting ist, dann *ist* Dr. Markus Braun das Meeting. Atemlos lauscht man seinen Ausführungen und Visionen.

Der versammelte Vorstand des Online-Mode-Riesen auf der Gegenseite des Besprechungstisches hat sich dem Anlass entsprechend mit der neuesten Business-Fashion ausgestattet, wirkt jedoch etwas angespannt, als der Wirecard-Vordenker eine halbe Stunde ohne Punkt und Komma über die Zukunft von datengetriebenen Services für den globalen Online-Einzelhandel spricht. Markus beleuchtet die Situation zunächst generell. Er führt aus, dass wir erst am Beginn des Marktes stehen und erklärt auch das Eisberg-Paradigma. Wir nähern uns allmählich dem Höhepunkt der Privat-Keynote, als plötzlich der Vorstand des Fashion-Konzerns aufsteht und Markus mitten im Satz unterbricht. Dieser sieht sich etwas verwirrt um. Er war noch nicht bei der ausführlichen Beschreibung des Service Offerings im Bereich Data Analytics angekommen. Aber vielleicht gibt es ja ein tiefgreifendes gesundheitliches Problem als Grund für diese jähe Unterbrechung. Etwa:»Entschuldigung, Dr. Braun, leider habe ich im Overload der Informationen einen Schlaganfall bekommen. Ich würde mich jetzt zum Krankenhaus begeben und mich dann in den nächsten Stunden noch mal bei Ihnen melden.«

Doch es gibt kein gesundheitliches Problem und keinen Schlaganfall: Der Vorstand des Modehauses entschuldigt sich für die Unterbrechung. Er findet ja im Prinzip alles superinteressant. Aber ein anderes Thema brennt ihm und seinen Kollegen nun doch etwas mehr unter den Fingern. Der Payment-Service der Wirecard hat am Black Friday mal wieder für einige Stunden nicht funktioniert. Das sei jetzt schon wiederholt vorgekommen. Dazu kommt: Beim Start des Fashion-Services in Frankreich war man etwas irritiert, als das Geschäft so gar nicht in Gang kommen wollte, bis die Techniker des Modehauses festgestellt haben, dass Wirecard alle französischen Kunden im Sicherheitscheck ablehnt. Solche operativen Themen würde man doch gerne voranstellen wollen, bevor man flott über die Zukunft plaudert.

191

Markus ist inzwischen deutlich irritiert. Das ist nicht die Richtung, die er für das Gespräch vorgesehen hatte. Er spricht über kleinere Herausforderungen, die in der täglichen Geschäftsabwicklung und bei voranschreitender Digitalisierung vorkommen können. Bedauerliche Folgen des noch embryonalen Marktes. Grund dieser Zusammenkunft sei jedoch das Thema Daten. Markus versucht, den unterbrochenen Fluss seiner Keynote wieder aufzunehmen. Der Fashion-Vorstand lässt jedoch nicht locker: »Am Black Friday konnten wir keine Transaktionen vornehmen, am Black Friday. Dann haben wir versucht, die Service-Mitarbeiter von Wirecard anzurufen, und niemand hat abgenommen. Am Black Friday.« Drei Mal betont der CEO den Stichtag, den Holy Grail des Online-Handels. An diesem Tag zählt jede Minute. Die Fashion-Jungs waren mehrere Stunden nicht in der Lage zu verkaufen. Das dürfte sie einige Hunderttausend Euro gekostet haben. Der Kopf von Dr. Markus Braun läuft jetzt leicht rot an, und er beginnt, mit der Hand in sanften Kreisen über seinen Bauch zu streichen. Das ist kein gutes Zeichen für eine kooperative Weiterführung unseres Gesprächs. Tatsächlich steht der Vorstandsvorsitzende der Wirecard schließlich auf, erklärt, dass er sich persönlich um den Fall kümmern wird und verlässt den Raum. Wichtige Termine erlauben keinen Aufschub. Ich bleibe mit den Fashion-Vorständen zurück. Will noch jemand meine Folien zum Thema Data-Management sehen? Nein? Vielleicht noch ein frischer Kaffee? Auch nicht. Ok. Die Herren der Gegenseite brechen genervt auf. Genug für heute.

Markus Braun ist Kritik nicht gewohnt, denn normalerweise gibt es kaum Widerspruch gegen die Ausführungen des Meisters. Der CEO der Wirecard funktioniert im Prinzip jedes Gespräch zu einem interaktiven Monolog um. Klar darf man an der einen oder anderen Stelle mit einem entschiedenen Nicken oder einem bejahenden Statement seine Erläuterungen akzentuieren. Aber im Prinzip spiegelt man den Flow des Vorstandsvorsitzenden. Das ist nicht weiter tragisch, weil Markus selbst sein eigener Proof of Concept ist. Er ist im Jahr 2017 der größte Einzelaktionär der Wirecard mit einem Vermögen von schätzungsweise 1,5 Milliarden Euro. Wir anderen sind keine Milliardäre, wir sind die ausführenden und zustimmenden Organe. So läuft das bei Wirecard, und so läuft es auch bei Tausenden von anderen Unternehmen weltweit.

Was bei uns vielleicht jedoch etwas anders ist: Der Gap zwischen der Vision für die Zukunft und der Realität des Tagesgeschäfts wird immer größer. Unsere technischen Systeme sind längst am Rand ihrer Kapazitäten angekommen. Über Firmenaufkäufe haben wir ein halbes Dutzend Payment-Plattformen erworben, die nun mühsam zusammengestöpselt werden. In der Welt der Hochtechnologie spricht man von Legacy-Systemen. Gemeint sind technisch überholte Insellösungen, die mühevoll am Laufen gehalten werden müssen, weil einzelne Kunden diese Lösungen nutzen. Im Chaos der unterschiedlichen Systeme und Untersysteme gehen all jene Synergien verloren, die bei Übernahmeaktivitäten eigentlich im Mittelpunkt stehen müssten.

Unsere Strategie bei Übernahmen von Firmen ist jedoch, dass wir keine Strategie haben. Immer wieder reisen die Manager eines von Wirecard übernommenen Unternehmens voller Elan und Power nach München. Sie erhoffen sich in der Zusammenarbeit mit uns neue Impulse für ihr Geschäft. Da sitzen sie also erwartungsfroh in den Besprechungsräumen in Aschheim in ihren besten Anzügen, mit ihren Top-Präsentationen und ihren Träumen von einer Zukunft in der Mega-Company.

Dann tauchen die Wirecard-Pros auf und signalisieren: Hey, alles hat seine Zeit. Wir in Aschheim sind eigentlich immer beschäftigt. So weicht der Enthusiasmus der Post-M&A-Zeit in der Regel schnell der Ernüchterung. Darauf folgen zunächst die Wut und dann die Resignation. Am Ende wurschteln sich Heerscharen von Top-Managern nach der Übernahme durch Wirecard mehr schlecht als recht durch die langjährigen Earn-out-Phasen. Solange das Geld fließt, ist alles ok. Das ist so etwas wie das inoffizielle Wirecard-Motto Nummer 1.

Motto Nummer 2 lautet: Alles brennt eigentlich immer an allen Ecken und Enden. Denn es gibt viele Königreiche in der Technologiewelt der Wirecard und kaum Kommunikation oder gemeinsame Standards. Jeder werkelt vor sich hin und versucht zu überleben. Unsere alte Bezahlplattform heißt Payment Gateway – und man munkelt, dass nur zwei Mitarbeiter im Unternehmen überhaupt in der Lage sind, das betagte Software-Schätzchen zum Laufen zu bringen. Die neue Payment-Plattform, die Elastic Engine genannt wird, kommt indessen nur schwer in die Gänge, auch weil der Vorstand mit immer neuen Nebenprojekten und kundenspezifischen Anforderungen entscheidende Kapazitäten und jeden echten Fortschritt blockiert.

Erschwerend kommt hinzu: Je größer die Wirecard-Story vom sagenhaften Wachstum wird, desto härter formulieren die Medien Kritik am Geschäftsmodell und am Reporting. Waren es im Jahr 2008 noch rührige Blogs, die versuchten, den Wirecard-Mythos zu entschlüsseln, nehmen im Jahr 2017 die Schwergewichte der Wirtschaftspresse das Unternehmen ins Visier. So veröffentlicht das Manager Magazin unter dem Titel »Das 250-Millionen-Euro-Rätsel des Börsenwunders Wirecard« einen langen Report über die Bilanz, an der »selbst Analysten verzweifeln«. Im Kern geht es bei dieser Berichterstattung zum ersten Mal um jene Third-Party-Partner, die dem Konzern aus Aschheim im Ausland enorme Umsätze liefern. Das funktioniert in etwa so: Weil die Wirecard in bestimmten Märkten über keine Lizenz verfügt, arbeitet der Konzern mit lokalen Partnern zusammen. Bei diesen Geschäften entstehen gewaltige rollierende Sicherheitseinbehalte, die auf Wirecard-Konten geparkt werden. Im Jahr 2017 ist die Summe laut Bilanz bei 250 Millionen Euro angekommen. Dieses Geld, so argumentiert das Manager Magazin, sei »zentral für das Verständnis der gesamten Blackbox Wirecard«. Denn die Wirecard nennt die Namen ihrer geheimnisvollen Partnerbanken und Payment-Unternehmen nicht, die die profitträchtigen Megadeals für den Konzern aus Aschheim abwickeln. Das Manager Magazin befragt dazu einige führende Analysten für das Thema Wirecard. In sympathischer Offenheit schreibt einer der Investment-Profis dem Magazin zurück, dass das alles »viel zu tiefgründig sei«.

Dieses Statement kann man getrost als Motto jener Beziehungen werten, die die Wirecard mit Analysten und Investoren pflegt. Es ist alles im Prinzip immer tiefgründig und kompliziert. Deswegen konzentriert man sich auf das vordergründigste Thema von allen: Das ist die Wachstumsgeschichte.

Ich selbst stehe oft unmittelbar an der Schnittstelle der Kommunikation zwischen Analysten und Wirecard. Markus Braun möchte den Herrn Börsenprofis nach seinen eigenen Ausführungen noch gerne einige Vorzeigeprodukte vorstellen, und das ist dann meine Aufgabe. So haben ich und mein Team vom Jahr 2016 an über Jahre jede Woche mehrere Treffen mit den Analysten der großen weiten Finanzwelt. Wir zeigen kontaktlose Zahlungen, datengetriebene Services und innovative Kundenprojekte. Zu Beginn dieses Nebenjobs ist meine Nervosität groß. Schließlich eilen alle bedeutenden Namen nach Aschheim. Von Goldman Sachs und Morgan Stanley über die Analysten der Deutschen Bank bis hin zu den Profis der UBS. Schnell stellt sich im Umgang mit den stets adrett gekleideten Bankern jedoch heraus, dass kein Wissen um die technologischen Herausforderungen im Payment vorhanden ist. Das sage ich jetzt in aller Offenheit. Niemand hat irgendeinen Schimmer vom Bezahlen, von Banking oder von der Datenverarbeitung. Zero, null, niente. Es wird viel gestaunt in dem Showroom, wo die Wirecard ihre neuesten Produktschätzchen zeigt, es wird verständnisvoll genickt, ja, manchmal auch frech zurückgefragt, aber im Grunde ist das alles reine Komödie.

Eines der bekanntesten Zitate von Aktienguru Warren Buffett lautet: »Investiere nur in eine Aktie, deren Geschäft du auch verstehst.« Bei Wirecard investieren Banken und Anleger jedoch nicht in ein Geschäftsfeld oder eine Technologie, sondern in die Aussicht einer scheinbar niemals endenden Wachstumsstory. Es war eine erstaunliche Erfahrung zu sehen, mit welchem Wissensstand die Analysten abrücken, bevor sie dann ihre Prognosen für künftige Kursziele abfeuern. 155 Euro, 200 Euro, 225 Euro – »The Sky is the Limit« für den Konzern aus Aschheim.

Markus Braun versteht es glänzend, die Erwartungen der Anleger, Analysten und Investoren mit immer neuen Storylines zu befeuern. Im Mittelpunkt steht dabei häufig das einzige echte Consumer-Produkt der Wirecard, eine digitale Payment-App namens Boon, das Baby des Vorstandsvorsitzenden himself. Er hat das Produkt konzipiert, sich sogar den Namen ausgedacht, und er positioniert die Boon-Welt als Gegenmodell zum traditionellen Banking. Die App startet zunächst mit limitierten Angeboten als volldigitales Bezahlinstrument, in dessen Mittelpunkt eine virtuelle Kreditkarte steht. Das ist jetzt nicht besonders innovativ. Wir bauen das Produktversprechen sukzessive mit einigen neuen Features weiter auf.

Aber Boon dümpelt im Fahrwasser der flotten Neo-Banken wie N26 oder Revolut eher mäßig erfolgreich vor sich hin. Der Knackpunkt ist: Die großen Start-ups in diesem Bereich investieren Millionen in Nutzerführung und Marketing. Bei Wirecard ist man jedoch stets der Meinung, dass die Kunden eigentlich auch ohne Werbemaßnahmen Schlange stehen und um Eintritt in die große bunte Boon-Welt bitten müssten. Wir hatten das Thema in der Vergangenheit schon öfter. Markus Braun ist davon überzeugt, dass sich Produkte gleichsam im Alleingang verkaufen, wenn die Voraussetzungen stimmen.

Nach außen klappt das anfangs noch ganz gut. Weil Apple und Google bei ihren Payment-Bestrebungen in Europa ein Backup-Produkt benötigen, wird Boon integrativer Teil von Apple Wallet und Android Pay. Das sind tolle Pressemitteilungen. Doch der eigentliche Service von Boon ist komplett austauschbar, und so nutzen nur wenige Kunden das Produkt.

Nach innen wird die Performance von Boon wie ein Staatsgeheimnis behandelt. Die tatsächlichen Zahlen sieht bei Wirecard kaum ein Mitarbeiter. Ich stolpere eher zufällig über ein paar Kerndaten, weil Markus Braun plant, dass meine Abteilung Zusatzservices für Boon etablieren soll. Als ich 2017 erstmals die monatlichen Nutzungszahlen von wenigen Zehntausend Transaktionen sehe, denke ich zuerst an einen Fehler in der Darstellung. Eventuell hat man ja irgendwo eine Null vergessen. Das stellt sich jedoch als eine sehr optimistische Einschätzung heraus. Das Produkt ist in Wirklichkeit ein ambitionierter Rohrkrepierer.

Kein Problem eigentlich, solche Geschichten passieren überall. Selbst Google und Amazon schießen reihenweise Anwendungen ab, wenn sie nicht skalieren. Doch Markus hat Boon in seinen Keynotes und in seinen Corporate Statements zum Schlüsselprodukt hochgejazzt. Die App aus dem Hause Wirecard soll langfristig das Schicksal der traditionellen Banken in Deutschland besiegeln. Denn Boon verbindet in Dr. Brauns Vision sämtliche Banking Services mit datengetriebenen Zusatzdiensten. Jede Interaktion auf Boon soll in Zukunft mit einer eigenen Währung – den sogenannten Boon-Coins – verknüpft werden. Diese Blockchain-Währung akzeptieren die weltweiten Wirecard-Händler zum Selbstkostenpreis. Im Gegenzug treiben ausgefuchste Datenmodelle das Wachstum des Handels an. Das Lieblingsbild von Markus Braun entsteht: Ein sich selbst verstärkendes Mega-win-win-Szenario.

Die Sache hat nur einen kleinen Schönheitsfehler: Mein Team für datengetriebene Services hat im Jahr 2017 ganze fünf Mitarbeiter. Ich wiederhole noch einmal zum besseren Verständnis: fünf Mitarbeiter. Davon sind zwei ausgebildete Data Scientists. Nur so zum Vergleich: Bei Google oder Amazon arbeiten Zehntausende von Datenspezialisten.

Doch jeder Versuch, Markus Braun auch personalpolitisch zu mehr Engagement im Data-Bereich zu motivieren, scheitert krachend. Der Chef will die Zukunft erreichen, ohne große Investitionen vorzunehmen. Alles muss immer wie von selbst funktionieren und darf auf keinen Fall mit zu viel Aufwand verbunden sein: Boon, Data, Blockchain oder chinesische Bezahlverfahren – primäres Ziel aller Anstrengungen ist stets die initiale Pressemitteilung. Danach wird es in der Regel düster. So stapeln sich in meiner Inbox in immer schnellerem Turnus die Anfragen für Press Releases. Mal geht es um Kunden, die noch keinen Vertrag unterschrieben haben, mal um komplexe Produkte wie Blockchain-Währungen, zu denen es bislang nur einige sehr einfache Ausführungen gibt. Der Druck steigt. Die Damen der Presseabteilung rotieren im Schichtbetrieb. Und Markus schreibt Mail um Mail mit Rückfragen nach Pressemitteilungen. Wo bleibt die Vodafone-News, wann geht Gemini mit einer PR live, wie weit ist Alipay, was ist mit Blockchain? Morgen früh wäre ein guter Zeitpunkt für eine Pressemitteilung, Ende der Woche reicht auch, nächsten Montag ist zu eng.

Mein Team hat mittlerweile eine gewisse Routine entwickelt, wenn es darum geht, Kunden ohne deren Support für ein Press Release zu gewinnen. Wir verklausulieren das Thema Pressemeldung in unseren Mails weitgehend und beziehen jedes Ok im Nachrichtenverlauf auch auf mögliche PR-Veröffentlichungen. So haben wir immer einen Vorrat von nicht abgestimmten PR Releases für den Fall des Falles auf Halde. Denn mein persönliches Panikszenario ist der nächtliche Anruf vom CEO, der mir erklärt, morgen früh eine Pressemitteilung zu brauchen.

Mit der Zeit wird es immer wilder. Markus will zu jedem Projekt eine konkrete Umsatzerwartung in die Pressemitteilung aufnehmen. Er macht mir mehrfach klar, dass alles unter 100 Millionen zusätzlicher Umsatz im Jahr keine Relevanz für ihn hat. »Balls on the chopping block, wie das in Englisch so schön heißt, mein lieber Jörn«, erklärt der CEO mir bei einer Gelegenheit. Am Ende liefert Wirecard an jedem Wochentag ein neues Press Release. Das dürfte locker für die Deutsche und die Europäische Meisterschaft in der Pressekommunikation reichen. Deutsche Meisterin bei den Pressemeldungen – dieser inoffizielle Titel gehört dir, Jana, Chefin vom Wirecard PR-Team. Ich weiß echt nicht, wie du diesen Druck über all die Jahre ausgehalten hast.

Parallel zu den klassischen Presseaussendungen entdeckt Markus Braun im Jahr 2017 die Möglichkeiten, die der Nachrichtendienst Twitter liefert. Wenn die größten Tech-Götter der Welt sich auf (damals noch) 140 Zeichen austauschen, wäre diese Nachrichtenplattform doch auch etwas für den Master der bundesdeutschen Digitalindustrie. Der CEO aus Aschheim lässt sich jedoch nicht zu höchstpersönlichen Twitter-Statements hinreißen. Er baut vielmehr ein Team auf, das für ihn Tweets in Serie produziert und formiert ein internes Komitee, das über die Effizienz und Klarheit dieser Aussagen wacht.

So komme auch ich in den Genuss, jede Woche eine Mail mit potentiellen Tweets für die kommende Woche absegnen zu müssen. Dabei geht es im Kern immer um sorgfältig polierte Kommentare zu Entwicklungen in vorwärtsgewandten Bereichen wie Big Data, Blockchain oder Quantum Computing. Ein Statement über ein »great achievement« oder einen »new view« und ein dazugehöriger Link. Das ist die Twitter-Magic von Markus Braun. In schöner Serie vorproduziert und immer am Montag ausgeliefert für die komplette Woche. So schnell, praktisch und glatt geht Social Media.

Natürlich setzt sich Markus auch mit Keynotes und Panels auf den großen Tech-Events auseinander. Doch der CEO aus Aschheim fühlt sich bei solchen Veranstaltungen ersichtlich nicht besonders wohl. Er mag allem Anschein nach keine Menschenmassen und wird wohl wissen, dass sein Bild auf den großen Screens nicht gut rüberkommt. Sein Gesicht wirkt immer etwas zu deprimiert und angestrengt, die Haut glänzt, und sein Englisch hat diesen harten österreichischen Akzent.

Das könnte dem CEO eigentlich alles egal sein. Jan Marsalek hält schließlich in seinem ganzen Leben nicht eine Keynote. Aber Markus ist nicht ganz frei von gewissen Eitelkeiten. Und er kann mit den Events seinen eigenen Marktwert untermauern.

Deswegen gibt es immer Riesendiskussionen, wenn mal wieder eine Tech-Konferenz ansteht. Überaus kritisch checkt der CEO jedes Mal die Rahmenbedingungen des Events. Wer ist überhaupt da, wer steht auf der Bühne?

Mark Zuckerberg? Na ja, dessen Social-Media-Kram ist eher auf dem absteigenden Ast. Der Chef von Microsoft Deutschland? Auch so ein nationaler Erfüllungsgehilfe einer kriselnden Tech-Bude aus den USA. Besser wäre es doch, wenn etwa Jack Ma, der milliardenschwere Chef der chinesischen Firma Alibaba oder auch Pony Ma, CEO von WeChat, auf einem Panel neben Markus sitzen und über die Zukunft der Digitalisierung und das Eisberg-Paradigma plaudern würden. »Yes, Mr. Braun, global digitalisation is just about to start – a very, very good point.«

Doch diese Konstellation ergibt sich nicht, weswegen Markus eine recht angespannte On-Off-Beziehung zu den Events hat. Mal beschließt er zu kommen, dann wieder sagt er kurzfristig ab, wenn er die Liste der Teilnehmer des Panels studiert hat. Er windet sich, er hinterfragt, er will sich nicht festlegen, er möchte sich nicht unter Wert verkaufen. All das ist Stress für ihn, und Stress hat er schon genug mit dem ganzen Wirecard-Management, das er in der Regel von Dienstagvormittag bis Donnerstagnachmittag abarbeitet. Danach und davor ist für den CEO Me-Time in Wien.

Das ganze operative Geschehen bei Wirecard möchte Markus wohl am liebsten weitgehend ausblenden. Er limitiert die Anzahl seiner persönlichen Kontakte auf das Minimum. Höchstens 15 bis 20 Mitarbeiter haben Zugang zu ihm. Die anderen sehen den Chef eigentlich nur bei seinen launigen Reden auf Sommerfesten und Weihnachtsfeiern. Der Zugang zum CEO ist vor diesem Hintergrund Teil der strategischen Karriereplanung einiger ambitionierter Kollegen. Diese wittern bei den wenigen Wirecard-Festivitäten die Chance auf ein ungezwungenes

Gespräch mit dem Chef. Deswegen umkreist ihn stets ein Rudel ehrgeiziger Manager, wobei er sich mit den Damen der PR- und Social-Media-Abteilung nach Kräften vom Fußvolk abschirmt. Wie Haie stoßen die zum äußersten entschlossenen Führungskräfte der Wirecard zu, wenn sich in den Reihen rund um Markus Braun zufällig einmal eine Lücke auftut.

Einige wenige Mitarbeiter setzen jedoch auf weit subtilere Strategien. So kommt der Chef des Produktmanagements ursprünglich aus einem meiner Teams. Nach seiner Beförderung zum Executive Vice President besteht der politisch stets clever agierende Manager zum allgemeinen Entsetzen auf ein Büro im Vorstandstrakt im vierten Stock des Wirecard-Hauptgebäudes. Hier sind eigentlich nur die Lieblingsabteilungen von Markus Braun zu Hause: die cleveren Damen von PR, IR (Investor Relations) und Social Media. Der junge Produktchef setzt sich nach einem kurzen Blitzkrieg mit Investor Relations am Ende durch und bezieht ein Minibüro im unmittelbaren Umfeld von Markus Braun. Dann stellt er eine junge Assistentin an, die aussieht, als wäre sie die moderne Reinkarnation von Schneewittchen. Lange schwarze Haare, tiefrot geschminkter Mund, weit ausgeschnittene Blusen. Sollte das etwa Kalkül gewesen sein, dann geht die etwas vordergründige Rechnung jedenfalls glänzend auf: Wohin führt Markus Brauns etwas schleppender Gang, wenn er mal wieder über die großen Probleme der digitalen Menschheitsgeschichte nachdenkt? Exakt, direkt in das Office, über das die adrette Märchenprinzessin wacht. Mein ehemaliger Mitarbeiter avanciert nicht zuletzt auf diese Art und Weise zum wichtigsten Einflussgeber des

CEO. Sein junges Schneewittchen wird einige Male auch bei geschäftlichen Abendessen des Vorstandsvorsitzenden im privaten Umfeld gesehen. So könnte also strategische Karriereplanung bei Wirecard aussehen. Immer wieder Win-win – auch so ein heimliches Wirecard-Motto.

Im Jahr 2018 wird der lang gehegte Traum von Dr. Markus Braun endlich wahr. Obwohl die Medien permanent kritisch über die Bilanzierung berichten, erfüllt die Wirecard die wichtigsten Kriterien für den Einzug in den DAX. Der Börsenumsatz und die Marktkapitalisierung des Konzerns sind denen der übrigen börsennotierten Unternehmen deutlich überlegen. Die Wirecard ist plötzlich mehr wert als die Deutsche Bank oder die Lufthansa. Um die Sache richtig rund zu machen, fliegt die Commerzbank aus dem DAX und macht den Platz frei für Wirecard.

Das ist die Story, auf die alle Medien plötzlich für zwei bis drei Monate umschwenken: Der digitale No-Name-Konzern überflügelt und verdrängt mit innovativen Produkten die behäbigen, alteingesessenen Banken. Das ist Zeitenwende, das ist Wachablösung, und das ist auch das entscheidende Signal: Deutschland hat endlich wieder Tech-Weltklassespieler am Start. Markus Braun prangt plötzlich als »Manager des Jahres« auf den Titelseiten der Wirtschaftspresse. Jeder will mit einem Mal Teil der Wirecard-Story sein.

In unserem kleinen Showroom mit den Wirecard-Innovationen dürfen wir sie alle begrüßen: Die C-Level-Abordnungen der Commerzbank, der Deutschen Bank, der UBS und der Sparkassen. In sorgfältig austarierten Reihen parken die Fahrer der Vorstände ihre Audi-A8-Limousinen vor dem Firmengelände der Wirecard ein. Es gilt, sich einmal selbst ein Bild vom neuen Börsenstar und seinen technologischen Errungenschaften zu machen.

Auch auf privater Ebene reißen die Glückwünsche nicht ab. Jeder sucht plötzlich Zugang zum Unternehmen – alle wollen Teil der Story sein. Wie sieht die kleine Gruppe der altgedienten Wirecard-Mitarbeiter die Entwicklung? Wenig euphorisch, ganz ehrlich gesagt. Der plötzliche Rummel irritiert uns.

Warum ich nicht etwas stolzer bin auf das Unternehmen, bei dem ich arbeite, fragen mich jetzt reihenweise neue Mitarbeiter, die mit großer Euphorie beim DAX-Unternehmen andocken. Ich habe bei der ganzen Party ein zunehmend schlechtes Gefühl, könnte ich antworten. Das Ganze wird zu groß, zu prominent und zu wild. Aber ich behalte diese persönliche Einschätzung für mich. Ich beginne stattdessen, Anfragen von Headhuntern zu beantworten und strecke meine Fühler nach neuen Herausforderungen aus. Das wäre jetzt ein guter Zeitpunkt für eine Challenge in einem anderen Unternehmen, denke ich. Aber am Ende bleibe ich doch.

Das Board von Wirecard spielt die DAX-Geschichte nicht dramatisch hoch. Man geht betont lässig mit dem gesamten Themenkomplex um. Jetzt steht keine Super-Party an – es gibt stattdessen Cupcakes mit Wirecard-Logo im internen Meeting-Bereich. Markus Braun will es auch damit nicht übertreiben: In der Mail zum DAX-Einstieg betont sein Team, dass es nicht genug DAX–Cupcakes für alle Mitarbeiter gibt. First come, first serve.

Nach außen und nach innen gibt der CEO darüber hinaus die Devise aus, dass der Einzug in den DAX für uns nur ein Zwischenschritt ist. »Stolz ist ein Thema für die Rückschau«, erklärt Markus gegenüber den Medien. »Wir schauen stark nach vorne.« Auch in der internen Kommunikation kann man nicht wirklich von euphorischen Gefühlsausbrüchen sprechen. »Dear all«, beginnt die Juhu-Mail des CEOs und führt auf fünf Zeilen knochentrocken aus, dass wir die erste technologische Wachstumsfirma (first technology growth company – eine geniale Wortschöpfung der Pressedamen) sind, die in den DAX einzieht. Das Ganze wertet Markus jedoch lässig als Zwischenschritt zu weit größeren Entwicklungen. »Be Proud!«, mit zwei dürren Worten enden die internen Ausführungen zum DAX-Eintritt am 6. September 2018.

Wenn Menschen rückblickend aus der Zeit der Post-Insolvenz über Wirecard sprechen, dann mutmaßen sie häufig darüber, wie es für Markus Braun wohl möglich war, selbstbewusst nach außen eine Firma zu vertreten, in der es im Innern vor sich hin brodelte. Ich kann diese Frage nicht beantworten. Denn nur ganz selten ließ sich Markus zu einer persönlichen Bemerkung hinreißen. Er plauderte mit mir gerne über die österreichische Politik, über seine Gedanken für ein neues Steuersystem oder über Technologie made in China – aber in all den Jahren unserer Zusammenarbeit hat er nie über seine Gefühle gesprochen.

Ich habe eine Theorie zu diesem Thema. Die lautet: Markus und Jan konnten in dieser Art und Weise handeln, weil sie keinen Blueprint für echte, nachhaltige Unternehmensführung hatten. Beide haben ihre Karrieren mehr oder weniger bei der Wirecard begonnen. Sie waren nie in anderen Banken oder bei anderen Finanzdienstleistern tätig. Sie werden den Markt betrachtet haben, mit all den Diesel-Skandalen, Finanzkrisen, Geldwäschevorwürfen gegen Großbanken – und sie werden wahrscheinlich gedacht haben, dass man so eben Geschäfte macht. Indem man bestimmte Bereiche ignoriert und andere komplett ausblendet.

Überall gibt es in der weltweiten Wirtschaft schließlich dieses Abdriften ins Gräuliche, ins Halblegale bis ins Illegale. Wahrscheinlich haben beide angenommen, dass solche Übergänge einfach zum Geschäftsalltag gehören. Globale Geldströme, technisch überholte Banksysteme und zumindest halbkriminelle Absichten. Alles schon einmal in anderem Kontext, bei anderen Playern gehört. Alles irgendwie »the new normal« für Jan und Markus?

Jetzt gibt es aber ein Element, das mir und anderen Mitarbeitern und auch Beobachtern der Firma Wirecard immer ein Rätsel bleiben wird. Und das ist der ungeheure Vorwärtsdrang von Markus Braun, der sich nie mit einem Status quo zufriedengab, sondern immer noch einen Riesenschritt weitergehen wollte. Warum?

Das beste Beispiel dafür stellt die Vision 2025 dar, die Markus Braun am 9. Oktober des Jahres 2018, also exakt einen Monat nach dem Einzug in den DAX, in London vorstellt. Wer denkt im Jahr 2018 über die Zukunft im Jahr 2025 nach? Von 2018 bis 2025 sind es sieben volle Jahre. In sieben Jahren sterben in der Tech-Welt ganze Branchen aus, und einstige Marktführer werden zu Grabe getragen.

Doch der CEO der Wirecard will Zukunftsgeschichte schreiben. Markus hat nicht nur eine Vision als Ziel. Im

Stile eines Tech-Propheten möchte der CEO die Umsatzerlöse der Wirecard bis zum Jahr 2025 auf den Euro
genau vorhersagen.

Wie kommt man zu solchen doch recht komplexen Zu-
kunftsszenarien? Welche Analysen nutzt man? Wie viele
Consultants von McKinsey oder Accenture rechnen wo-
chenlang für Markus Braun? Ich kann diese Fragen einfach, kurz und prägnant beantworten: Niemand rechnet
für Markus, niemand stellt ein Tool bereit, und niemand
aus der Consulting-Branche bekommt einen Auftrag. Es
ist alles pure Markus-Braun-Logik.

Mich ereilt die Vision 2025 an einem Sonntagnachmittag
im September des Jahres 2018, als ich mit meiner Familie
eine Wanderung mache. Markus ruft mich auf dem Handy
an. Ob jetzt ein guter Zeitpunkt wäre, fragt der CEO und
beantwortet sich die Frage selbst, indem er gleich weiterre-
det, ohne eine Entgegnung abzuwarten. Die Kernfrage seiner Ausführungen lautet, ob ich es generell für zu ehrgeizig
halten würde, wenn wir die Prognose für Wirecard bis zum
Jahr 2025 auf ein Transaktionsvolumen von 710 Milliarden Euro steigern würden? Ok, kurz mal überlegen. Wir
machen aktuell 91 Milliarden Transaktionsvolumen – dieser Wert wächst bis 2025 um mehr als 600 Milliarden. Ich
meine, ja Markus, das ist mal eine Ansage.

Doch die ganze Vision ist für Markus ein reines Re-
chenexempel. Wir müssen beim Transaktionsvolumen in
jedem Jahr etwa 30 bis 50 Prozent drauflegen, wenn das
passen soll. »Das klappt doch eigentlich schon jetzt Jahr
für Jahr«, stellt der CEO der Wirecard fest.

Dazu kommt: Bis zum Jahr 2025 boomt unser E-Pos-
System, das auf magische Art und Weise den Handel in

den Kategorien Online, Mobile und Point of Sale revolutioniert. Wir setzen darüber hinaus auf datengetriebene Services, die Händlern völlig neue Möglichkeiten zur Umsatzsteigerung liefern. Markus denkt da an meine Präsentation zum Thema und erklärt:»Willkommen im Team, das die Vision 2025 baut.«

Meine Kinder und meine Frau sind auf einem steilen Pfad einen Bergwald hinaufgegangen. Ich bin auf einem abgesägten Holzstumpf mitten im Nirgendwo sitzen geblieben und telefoniere mit Markus Braun. Der feuert ständig neue Zahlen für 2025 ab: 10 Milliarden Umsatz; 3,3 Milliarden Gewinn; 100 Milliarden Börsenwert. Willkommen in der Zukunft. Willkommen in der Welt des DAX. Willkommen bei den ganz großen Zahlen. Der Regen setzt ein. Mir wird langsam kalt. Meine Frau ist nicht glücklich über mein Zurückbleiben, sie ist nicht happy, dass Markus Braun sich am Sonntag bei mir meldet, nicht begeistert über mein ganzes Engagement in Aschheim und ruft mich ungeduldig:»Jetzt komm endlich!« Da liegt eine große Wut in ihrer Stimme, eine Wut auf die Art und Weise, wie mich Aschheim aufgesaugt hat und nun nicht mehr freigibt. Markus verspricht, sich später noch einmal bei mir zu melden und legt auf. Für einen Moment genieße ich die Stille und atme ganz tief durch. Dann stehe ich auf, schalte das Handy aus und steige Schritt für Schritt hinter meiner Familie den Berg hinauf ...

7

Keep calm and carry on with billions

Der 9. Oktober des Jahres 2018 steht im Zeichen der Vision. Wir laden handverlesene Analysten und Wirtschaftsjournalisten zum Innovation Day nach London ein, um dort vor diesem externen Publikum unsere Vision der Wirecard AG im Jahr 2025 zu präsentieren. Die Show findet in einem schicken Business-Loft im Finanzviertel statt. Aus den riesigen Fensterfronten sieht man weit über die britische Hauptstadt: von den Hochhäusern der City über die Themse bis rüber zur Tower Bridge. Selbst Gäste, die aus London stammen, zücken hier ihre Handy-Kameras.

Wirecard ist mit einer ganzen Legion von Mitarbeitern angereist. Die Abteilungen Presse, Investor Relations, Marketing und Social Media sind nahezu vollständig vertreten. Angeführt wird die kommunikative Supertruppe von den beiden Vorständen Markus Braun und Susanne Steidl.

Auch ich bin in London mit am Start. Denn Markus und Susanne haben mich erst kürzlich zum globalen Innovationschef ernannt. In dieser Position darf ich natürlich am

Innovation Day nicht fehlen. In der britischen Hauptstadt soll ich eine mitreißende Keynote zu den weit gefassten Themenkreisen »Data Analytics, Smart Finance und Blockchain« halten. Und natürlich präsentiere ich auch all die funky Showcases und Prototypen, die die Wirecard extra nach London gekarrt hat, um etwas High-Tech-Feenstaub über die ganze Veranstaltung zu streuen.

In den Tagen zuvor habe ich in Aschheim gemeinsam mit den Kollegen von Group Strategy an jener Präsentation herumgebastelt, die Markus Braun in London unter dem Titel »Strategic Outlook« halten wird. Der CEO wird seine Gedankenspiele in PowerPoint bei den Megatrends beginnen, die das Geschehen rund um Wirecard prägen: von der Cashless World bis zur Artificial Intelligence. Schnell schaut die Präsentation noch beim Lieblingsthema des Vorstandsvorsitzenden vorbei: Boon als globaler Bankenkiller darf in keinem Deck fehlen. Dann nimmt Markus allmählich Kurs auf den Höhepunkt seiner Ausführungen. Jeder Händler, der mit Wirecard zusammenarbeitet, erzielt Zuwächse bei Umsatz und Gewinn. Payment ist kein reiner Kostenfaktor mehr – Zahlungsabwicklung ist ein Wachstumstreiber. 5 Prozent Plus sind dem Händler so gut wie garantiert, sobald die Tinte unter dem Wirecard-Vertrag trocken ist. Eigentlich müssten die Kunden Schlange stehen und die Sales auf Knien anflehen, damit sie mit Wirecard live gehen können. Wenn man den Vertrieb fragt, stellt sich das noch etwas anders dar. Das sind eben die Kinderkrankheiten des digitalen Marktes.

5 Prozent mehr Gewinn gleich nach der Vertragsunterzeichnung – ist das nicht phantastisch? Ok, wir kön-

nen noch eine Schippe drauflegen, wenn wir schon mal dabei sind. Der Meister aus Aschheim beleuchtet nun das hochinnovative E-Pos-Transaktionskonzept. Kurzfristige Verwirrung macht sich bei den Autoren der Präsentation dabei um die Bedeutung des Buchstabens »E« im Begriffskonstrukt E-Pos breit. Handelt es sich um »Electronic«, »Enhanced« oder vielleicht doch um »Elastic«? Auf den Gesichtern der Pressedamen zeichnet sich auf Nachfrage leichte Panik ab. Die PR-Abteilung sollte das »E« verstehen. Schließlich benutzen sie das Wortmonster »E-Pos-Transaktionskonzept« seit einigen Monaten in jeder zweiten News. Iris Stöckl aber, Vice President Investor Relations bei Wirecard, gibt sich ganz cool: »Bisher hat niemand nachgefragt, und es wird auch in London niemand nachfragen.«

Wahrscheinlich hat sie recht. Denn die Folie mit dem E-Pos-Transaktionskram ist nur ein Durchlauferhitzer in der ganzen Show. Sozusagen der Trommelwirbel vor Markus Brauns größtem Stunt. Denn jetzt folgt die Slide mit der Vision 2025 mit all den Milliardenzahlen zum Wachstum der Wirecard. Das haut alle um, und niemand wird sich später noch an ein dämliches »E« erinnern.

In London läuft die Veranstaltung ab wie ein Uhrwerk. Susanne Steidl übernimmt die Begrüßung der Gäste. In der Folge treten ein paar Wirecard-Nasen mit ihren sorgsam überarbeiteten Corporate-Präsentationen auf. Auch ich darf meine Wundertüten-PowerPoint zum Thema Innovation öffnen. Markus Braun sitzt bei meinen Ausführungen in der ersten Reihe direkt vor mir und starrt mich an. Das ist etwas irritierend. Ich bin froh, als meine Keynote endlich vorüber ist. Im Grunde interessiert sowieso niemanden, was ich hier erzähle. Der Blick aus den Fensterfronten, das ansprechende Fingerfood-Catering, die Ausführungen der unteren Wirecard-Chargen, das alles ist nur das Vorspiel für das große Finale von Markus Braun. Deswegen sind heute alle nach London gereist und harren aus, obwohl sie ein paar Stunden lang mit abgedroschenem Corporate-Content gefoltert werden. Das ist wie bei Box-Events, wo man sich auch erst mal durch die Amateurliga quälen muss, bis am Ende des Abends endlich das Schwergewicht auftaucht, das man eigentlich sehen will.

Der Auftritt des CEO wirkt am Ende jedoch wie ein verfluchtes Feuerwerk, das bloß auf Sparflamme abbrennt. Denn Markus will alles betont cool spielen. Wir sind im Jahr 2025 ein Unternehmen, das mehr als 10 Milliarden Euro Umsatz macht und über 100 Milliarden wert ist? Business as usual. Wir maximieren unsere Transaktions- und EBITA-Volumen und jeden weiteren Performance-Indikator von nun an Jahr für Jahr? Keine Aufregung jetzt, so läuft das große globale Tech-Spiel eben. Wir steigen künftig in die erste Weltliga der Top-Unternehmen auf? »Was sonst?«, kommuniziert der CEO, wie üblich leicht gequält. Solche Kernaussagen wirft Markus betont beiläufig vor die Füße der Analysten, Investoren und Journalisten. Keep calm and carry on with billions.

Die Herren und Damen im Publikum bekommen sich derweil gar nicht mehr ein vor lauter Schnappatmung. Wir erleben pure Fan-Ekstase. Endlich mal ein CEO aus Deutschland, der sich selbstbewusst um die Weltherrschaft bemüht, dabei aber stets knochentrocken-analytisch agiert und jede Emotion herunterspielt. Das ist genau die Tonlage, die die professionellen Wirecard-Begleiter und ihre Kollegen aus dem Amateurlager hören wollen. »Wirecard greift nach den Sternen«, texten die Medien. Im Börsenforum Wallstreet:Online schreibt Poweruser DWalter: »Wer Wirecard verkauft, muss verrückt sein.«

Der Kurs der Wirecard explodiert in der Folge und erreicht mit 199 Euro im Jahr 2018 seinen ewigen Höchststand, das All-Time High. Die zweitklassige Klitsche, bei der ich 2005 meine Karriere angefangen habe, ist nun ein DAX-Konzern, der 25 Milliarden Euro wert ist. Das ist der absolute Wahnsinn. Jetzt scheint alles möglich. Die ganze steile Aufstiegsgeschichte lässt mich im Jahr 2018 ratlos zurück. Einerseits habe ich meine Zweifel an der ganzen Wachstumsentwicklung – aber natürlich auch keine wirklichen Anhaltspunkte für konkrete zweifelhafte Deals. Andererseits ist die Bilanz von Ernst & Young hochoffiziell testiert, und die Analysten flippen regelrecht aus. Das passt einfach nicht zusammen. Ich habe mich deswegen entschieden, jede Euphorie in Sachen Wirecard zu vermeiden. Ist auch keine Lösung – aber immerhin ein gangbarer Weg.

Am Ende des Innovation Day nimmt mich ein Analyst zur Seite, den ich schon öfter in München getroffen hatte.

»Gratulation zur tollen Veranstaltung«, sagt der Börsenprofi. »Aber ich hätte doch eine Frage: Warum geht ihr so aggressiv in die Prognose für 2025? Es gibt gar keinen Druck dafür. Niemand hat je nach diesen Wahnsinnszahlen gefragt.«

Tja, bankenfinanzierter Aktiennerd im schicken grauen Einreiher und den frechen lila Socken, diese Frage kann ich dir leider nicht beantworten. Aber ich hätte antworten können: Markus Braun ist nicht bloß unser CEO, er ist in Personalunion auch unser großer Prophet. Markus erdachte Boon, und wir hielten ihn für verrückt. Jetzt ist das Produkt zwar nicht erfolgreich, aber immerhin medienwirksamer Teil von Apple Wallet und Android Pay. Dr. Braun hat darüber hinaus den Weg in den DAX vorgedacht, und wir haben darüber hinter seinem Rücken gelästert. Wir waren Ungläubige und sind geläutert. Jetzt sind wir 25 Milliarden wert.

Nun blickt der Meister erneut weit in die Zukunft. Wir Sterblichen sind nicht in der Lage, die Logik im Unerklärlichen zu begreifen. Wir haben uns in London versammelt, um die »Offenbarung des Markus« zu empfangen. Auf der Spitze des Berges Sinai steht allein der CEO der Wirecard und reckt die Hände nach oben, um die göttlichen Botschaften in sich aufzunehmen. Alles ist pure Magie. Amen.

In meiner Karriere bin ich inzwischen in der dritten Dimension angekommen. Ich war lange Marketingleiter, wechselte dann in das Produktdevelopment und bin nun für den weltweiten Innovationskurs des Konzerns verantwortlich. Ich definiere meine neue Rolle als eine Mischung aus Chief Evangelist und Prototypen-Papst. Das heißt, mein Team spürt überall auf der Welt Trends auf und analysiert, inwieweit diese Entwicklungen zukünftig für Wirecard relevant sein könnten. Wenn alles gut läuft, basteln wir einen Prototypen und vertesten das Konzept. Deswegen bin ich der Prototypen-Papst.

Chief Evangelist bin ich geworden, weil ich stets eine

Heidenangst davor hatte, im Mittelpunkt zu stehen. So, jetzt ist es raus. Ich bin immer supernervös und megaunsicher. Ein Bild des zitterigen Grauens vor jeder Veranstaltung. Aber ich habe mich durch diverse Tricks und sehr viel Selbstbetrug selbst zum passablen Speaker gepusht. Wenn man etwas tut, was man nicht wirklich kann, wird es anstrengend. Sobald die lässigen Typen von Google und Co. auf den Bühnen der Welt ihre Tech-Stories erzählen, kommt das so verdammt entspannt rüber. Stundenlang sehe ich mir in der Nacht Videos von Sundar Pichai, dem Google CEO, an und verstehe einfach nicht, wie man so furchtlos in die Augen von Tausenden Leuten sehen kann. Sundar, wie schaffst du das?

Schon wenn ich eine Keynote starte, bin ich schweißgebadet und fühle mich ausgepowert wie nach einem 10 000-Meter-Lauf. Auf der Bühne zu stehen, ist ein Alptraum für mich – immer kämpfe ich mit der Angst, meine Stimme zu verlieren und die Präsentation mitten im Satz abbrechen zu müssen. Eine Menschenmasse blickt mich ratlos an. Irgendjemand holt sein Handy heraus und streamt live. Dann sehen alle, was ich wirklich bin: ein Typ, der sich mit seinen Ängsten nicht im Griff hat. Aber das ist nie passiert.

Warum suche ich trotz allem die Präsenz auf den Mainstages der führenden Tech-Events der Welt? Ganz einfach. Weil mich immer das am meisten gereizt hat, was ich mir selbst absolut nicht zugetraut habe. Das ist der Kern meiner Karriere. Das ist das Ding, um das sich in meinem Kopf alles dreht. Das ist mein verdammter Motor in all den Jahren. Weil der dauerhaft auf höchsten Touren läuft, bin ich ständig müde und abgespannt. Ich spiele den

Manager eines DAX-Unternehmens. Das ist meine Rolle. In Wirklichkeit ist die ganze lässige Kommunikation, die ganze gespielte Coolness, das ganze Senior-Rumgelaber unfassbar ermüdend. Und Bob Dylan singt ganz allein für mich: »You say you're lookin' for someone / Who's never weak but always strong/ (…) But it ain't me, babe / No, no, no, it ain't me, babe.«

Jan Marsalek ist natürlich nie happy mit mir als Speaker. Na ja, das Beruhigende daran ist wiederum, dass Jan nie mit etwas zufrieden ist. Er hat mich einmal sogar damit beauftragt, meinen eigenen Nachfolger in Sachen Keynotes zu finden. Der künftige Chief Evangelist sollte in der Vision von Jan Marsalek auf jeden Fall weiblich und native English Speaker sein. Idealerweise hat unser Tech-Konferenz-Girl schon mit Anfang zwanzig eine fulminante Karriere bei Google oder Amazon hingelegt. Später ist sie in einer Senior-Rolle zu einer internationalen Bank gewechselt. Sie ist knapp dreißig jetzt, hat blonde lange Haare und wiegt schnittige 50 Kilo. Neben dem Job, der sie 80 Stunden in der Woche beschäftigt, läuft sie Ultra-Marathons und ist aktives Mitglied im Lions Club. Auf jede Frage hat sie die richtige Antwort, und für jede Problemstellung schießt sie einen sauberen analytischen Lösungsansatz aus der Hüfte. Von solchen Mitarbeiterinnen träumt unser COO. Auf dem Markt habe ich dieses globale Wunderweib jedoch nicht gefunden. Jan hatte das ganze Projekt sowieso nach den üblichen zwei Minuten wieder vergessen. Deswegen bleibe ich als der grauhaarige Problembär aus der Innovationsabteilung auch künftig allein auf den Bühnen der Welt zurück.

Im Produktdevelopment der Wirecard ist indes die Welt

nicht mehr, wie sie jahrelang war. Susanne Steidl, meine treue Weggefährtin bei mancherlei wirren Projekten der Vergangenheit, ist inzwischen zum Chief Product Officer aufgestiegen und mein neuer Chef. Susanne mag Struktur nicht nur – Susanne lebt Struktur. Ach was, sagen wir die Wahrheit: Susanne ist pures Mikromanagement-Dynamit. Überall, wo es in der Produktorganisation möglich ist, tauchen jetzt schlagartig Kooperations-Applikationen auf, mit denen jeder Mitarbeiter in Echtzeit ausführliche Statusberichte an den CPO sendet. Wir reden von Confluence-Seiten mit Hunderten von Bulletpoints in krudem Tech-Sprech: »RHEL 6 will be EOL«, »OTRS in ASIA«, »Routing MIR Cards to RNKO as processor for WDAH (Parq-6386)«. Pure Poesie für die Ohren von Susanne. Worte, die sie in der Nacht in den geschätzt rund dreistündigen Schlaf wiegen, den sie sich pro Tag gönnt, und die sie direkt nach Morgengrauen aufs Neue elektrisieren. Themen von Hunderten von Mails pro Tag, abgefeuert aus den Sturmgewehren des CPOs. Susanne macht nicht nur einen Job. Mein Gott, sie investiert ihr komplettes Leben in die neue Rolle.

2017 ist in ihrer Sicht das Jahr der Preparation. 2018 und 2019 ist Execution angesagt. Jetzt wird geliefert, verdammt noch mal. Und am besten alles auf einmal: Aslan mit seinen 20 000 Händlern, das Follow-The-Sun-Concept, das Global-Incident-Monitoring, die Cloud Migration, das Desaster Recovery, das CRM, das Sales-Konzept, die interne Schulung, das Onboarding, die Data Services und das Vendor Management. Willkommen im Mikromanagement-Weltreich von Frau Steidl.

Am klarsten wird der ganze Wahnsinn jeden Freitagmorgen, wenn Susanne, die intern auch gerne mit dem Kürzel SS betitelt wird, zum großen Team-Meeting ruft. Confluence-Page nach Confluence-Page wird jetzt mit allen EVPs der Produktwelt abgefeiert. Zu jedem Bulletpoint hat Susanne eine Meinung. Zu jeder Meinung gibt es eine Entscheidung. Und es ist immer Susannes Call, der die Dinge am Ende bestimmt.

Am schlimmsten wird es für die Beteiligten, wenn der CPO verwirrt ist. Das passt gar nicht. »I'm totally confused now.« Das ist der Todessatz von Susanne, wenn man ein Projekt präsentiert. Jetzt gibt es keinen Weg zurück. Endgame. Confusion ist schlimm, Klarheit ist cool, Execution ist angesagt: So lässt sich das zwei- bis dreistündige Programm für den frühen Freitagmorgen zusammenfassen.

Die gesamte Struktur, die meine neue Chefin atmet, spricht und lebt, steht im vollständigen Widerspruch zu dem kompletten Chaos, das im Innern der Wirecard brodelt wie ein Vulkan, der stets kurz vor dem Ausbruch ist. Da sind so viele Fragen, die man sich auch als Wirecard-Vorständin vielleicht einmal stellen könnte. Warum läuft das super-hochprofitable Third-Party-Geschäft nicht auf den technischen Wirecard-Systemen? Warum machen die Kunden mit dem höchsten Transaktionsvolumen den geringsten Umsatz? Wie soll die Vision 2025 technisch Realität werden? Die Milliarden-Transaktionsvolumina, von denen Markus Braun träumt, würden jeden Server innerhalb der Wirecard in wenigen Sekunden komplett abfackeln.

Ich habe lange Jahre an Markus Braun reportet, aber jetzt ist Susanne meine Chefin. Dieser Führungswechsel ist nicht einfach für mich. Denn der Direktreport zum

CEO ist weit bedeutsamer als der zum CPO. Ich bin also eine Etage tiefer angekommen. Markus versichert mir natürlich, dass er unsere gemeinsamen Gespräche schätzt und den »dynamischen« Austausch zu innovativen Themen fortsetzen will. Er sieht sich auch als mein Mentor und möchte sich in meine weitere berufliche Entwicklung immer wieder einbringen. Aber das ist alles Bullshit. Denn Markus zieht in Wirklichkeit die Kreise um sich weiter zu. Waren es vorher 15 bis 20 Mitarbeiter, die er um sich scharte, so sind es nun vielleicht noch eine Handvoll. Ich gehöre diesem engsten Kreis nicht mehr an. Jetzt berichte ich an Susanne, nenne eine schicke Confluence-Page mein Eigen und muss jeden Freitagmorgen um 9 Uhr mit 10 bis 20 Bullets im verfluchten Team-Meeting antreten.

Die Sache hat aber auch Vorteile, denn Markus Braun ist in der Mitarbeiterführung recht eigenwillig. Das ist jetzt mal die Untertreibung des Jahrhunderts. So hatte ich in den acht Jahren, die ich an Markus berichtete, nur ein einziges Mitarbeitergespräch. Dieses dauerte rund 45 Sekunden und gipfelte in den motivierenden Worten »Passt alles, weiter so.«

Auch in anderen Fällen handelte der CEO eher unkonventionell. Ich erinnere mich noch gut, dass ich anlässlich meiner zehnjährigen Firmenzugehörigkeit ins Chefbüro geladen wurde. Nachdem ich ungefähr eine halbe Stunde im Vorzimmer gewartet hatte, stürmte Markus heraus, hielt sich den Bauch, als hätte er gerade eine parallele Magen- und Darmspiegelung erhalten, drückte mir kurzatmig einen No-Name-Kugelschreiber als Dank für meine Treue in die Hand und stürmte dann in Richtung Toilette. Ich war wirklich ganz angerührt von dem Moment und erinnere mich gerne daran zurück. Den verdammten Kugelschreiber habe ich heute noch. Er ist wie ein Fluch. Jedes Mal, wenn ich denke, dass ich ihn endlich verloren habe, taucht er irgendwo wieder auf. Mir sind unzählige Stifte abhandengekommen, aber das Modell, das ich aus der Hand des CEOs erhalten habe, wird mich vermutlich bis in mein Grab begleiten.

Und dann war da noch die Sache mit den Boni, die es schwierig machte, mit Markus zusammenzuarbeiten. Im Prinzip musste der große Führer jedes Jahr den Damen von der Abteilung Human Resources eine kurze Mail schreiben, sodass diese meinen variablen Gehaltsanteil auszahlen konnten. Das machte er jedoch nie. Also fragte ich immer zwei, drei Monate nach der Bonus-Fälligkeit bei Markus nach, was denn der Stand der Dinge sei. Der Meister versprach stets, sich gleich um die Sache zu kümmern. Aber dann hieß es wieder abwarten. Nach unendlichen Monaten des Hinhaltens und des freundlichen Erinnerns zahlte er schließlich irgendwann das Geld. Ich denke nicht, dass er das böse meinte. Er verstand einfach nicht, dass die Summen des variablen Gehalts irgendeinen Wert für einen Mitarbeiter haben könnten.

Was können die kleinen Arbeitsameisen mit dem bisschen Geld überhaupt anfangen, wird sich Markus gefragt haben. Denn längst ist Dr. Braun von sämtlichen operativen Lebenssituationen entkoppelt. Seine Weinlieferungen erledigt der Winzer frei Haus direkt in die Keller seiner Anwesen in Kitzbühel oder Wien. Sein Schneider sitzt in London und kommt gerne zur Anprobe vorbei. Seine Wohnung in München liegt praktisch über dem Käfer-Restaurant. Da ist es doch logisch, dass die Ober einfach das Menü vorbeibringen. Markus ist vermutlich seit Jahren nicht in irgendeinem Laden oder Supermarkt gewesen. Er kauft auch nicht online ein, wie er mehrfach freimütig berichtet. Alles in seinem Leben bewegt sich locker auf ihn zu. Die dazugehörigen Rechnungen sieht er wohl nie. So verliert er allmählich jeden Bezug zum Wert von Geld. Und dann steht dieser grauhaarige Innovationschef vor ihm und will seinen variablen Gehaltsanteil. Warum eigentlich?

In Markus' Welt gibt es nur einen Wert, der wirklich aussagekräftig ist. Und das ist der aktuelle Preis der Wirecard-Aktie. Wenn der Aktienkurs gerade einbricht, ist es besser, anstehende Meetings mit ihm zu verschieben. Denn er schaut dann sowieso nur wie gebannt auf den Screen seines Smartphones. Wenn der Kurs dagegen steigt, ist die Stimmung gleich wesentlich besser. Von einer halben Stunde Meeting wird Markus vielleicht nur zehn Minuten schweigend auf sein Handy-Display schauen. Zeit genug, vom Vorstands-Office im vierten Stock aus den Blick streifen zu lassen über das Alpenpanorama, das sich an schönen Tagen am Horizont zeigt.

Was kann man also mit Geld am besten machen als treuer Wirecard-Mitarbeiter? Natürlich in das einzige Produkt investieren, dessen Wert der CEO in- und auswendig kennt: in Wirecard-Aktien. Ein firmeninternes Programm für solche Transaktionen gibt es nicht. Aber Markus empfiehlt mir immer wieder, privat in die Aktie zu investieren. Unternehmerisches Risiko, starke Entscheidungen am Kapitalmarkt und klarer Fokus auf das Wachstum – das ist das Material, aus dem echter Wohlstand geformt wird. Die Wirecard-Shares werden bald 500 Euro wert sein, sagt mir der Chef immer wieder voraus. Das ist eine Supergelegenheit, erklärt er und beschreibt mit der Hand eine nach oben verlaufende Wachstumsentwicklung. Ich nicke dem größten Einzelaktionär des Unternehmens freundlich zu. Ich möchte nur, dass er endlich meinen verdammten Bonus auszahlt. Aus Trotz kaufe ich nie eine einzige Wirecard-Aktie. Das ist eine meiner recht seltenen weisen Entscheidungen, denn auf 500 Euro läuft die Wirecard-Aktie nie zu. Hier irrt sich der Tech-Prophet aus Wien gewaltig.

Das Jahr 2018 markiert den Höhepunkt der Wirecard-Entwicklung. Die größte Marktkapitalisierung, der höchste Aktienkurs, die ehrgeizigste Vision. Doch am Horizont zeichnen sich zahllose Herausforderungen ab. In Medien und Blogs wundert man sich beispielsweise über die außergewöhnliche Take Rate von Wirecard. Anscheinend verdienen wir pro Kunde viermal mehr Geld als die Konkurrenz. Das liegt an unseren zahllosen superintelligenten Mega-Services, argumentiert Markus Braun. Die Sales der Wirecard verkaufen jedoch in der Regel nur klassische Kreditkartenakzeptanz. Auch unsere Kunden kennen die innovativen Services allenfalls vom Hörensagen.

Dann sehen die Journalisten beim App Market von Google genauer hin und stellen fest, dass Boon weit weniger Downloads hat als jede andere Bezahlapp in Deutschland. Was ist schon Deutschland, fragt der Vorstand rhetorisch zurück. Uns gehört längst die ganze Welt.

Doch solche medialen Techtelmechtel sind nur das Vorspiel zur ganz großen Konfrontation. Am 30. Januar des Jahres 2019 veröffentlicht die Financial Times in Lon don einen Artikel mit dem Titel »Wirecard-Manager wird verdächtigt, gefälschte Verträge verwendet zu haben«. Dan McCrum, Autor des Beitrags und Mastermind der gesamten Wirecard-Berichterstattung der Financial Times, beruft sich in seinem Beitrag auf eine interne Präsentation von Wirecard, die unter der Bezeichnung »Project Tiger« verfasst worden ist. Ein Mitarbeiter namens Edo Kurniawan, der für Wirecard in Asien im Rechnungswesen arbeitet, soll mithilfe von gefälschten oder zurückdatierten Verträgen große Geldsummen bewegt haben. Darauf deuten Mail-Threads und interne Chat-Protokolle auf Telegram hin. Der Verdacht des Roundtripping, also der Vortäuschung von Umsätzen, steht im Raum.

Der Kurs der Wirecard-Aktie rauscht um mehr als 24 Prozent abwärts – das kennen wir ja schon. Der Kurs wird sich nie wieder von diesem Schlag erholen. Das ist die neue Dimension der Sache.

Einen Tag später schlägt das Imperium zurück. Wirecard erklärt in einer offiziellen Stellungnahme, dass es sich um einen »falschen, ungenauen, irreführenden und diffamierenden Artikel« handle, der »keine Substanz hat« und »völlig bedeutungslos ist«. Bäm, Bäm, Bäm. Mehr verbales Schützenfest geht nicht.

Die Story der Financial Times ist noch lange nicht auserzählt. Am 1. Februar des Jahres 2019 titelt das Wirtschaftsmagazin: »Die Anwaltskanzlei von Wirecard findet Beweise für Fälschung.« Dan McCrum behauptet in seinen Ausführungen, dass unsere Rechtsanwälte in Singapur Belege für schwerwiegende Fälschungsdelikte entdeckt haben. Wie bei der initialen Presseveröffentlichung reagiert Wirecard aggressiv und schnell. Es handelt sich

»um eine ungenaue, irreführende und diffamierende Medienberichterstattung«. Der Kurs geht jetzt rasant nach unten von 146 auf 109 Euro. Wirecard hat bei der Marktkapitalisierung innerhalb von wenigen Tagen satte 7 Milliarden Euro eingebüßt.

Am 7. Februar 2019 schlägt die Financial Times erneut zu. In der Zeitung wird ein langer Artikel unter der Überschrift »Innenansichten eines Accounting-Skandals« veröffentlicht. Die Publikation schmückt ein Bild des lächelnden Wirecard-Mitarbeiters Edo. Die ganze Darstellung konzentriert sich in vielen Details auf die Art und Weise, wie Wirecard angeblich Gelder rund um die Welt sendet. Die Kernaussagen stammen von Whistleblowern, Insidern also, die bei der Wirecard arbeiten. Es geht um Chat-Protokolle, Mails und um die detaillierten Beschreibungen von internen Meetings.

Und erstmals rückt in dem FT-Artikel ein Wirecard-Vorstand in den Mittelpunkt, der bislang stets im Hintergrund geblieben ist: Jan Marsalek. In der Financial Times taucht er sogar mit Bild auf. Das wird dem Sith-Lord vom Orden der gesichtslosen Wirecard-Bosse überhaupt nicht behagen.

Die Wirecard findet das alles skandalös. Markus Braun himself kündigt an, die Financial Times zu verklagen. Er bezeichnet die Berichterstattung auch deswegen als »unethisch«, weil mehrere Mitarbeiter der Wirecard mit ihren vollständigen Namen in der FT auftauchen. Hier spricht nicht der CEO des Unternehmens, sondern der große Humanist aus Wien. Solche rührenden Botschaften – und natürlich auch die Meldung der Münchner Staatsanwaltschaft, sie werde wegen Marktmanipulation

Ermittlungen aufnehmen – beruhigen die aufgeregten Gemüter der Kleinaktionäre auf Wallstreet:Online und der Analysten, die weiter von Wachstumszahlen träumen. Tief durchatmen jetzt, weiter geht es.

News machen die Runde, dass es im Wirecard-Office in Singapur zu einer Razzia gekommen ist. Meine Mitarbeiter in Asien berichten aufgeregt, dass ihre Laptops und Handys konfisziert worden sind. Der Kurs der Aktie fällt in der Folge erstmals deutlich unter 100 Euro. Die Wirecard-Pressedamen veröffentlichen ein Statement, dass solche polizeilichen Ermittlungen »nach einer negativen Medienberichterstattung« normal sind. Doch normal ist das Ganze hier schon lange nicht mehr.

Dann passiert etwas völlig Ungewöhnliches, ein wirklich einmaliges Ereignis. Am 18. Februar des Jahres 2019 erlässt die altehrwürdige BaFin, Hüterin der deutschen Aktienkultur und Schutzschild der Banken, ganz hochoffiziell eine »Allgemeinverfügung (…) wonach es ab sofort verboten ist, neue Netto-Leerverkaufspositionen in Aktien der Wirecard AG (…) zu begründen oder bestehende Netto-Leerverkaufspositionen zu erhöhen.« Die BaFin verbietet Shortselling bei der Wirecard-Aktie – das hat es in Europa noch nie gegeben. Wirecard-Magie. Die interessierte Öffentlichkeit der Kleinaktionäre wittert Morgenluft. Auf Wallstreet:Online schreibt ein User stellvertretend für viele andere: »Das [sic] hier eine solche Verfügung für einen Einzelwert erlassen wurde, spricht dafür, dass die Staatsanwaltschaft sehr deutliche für Wirecard entlastende Hinweise haben muss.« Om, wir atmen tief durch den Mund ein, wir lassen die Luft in unserem Brustkorb zirkulieren und atmen nun ganz langsam und entspannt durch den Mund aus. Wir fühlen uns jetzt leicht und befreit. Wir lassen die Gedanken zum Aktienkurs der Wirecard an uns vorbeiströmen und sind ganz und gar bei uns.

Erlauben Sie mir, die Ereignisse rund um Wirecard zu Beginn des Jahres 2019 aus einer internen Sicht heraus zu bewerten. Zunächst stehen laut der Financial Times Vorwürfe im Raum, die besagen, dass Wirecard-Mitarbeiter in Asien gleichsam auf eigene Rechnung Millionenbeträge auf Rundreise geschickt haben. Jeder, der bei Wirecard gearbeitet hat, weiß, dass niemand im Konzern irgendeinen Betrag bewegt, der größer als 50 000 Euro ist, ohne ein Vorstandsmandat zu haben. So etwas ist schlicht und ergreifend unmöglich. Wirecard war besessen davon, dass lediglich Vorstände und Aufsichtsräte signifikante Summen freigeben können. Alles lief immer und überall über die Systeme des Boards. Vor diesem Hintergrund muss man den Skandal rund um Edo differenziert bewerten. Der sympathische Controlling-Guy aus Indonesien hat in allen Fragen mit großer Sicherheit auf direkte Anweisung des Vorstands gehandelt.

Schnell kommt ein ehemaliger Mitarbeiter aus Dubai in den Verdacht, der entscheidende Whistleblower innerhalb der Wirecard zu sein, der Informationen und Präsentationen an die Financial Times weitergegeben hat. Ich nenne den jungen Mann der Einfachheit halber einmal Daniel. Daniel hatte einige Jahre in München unter Susanne Steidl gearbeitet und fiel dabei in Ungnade, was bei ihr recht schnell passieren kann. Frau Steidl hat ein untrügliches Gespür dafür, wer in das Mikromanagement-Schema der CPO-Organisation passt und wer nicht. Und Daniel gehörte in letztere Kategorie. Wohl nicht zuletzt deswegen schickte Susanne ihn dahin, wo er aus ihrer Sicht keine Schwierigkeiten mehr machen konnte: nach Dubai. Hier traf unser junger Mitarbeiter jedoch auf die merkwürdigsten Gestalten des Wirecard-Managements. Etwa auf unseren alten Freund Oliver B. Und Daniel hatte als hochrangiger Manager an jenem Standort Zugang zu allerlei Management-Director-Content, der zwischen Europa, Dubai und Asien zirkuliert. Am Ende verließ Daniel das Unternehmen im Unfrieden mit dem Management in Aschheim. Ob er Details an die Presse weitergegeben hat? Nicht völlig fernliegend. Aber Belege dafür gibt es keine. Vielleicht war es auch jemand ganz anderes. Kandidaten mit einem ähnlichen Profil gab es viele.

Daniel hatte in seiner Karriere jedenfalls kurzfristig jenes Stadium erreicht, das im Prinzip jeder Executive Vice President und Vice President innerhalb des Unternehmens anstrebte: die höheren Weihen der Geschäftsführung einer Landesgesellschaft oder einer Firma im Weltreich der Wirecard. Und von diesen Gesellschaften gibt es so einige. Die Wirecard Technologies, die Wirecard Sales, die Wirecard Acquiring und die Wirecard Issuing, die Wirecard CEE, die Wirecard India, die Wirecard China, Brasilien, Russland und und und. Jedes Unternehmen hat sein eigenes Management-Board, und jedes Mal ist ein verdienter Mitarbeiter aus Aschheim dabei.

Ich betone stets, dass ich mich für eine solche Rolle nicht interessiere. Das ist natürlich völliger Bullshit. Ich bin 2019 schon sechs Jahre Executive Vice President. Am Anfang meiner Karriere gab es in der Produktorganisation von Wirecard ganze drei EVPs. Jetzt sind es mehr als 20 Leute, die diesen Titel tragen. Junge Gesichter überholen mich links und rechts. Ich fühle mich wie ein Greis unter all diesen genetisch manipulierten Superdudes mit ihren wahnwitzigen Lebensläufen, dem perfekten Tech-Englisch und ihren verdammten Excel-Skills, die so vollkommen in Susannes Meetings passen. Alle wurden mit der Zeit auch Geschäftsführer irgendwelcher Gesellschaften. Mich hat schlicht und ergreifend niemand gefragt. Fuck. Nach der Insolvenz bin ich als Nicht-Managing-Director auch formal aus dem Schneider. Aber im Jahr 2019 fühle ich mich übergangen.

Viele der neuen Tech-Typen der Wirecard schätzen mich tatsächlich sehr. Ich bin mit meiner langjährigen Betriebszugehörigkeit für sie so etwas wie ein Märchenonkel, der Geschichten aus längst vergangenen Tagen zum Besten geben kann. Das Orakel der ersten Wirecard-Generation.

Immer wieder kommt so eine international perfekt ausgebildete Top-Fachkraft nach drei Monaten im Unternehmen zu mir und stellt die gleiche Frage. Man habe sich gut akklimatisiert im Konzern. Supersache jetzt an der DAX-Story mitzuarbeiten. Die Freitagsmeetings bei Susanne sind nicht ganz ohne, aber hey, in der Vergangenheit hat man da schon ganz andere Sachen überlebt. Da ist nur eine Sache, die man mich fragen wollte. Jetzt hat man locker mit allen Sales gesprochen und festgestellt, dass deren Umsatzerträge zusammengerechnet nicht wirklich zu den Wirecard-Zahlen im Geschäftsbericht passen. No problem, wir sind ja echt superglobal. Dann war man in Singapur und in Dubai, und bei einem Bier am Abend berichteten die schon etwas angeschickerten Auslandsmitarbeiter, dass auch in ihrer Region die Umsätze nicht gerade explodieren. Deswegen wendet man sich vertrauensvoll an mich. Wo findet es denn nun statt, das komplett irre explosionsartige Wachstum der Wirecard? Fragen über Fragen. Die wahren Antworten kennen schon damals wohl nur Jan und Markus. Doch die schweigen sich aus.

In meiner Sichtweise ist es relativ einfach. Das Geschäft mit Porno und Gambling wurde Jan und Markus auf die Dauer zu risikoreich. In der Bilanz eines DAX-Unternehmens hatte es nichts zu suchen. Deswegen haben die Vorstände dieses hochprofitable Business schon ab 2016 komplett nach Dubai zu unserem blassen Statthalter Oliver B. ausgelagert. So entstand das Konstrukt des Third Party Acquiring – eine pulsierende Nebenlinie in der weltumspannenden Bilanz des Konzerns. Und mit den Jahren floss so viel Geld über diese Kanäle, dass Markus und Jan den Umsatz der Wirecard gleichsam nach Belieben austarieren konnten.

Bei einem alkoholreichen Dinner erklärt mir Jan einmal, dass er für Wirecard im Prinzip jeden denkbaren Gewinn einrichten könne. Um diese Story rund zu bekommen, benötigt er jedoch das entsprechende Transaktionsvolumen beim Wirecard-Mutterkonzern. Niemand nimmt schließlich einem DAX-Konzern ab, dass er gleichsam Milliarden macht, ohne Kunden zu haben und Volumen zu verarbeiten. Deswegen gibt es all die Pressemitteilungen und all die blitzsauberen Rev-Share-Deals. Lange ging die Trennung zwischen Business- und Storyline gut. Aber im Jahr 2019 ist die Financial Times von Artikel zu Artikel immer mehr auf der richtigen Spur. Es wird eng für Jan und Markus. Es wird auch eng für die Damen und Herren Managing Director, die lokal Verantwortung tragen.

Das ist meine eigene Theorie, doch im Prinzip denken die meisten Wirecard-Mitarbeiter wie ich. Mit Details halten wir uns dabei nicht auf, denn so tief blicken wir in die Geschäfte von Aschheim aus gar nicht hinein. Die Bilanz der Wirecard ist auch für uns Mitarbeiter ein Buch mit sieben Siegeln: Es ist einfach nicht möglich, die komplexen Finanzströme über die zahllosen Ländergesellschaften hinweg nachzuvollziehen. Dafür sind die Produkte viel zu komplex, und oft kennen wir keine Verträge und verstehen die Business-Logik hinter den einzelnen Deals nicht.

Es bleibt die Frage offen, wie es Oliver B. und Henry O'Sullivan gelingen konnte, im TPA-Geschäft ohne relevante Mitarbeiter und entsprechende technische Systeme Milliarden von Transaktionen abzuwickeln. Und was machte diese Payment-Ströme so ungeheuer lukrativ? Denn im Prinzip wachsen selbst im übelsten Pornogeschäft die Transaktionspreise nicht ins Unermessliche. Nur wenn man so etwas Irrsinniges abwickeln würde wie Porno und Gambling in Saudi-Arabien, dem Iran oder in Nordkorea, wäre das mit Sicherheit anders. Ich gebe zu: Weiter habe ich nicht gedacht. Ich habe Jan und Markus nie gefragt, wie die große Gewinn-und-Verlust-Rechnung von Wirecard wirklich läuft. Sie hätten ohnehin nicht geantwortet.

Auch Susanne weiß nach eigener Aussage nicht genau, woher das Geld kommt. Aber sie spürt 2019, dass es Zeit ist, den Dingen auf den Grund zu gehen. Wir haben in den letzten Jahren im Auftrag unserer Chefin jedes kleine

Thema der Produktorganisation abgeklärt, von den Fehl-
zeiten der Mitarbeiter über die minutiösen Details aller
Incidents und Outages bis zu sämtlichen Effizienz-Para-
metern der Kernprodukte. Jetzt ist es Zeit, in die wirklich
wichtigen Dinge einzusteigen. Die Fragen werden mehr.
Der Druck steigt. Das kommt auch bei der Vorständin an,
die die Bilanz mitunterzeichnet. Deswegen beauftragt
Susanne die Damen und Herren von Group Strategy und
Controlling damit, die Umsätze von Wirecard einmal in
groben Zügen darzustellen. Das Ganze soll Mitte Januar
des Jahres 2019 auf einem Offsite stattfinden, das Susanne
in einem Hotel in Oberbayern organisiert. Zwei ganze
Tage Spaßmeetings mit den Produkt-EVPs der Wirecard.
Workshops, Präsentationen, dazu zur Erfrischung ein
zackiger Team Walk. Höhepunkt soll ein gemeinsames
Cooking-Event sein und ein hoffentlich gewaltiges Besäufnis. Ich kann vor lauter Vorfreude auf den Team Walk
schon tagelang vorher nicht schlafen.

Gleich nach unserer Anreise am Ort des Geschehens,
der vielleicht 60 Kilometer außerhalb von München liegt,
beginnt das sorgfältig kuratierte Programm. Gemeinsam
mit einer eigens bestellten, aber völlig überforderten
Moderatorin führt uns Susanne durch die Herausforderungen der Zukunft. Es läuft noch längst nicht alles rund
im Produktmanagement. Ist ja eigentlich klar. Wir bilden
Gruppen und lösen auf bunten Post-its die größten technischen Probleme der Wirecard in fröhlichen Arbeitskrei-
sen in jeweils fünf Minuten.

Dann stoßen Edo Kurniawan und Stephan von Erffa zu
unserem unterhaltsamen Workshop. Edo, ein eher gemüt-
lich-runder asiatischer Manager indonesischer Herkunft,

immer ruhig und ausgeglichen – wir sind noch in der Zeit unmittelbar vor den »Project Tiger«-Enthüllungen durch die Financial Times. Und Stephan, der etwas irre Adelsspross und Hüter der Wirecard-Financials. Das Duo ist in Oberbayern angetreten, um die versammelten Produktmanager und Susanne Steidl in die Geheimnisse des Wirecard-Controllings einzuweihen. Da wären zum Beispiel die zahllosen manuellen Prozesse, die in der Finanzbuchhaltung Tag für Tag stattfinden. In der DAX-Welt dürfte es eher ungewöhnlich sein, dass Mitarbeiter händisch Exceltabellen ausfüllen oder Rechnungen persönlich formulieren. Natürlich wird auch thematisiert, dass der Konzern kein einheitliches Konzept für die Buchführung hat. Vielmehr macht jede Landesgesellschaft alles in ihrem eigenen Stil. Ein modernes, automatisiertes, weltumspannendes Billing- oder Controlling-System steht seit Jahren auf der Agenda, wird jedoch nie eingeführt. Es hagelt viel Kritik aus den Reihen des Produktteams. Und es gibt nur wenig Greifbares in den Antworten der Finanzprofis.

Als ich nach Ende der Ausführungen mit einem Kaffee draußen stehe, spreche ich Stephan und Edo auf die Diskrepanz zwischen Wunsch und Wirklichkeit im Controlling an. Stephan, der Deputy CFO und Leiter jeder Finanztransaktion, sagt dann etwas Merkwürdiges. Er führt aus, dass die fehlende Transparenz auf Knopfdruck Teil der Strategie der Wirecard ist. »Niemand hier will ernsthaft transparent sein«, erklärt Stephan, und Edo nickt betroffen. Man kann richtig Mitleid bekommen mit den beiden Finanzprofis, die den Herausforderungen des Wirecard-Controllings eher ratlos gegenüberzustehen scheinen. Stephan zuckt schließlich mit den Schultern und geht mit

Edo zum Auto, um gemeinsam zurück nach Aschheim zu fahren. Man kann Edo nur viel Glück für dieses Abenteuer wünschen. Denn Stephan von Erffa ist mit Abstand der irrste Autofahrer, den es bei der Wirecard gibt. Mit seinem hundert Jahre alten Volvo rast er gerne mit 80 Stundenkilometern durch das Wirecard-Parkhaus oder dreht vier bis fünf sportliche Drift-Runden auf dem Kreisverkehr vor dem Firmensitz. No risk, no fun. Privat wie im Berufsleben.

Als ich in den Workshop-Raum zurückgehe, klingelt mein Smartphone. Markus Braun ist am Apparat. Er bekommt heute noch Besuch von einer merkwürdigen Politik-Delegation: MdB Dorothee Bär wird am Spätnachmittag im Wirecard-Office erwartet. Meine Dienste werden im Showroom gebraucht. Ich rase also zurück nach Aschheim und richte sämtliche Prototypen der Wirecard ein. Dann beginnt das Warten. Ganze zwei Stunden später rauscht Frau Bär gemeinsam mit Günther Beckstein wortlos an meinem Showroom vorbei und verlässt das Wirecard-Office. Burkhard Ley, unser ehemaliger Finanzvorstand und jetziger Senior Advisor, führt das Politikerteam nach draußen. Leicht zerknirscht fahre ich zurück zum Workshop, wo inzwischen die Vorbereitungen für die Abendunterhaltung begonnen haben. Ein toller Tag geht seinem Ende entgegen. Wo bekommt man hier noch mal Alkohol?

Im April des Jahres 2019 beginnt bei Wirecard ein neues Zeitalter. Und es startet wie immer relativ kleinteilig. Out of the blue kommuniziert Iris Stöckl am 24. April in einer Mail an »All in Wirecard Global«, dass unser Unternehmen und das japanische Unternehmen Softbank eine weitreichende strategische Partnerschaft eingegangen sind. Das bedeutet: Softbank stellt Wirecard rund eine Milliarde Euro als Wandelanleihe zur Verfügung. Frau Stöckl fügt der Aussendung an alle Mitarbeiter die entsprechende Pressemitteilung an. Für den CEO ist diese Kommunikation nicht aussagekräftig genug. Nur wenige Minuten nach der initialen Mail schickt Markus Braun eine Nachricht an alle Mitarbeiter zurück. Diese enthält nur einen Satz, und der ist auf Deutsch. Das wird die globalen Wirecard-Guys vielleicht etwas verwirren. Die orthografisch nicht ganz korrekte Aussage des Vorstandsvorsitzenden lautet: »Das ganze muss man als strategischen Deal sehen.« Danke für diese Aufklärung Markus. Jetzt wird die Sache gleich viel klarer.

Softbank ist im Hause Wirecard schon länger ein Thema. So schickte mich Jan Marsalek etwa knapp anderthalb Jahre vor dieser Hausmitteilung kurz vor Weihnachten überstürzt nach Tokio, damit ich mich mit dem Management des Digitalkonzerns treffen sollte. Ich verbrachte manche frohe Stunde in der japanischen Hauptstadt bei Corporate Präsentationen und lauwarmem japanischen Tee – viel mehr passierte nicht.

Jetzt investiert der Megakonzern also 900 Millionen Euro in Wirecard. Der Kurs der Aktie, Markus Brauns persönlicher Glücksindikator, schnellt um 8 Prozent nach oben. Doch dann kommen die ersten kritischen Fragen zum Deal auf. Klar wird die Kooperation als Beleg für die Seriosität der Wirecard AG interpretiert, weil die Medien davon ausgehen, dass die Finanztransaktion auf der Grundlage einer ausführlichen Due-Diligence-Prüfung stattfand. Ich persönlich habe nie von einem solchen

Audit gehört. Ich gehe jetzt mal davon aus, dass irgendein Mitarbeiter in der Produktwelt doch bestimmt an dieser Diskussion beteiligt war.

Was zudem etwas ratlos stimmt: Softbank kann die 900 Millionen Euro in fünf Jahren zum Stückpreis von 130 Euro in Aktien der Wirecard wandeln. Das dürfte bei der üblichen Wachstumsentwicklung der Wirecard ein echtes Schnäppchen sein. Außerdem kassiert die Softbank 1,9 Prozent Zinsen pro Jahr von Wirecard. Aktien zum Superpreis und Dividenden on top. No risk, all fun. Der Deal mit der Softbank ist vor allem für die Japaner ein Bombengeschäft.

Natürlich bleibt auch die Frage offen, wofür Markus Braun und Jan Marsalek das ganze Geld aus Japan eigentlich brauchen? Immerhin machen wir laut Geschäftsbericht Milliardenumsätze. Auf der Hauptversammlung der Wirecard im Jahr 2019 lässt Markus die Sache jedenfalls superoffen. Die Milliardensumme könnte, so unser CEO, wahlweise für Investitionen, zur Verringerung von Schulden oder auch für ein Aktienrückkaufprogramm genutzt werden. Unklarer geht es nicht.

Das Geld von Softbank kommt jedenfalls nicht in den Produktabteilungen der Wirecard an. Denn strikte Kostenkontrolle ist weiterhin eines von Susanne Steidls ehernen Prinzipien. Schnell wird deutlich, dass der Einfluss der Softbank-Manager innerhalb der Wirecard steigt. So ist das Team rund um den supersmarten Softbank-Manager Akshay Naheta permanent unterwegs, um Markus Braun auf die Finger zu schauen. Gerüchte kursieren, dass Markus in den Gesprächen mit den Tech-Guys aus Japan eher wie ein Schuljunge behandelt wird und nicht wie der

Giganten-CEO, als der er sich wohl selbst versteht. Wahrscheinlich gefällt ihm das sogar, dass ihn jemand nicht so richtig ernst nimmt. Es dürfte auf jeden Fall eine neue Erfahrung sein.

Schnell merken die neuen Investoren, dass nicht alles richtig rundläuft im Weltreich von Wirecard. Wo sind denn die Data-Rockstars, die die Visionen von Markus umsetzen? Wir haben ja noch nicht einmal so etwas wie einen zentralen Data Lake. Von weitreichenden Analysen von Transaktionsdaten sind wir himmelweit entfernt. Wo ist denn die neue globale Payment-Plattform, von der auf Keynotes immer so ausdrucksstark die Rede ist? Susanne Steidl, Mutter aller Wirecard-Produkte und Hüterin eines Tech-Dashboards, das wahrscheinlich sogar die Toilettengänge jedes einzelnen Mitarbeiters weltweit in einer Pie-Chart darstellt, atmet nun deutlich entspannter durch. Mit Softbank hat sie einen Partner an der Seite, der ganz klar ihre Position stärkt. Sie möchte ihr Strukturkonzept innerhalb Wirecard ausbauen und die Ära des Third-Party-Geschäfts beenden.

Die Softbank-Manager interessieren sich nicht nur für unsere Technologie. Sie stellen zunehmend auch Fragen nach unserer Bilanzierung. Der Jahresabschluss von Wirecard wurde von der Wirtschaftsprüfungsgesellschaft EY für 2018 ohne große Einschränkungen testiert. Aber im Jahr 2019 hören die medialen Diskussionen rund um die Bilanz nicht auf. Die Financial Times, die Washington Post, die Süddeutsche Zeitung, das Manager Magazin und der Spiegel berichten in investigativen Reportagen über zunehmende Unklarheiten bei den Wirecard-Zahlen.

Für unsere Freunde von Wallstreet:Online ist das alles

Teil einer großen Medienverschwörung. All jene Journalisten, die kritisch berichten, gehören einem geheimen Netzwerk an, das die angloamerikanischen Shortseller steuern. Sagenhafte Gewinne machen die Shorties. Bald werden sie jedoch »gegrillt«, wenn die Wirecard wieder durchstartet. »Das posten von Uralt-Links zeigt die Verzweiflung, weil nichts mehr Neues nachkommt … Ab Donnerstag werdet ihr gegrillt«, so kommentieren die User jeden Angriff auf Wirecard. Die kritischen Berichte über Wirecard sind wild erfundene Theorien der »Fake-News-Medienhäuser«. Financial-Times-Journalist Dan McCrum, im Forum auch gerne als McDumm tituliert, habe eine Frau, die beim Wirecard-Konkurrenten Adyen arbeitet. Überhaupt spiele die Berichterstattung der Financial Times in einer Klasse mit der Reportage über die Hitler-Tagebücher des Stern. Fraser Perring, der inzwischen enttarnte Autor der Zatarra Papers, sei ein Kinderschänder. Den angelsächsischen Hedge Funds, die Wirecard ständig attackieren, sei jedes illegale Mittel recht. Die Hysterie der Wirecard-Fanboys im Netz erreicht ein unterirdisches Niveau. Zahllose beleidigende Beiträge werden von Wallstreet:Online zensiert. Trotzdem kommen immer wieder verstörende Gewaltphantasien gegen Journalisten und andersdenkende Blogger hoch.

Die Stimmung der Wirecard-Befürworter heitert sich gegen Ende des Jahres 2019 noch einmal schlagartig auf. Mit einem ganzen Tross von Mitarbeitern reist Markus am 8. Oktober nach New York, um beim Capital Markets Day seine Vision 2025 zu korrigieren. Natürlich in die einzige Richtung, in die der Wirecard-CEO denkt: nach oben. Die Wirklichkeit des vergangenen Jahres hat gezeigt, dass die ursprünglichen Zahlen zur Vision 2025 viel zu konservativ sind. Jetzt legt der Vorstandsvorsitzende noch mal eine gewaltige Schippe drauf: Das für 2025 zu erwartende Transaktionsvolumen steigt um 100 Milliarden auf 810 Milliarden Euro. Der Umsatz erreicht in der neuen Prognose im Zieljahr 2025 12 Milliarden Euro. Das EBIT rauscht nach oben auf 3,8 Milliarden Euro. Das ist das neue Milliardenspiel von Markus Braun. Auf Wallstreet:Online geht die Post ab. Die glücklichen Wirecard-Blogger reden sich in Ekstase: Vor 2025 verkaufen echte Wirecard-Fans nicht. Der Kurs wird alles in den Schatten stellen, was heute möglich erscheint. 600 Euro für eine Wirecard-Aktie sind ab jetzt zum Greifen nahe.

Ich wurde diesmal nicht eingeladen, um mit nach New York zu fliegen. Kein Problem für mich. Für die Jahre 2020 bis 2025 wird es vermutlich noch viele weitere Wirecard-Events geben, bei denen die Prognose angehoben wird. Das wird eine Dauerveranstaltung des Boards werden.

Während die ganz große Show in New York abgeht, backe ich in München kleinere Brötchen. Auf einer Veranstaltung zum Thema »Der Handel der Zukunft« soll ich in einer Keynote meine Vision vom Einkaufen darstellen. In dem Meetingraum in einem Mittelklassehotel in München treffen sich 40 bis 50 Leute, um meinen Ausführungen zu lauschen.

Meine Slides sind hochglänzend poliert und schimmern in tausend Farben. Wie eigentlich immer streife ich das Thema Wirecard nur am Rande und wende mich gleich der Zukunft zu, die sich in China, Japan, in Indien oder den USA bereits abzeichnet. Auslieferung per Drohnen; Roboter, die in Supermärkten arbeiten; Systeme, die Gesichter erkennen und unsere Bedürfnisse auslesen. Ich lasse in meiner Keynote keine Science-Fiction-Story aus. So etwas kommt immer ganz gut an.

Am Ende eines langen Arbeitstages und nach dem Abschluss meiner Ausführungen wendet sich am Buffet ein älterer Mann an mich, der sich als Investor vorstellt. In seiner Cordhose und seinem Uralt-Blazer kann ich nicht den Finanzjongleur von Rang erkennen. Der Mann fragt mich nach meiner Einschätzung zu den nicht enden wollenden Bilanz-Diskussionen rund um Wirecard. Ich nehme einen tiefen Schluck vom ganz passablen Chardonnay, den sie hier servieren, und erzähle meine übliche Story: vom Wachstum, das bei der Wirecard viel zu schnell geschah, und den Strukturen, die mit dieser Entwicklung nicht mitgehalten haben. Mein Gesprächspartner sieht mich freundlich an und sagt dann: Google wurde im Jahr 1998 gegründet. Also noch vor Wirecard. Nach allem, was man so hört, ist das ja auch ein dynamisches Unternehmen. Trotzdem kursieren keine Berichte über Bilanzierungstricks. Facebook wurde 2004 aus der Taufe gehoben und Amazon 1994 – alles ohne Skandale beim Controlling.

Ich nehme einen weiteren großen Schluck und sehe mich hilfesuchend um. Vielleicht entdecke ich jemanden, den ich jetzt ganz dringend sprechen müsste. Ja, sage ich schließlich, die Situation ist komplex und man muss sie von Fall zu Fall sehen. Dann entschuldige ich mich, nehme meine Tasche und meinen Mantel und gehe fröstelnd in den kalten Münchner Spätherbst hinaus.

8

It's all over now, baby blue

Es ist ein warmer Morgen im Spätsommer des Jahres 2019. Die Sonne weckt mich viel zu früh auf, denn ich habe in der Nacht vergessen, die Vorhänge in meinem Hotelzimmer zuzuziehen. Mein Kopf schmerzt, und ich fühle ein bitter-saures Unwohlsein in der Magengegend. Ich habe einen ziemlichen Kater, weil ich den gestrigen Abend mit den Führungskräften der Wirecard-Produktorganisation an der Hotelbar verbracht habe. Wir starteten mit einer ausführlichen Verkostung österreichischer Prädikatsweine und landeten bei Whisky der Marke Lagavulin. Diese Kombination ist nie eine gute Idee. Gegen ein Uhr nachts bin ich ins Bett gewankt. Jetzt fühle ich mich scheußlich. Ich beschließe, das Frühstück ausfallen zu lassen. Zu angeregtem Business-Smalltalk bin ich noch nicht in der Lage. Stattdessen checke ich ein paar Mails.

Dann gehe ich direkt ins Lakeview Office, wo der Workshop der Wirecard-Produktorganisation stattfindet. An der Vorderseite des Raumes sitzt ein Mann, der definitiv nicht zum Team des Konzerns gehört. Er ist vielleicht

45 Jahre alt, aber er möchte sehr viel jünger wirken. Seine langen, pechschwarzen Haare hat er zu einem praktischen Zopf gebunden. Sein Gesicht wirkt so seltsam verkünstelt und unbeweglich, als hätte er sich erst gestern eine kleine Auffrischung aus der Botox-Spritze gegönnt. Er steht auf und hebt die Hand zum Gruß hoch. Dabei sehe ich, dass er eine weiße Toga aus grobem Stoff trägt. Seine Beine sind nackt, und seine Füße stecken in Sandalen aus braunem Leder. Jesus ist nach Grainau gekommen, schießt es mir durch den Kopf. Seine neue Bergpredigt unter der Zugspitze widmet er der segenspendenden Wirkung von Hyaluron-Fillern und Botulinum-Neurotoxin. »Namaste«, sagt der Mann und sieht mich erwartungsvoll an. »Hallo«, antworte ich. Ich bin etwas verwirrt, dass Jesus jetzt in Yoga-Slang redet. Zur Sicherheit lege ich meine Tasche an dem Platz ab, der möglichst weit entfernt von dem Typen in der Toga liegt. Dann gehe ich zurück in das lichtdurchflutete Atrium des Hotels und esse ein Croissant vom Snackbuffet, um meinen Magen zu beruhigen. Ich habe das ungute Gefühl, dass dies kein guter Tag wird. Immerhin: Ich bin schlagartig nüchtern.

Susanne Steidl hat uns im September zu einem weiteren Offsite eingeladen. Diesmal treffen wir uns für zwei Tage im Hotel am Badersee in Grainau. Das Event steht am ersten Tag unter dem Titel »Strategic Decisions«, und es geht um Planung und Exekution. Wir beginnen mit einem lustigen Management-Spiel, bei dem sich die versammelten Executive Vice Presidents mit Seilen verschnüren und dann möglichst schnell wieder befreien müssen. Im Anschluss ziehen wir Spielkarten mit kreativen Motiven und erklären anhand der

Bildwelten unsere Motivation für den Tag. Von solchen funky Interaktionen angeregt, starten wir in den ersten Workshop-Tag. Zunächst steht die Mitarbeiterplanung im Mittelpunkt der Diskussion. Weil der Standort Aschheim mit 1700 Vollzeitbeschäftigten mittlerweile komplett aus allen Nähten platzt, bevorzugt Susanne künftig die Neueinstellung an Niedriglohnstandorten. Das ganze Thema wird für einige Stunden aufgeregt diskutiert. Die Anzahl der Mitarbeiter in der eigenen Abteilung am Standort Aschheim ist für die meisten Top-Manager der wesentliche Indikator für ihre eigene Relevanz. Deswegen geht es zwischen der CPO und ihren Führungskräften ständig hin und her: Jedes Großprojekt schreit nach mehr Mitarbeitern im Headquarter. Indonesien, Malaysia, Indien oder Osteuropa gehen gar nicht. Es wird hart verhandelt an diesem Vormittag, und Susanne Steidl wird langsam ungehalten. Sie kämpft jedoch mit den Geistern, die sie selbst rief. Susanne hat vor ihrer Berufung zum Vorstand die Abteilung Issuing, zuständig für die Herausgabe von Kreditkarten, aufgebaut. Bei jedem neuen Projekt und jedem neuen Kunden lief die Managerin mit einer Forderung nach mehr Mitarbeitern zum CEO. Auf diese Art und Weise baute sie eine Monsterabteilung mit weit über 400 Team Members auf, die sich selbst als »Cost-Center und nicht als Profit-Bringer« definierte. Auch so wird man bei Wirecard Mitglied des Vorstands. Kein Wunder also, dass jetzt alle Manager diese Strategie für sich adaptieren. Das gefällt Susanne gar nicht. Entsprechend zerknirscht und langatmig wird die Debatte.

Nach der Mittagspause gibt es einen Break im Programm. Die Abteilung Group Strategy ist angetreten, um auf ausdrücklichen Wunsch von Susanne über die Ertragslage der Wirecard AG und ihrer Tochtergesellschaften zu informieren. Im Mittelpunkt der Betrachtung steht die Profitabilität jeder einzelnen Abteilung. Uns allen fehlte bisher der Gesamtüberblick. Deswegen herrscht angespannte Stille im Raum.

Die Präsentation des strategischen Teams von Wirecard führt alle Produktsegmente und ihren Beitrag zu Revenue und EBITA auf. Issuing verliert in der Bilanz einen zweistelligen Millionenbetrag im Monat und ist tief defizitär. Eigentlich läuft nur das Geschäft in den USA einigermaßen. Value Added Services, also die Abteilung, die für alle Zusatzservices verantwortlich ist, glänzt in der P&L in satten Rottönen. Boon vergessen wir lieber gleich wieder schnell. Einzig das klassische E-Commerce-Geschäft ist erwartungsgemäß profitabel. Wenn auch lange nicht so stark, wie alle vermutet haben. Dann zeigt der Präsenter von Group Strategy auf einen großen, tiefschwarzen Punkt, der am oberen Ende der Folie fast den PowerPoint-Master sprengt. Das ist das berühmt-berüchtigte Third Party Business – der Top-Umsatzbringer der Wirecard. Das Beste daran: Relevante »Cost of Sales«, also Ausgaben, die unmittelbar mit der Geschäftsabwicklung zusammenhängen, fallen kaum an. Keine Personalkosten, keine Serverleistungen, kein Support, kein Sales, kein Marketing. Revenue ist zum großen Teil EBITA. Wenn das wirklich stimmt, dann haben Jan, Henry und Oliver so etwas wie den Heiligen Gral der globalen Geschäftswelt aufgespürt. Er garantiert Glückseligkeit, ewige Jugend und liquide Mittel in unendlicher Fülle.

Die Gesichter der Damen und Herren aus den traditio-

nellen Produktabteilungen der Wirecard werden asch-
grau, denn alle Führungsmitarbeiter der CPO-Organisation repräsentieren relevante Cost Center. Wenn Profit
praktischerweise auch kostenneutral funktioniert, dann
ist man an Details interessiert. Auch Susanne wird jetzt
sichtbar unruhig. Der Großteil des Wirecard-Gewinns
läuft offenbar an ihren sauber strukturierten Systemen
vorbei und wird nicht in Confluence dokumentiert. Das
geht gar nicht.

Susanne fordert die Präsenter von Group Strategy jetzt
dazu auf, die Namen jener Händler zu nennen, für die
Wirecard das Spitzengeschäft abwickelt. Doch die Manager aus der strategischen Abteilung, die unmittelbar
Markus Braun untersteht, zucken nur mit den Schultern
und verweisen auf eine eigens mitgereiste Fachkraft des
Controlling-Teams. Die Stimmung ist jetzt kurz vorm Kip-
pen. Susanne wird etwas lauter und fragt pointiert weiter
nach den Hintergründen des Third-Party-Geschäfts. Sie
befindet sich in dem Zustand, den sie am meisten hasst:
Confusion.

Der Controlling-Mitarbeiter bittet Susanne auf ein
kurzes One-on-One aus dem Besprechungsraum. Als sie
zurückkommt, ist sie leichenblass. Dann erklärt sie knochentrocken, dass wir die Klärung des Themas bis zum
nächsten Offsite vertagen. Es wird nie ein nächstes Offsite
geben. Und geklärt wird auch überhaupt nichts mehr.

Vertrösten, versprechen, Zeit schinden, lügen – das ist
die Strategie von Jan Marsalek in Sachen Third Party Acquiring (TPA) gegenüber Susanne. Die Produktvorstän-
din will, dass die merkwürdigen TPA-Transaktionen über
ihre Systeme laufen. Sonst macht ihr Job überhaupt kei-

nen Sinn. Doch Jan findet immer neue Ausreden, um eine Integration zu verhindern. Mal sind ihm die Zahlen der Incidents auf dem Wirecard-Gateway zu hoch. Mal gibt es besondere vertragliche Herausforderungen. Mal erklärt Kollege Marsalek besorgt, dass die Milliarden-Transaktionen aus dem Third-Party-Geschäft unsere Server in die Knie zwingen könnten. Oft ruft der COO die CPO einfach gar nicht zurück. So simpel läuft das.

Im Nachhinein ist klar: Jan spielt auf Zeit im Jahr 2019. Die Luft wird für den Top-Manager immer dünner. Zunächst recherchieren die Medien weiter hartnäckig zu den merkwürdigen Deals, die Wirecard in Indien und in Singapur abgewickelt hat. Trotz zahlloser Dementis, trotz engagierter Feindaufklärung, trotz Bestechungsversuchen und Bedrohung zieht sich die Schlinge um den Hals von Jan als verantwortlichem Vorstand für Asien und das TPA-Geschäft immer weiter zu. Dies auch, weil jetzt reihenweise interne Whistleblower aus Asien und Aschheim Dokumente an die Medien leaken.

Da ist noch eine Sache, die Jan beunruhigt. Auf Druck von Softbank hat der neue Aufsichtsratsvorsitzende der Wirecard, Thomas Eichelmann, die Wirtschaftsprüfer von KPMG mit einer forensischen Untersuchung der Wirecard-Bilanz beauftragt. Dabei steht vor allem die Herkunft der Umsatzströme im Mittelpunkt der Betrachtung. Wir haben es jetzt mit gleich drei großen Audits zu tun. EY kümmert sich um den klassischen Jahresabschluss. PricewaterhouseCoopers prüft die IT-Infrastruktur des Unternehmens. KPMG setzt außerdem mit hoher Manpower die forensische Sonderprüfung an.

Kein Wunder also, dass der smarte Herr Marsalek jetzt

alle Hände voll zu tun hat. Die Sache steht auf des Messers Schneide. Wenn KPMG keine Anzeichen für kriminelle Aktivitäten findet, ist Wirecard vollständig rehabilitiert. Doch wenn es anders ausgeht, rollt Marsaleks Kopf als Asienchef und TPA-Mastermind. Ob der Chief Operating Officer auf ein solches Blutbad Lust hat? Jedenfalls bleiben ihm Monate, um sich auf den Showdown vorzubereiten. Und diese Zeit nutzt er überaus produktiv, wie sich später herausstellen wird.

Und was ist mit Jans einstigem Super-Buddy Henry O'Sullivan? Der milliardenschwere Multiunternehmer aus Singapur hat zu der Entwicklung in München neuerdings eine eher distanzierte Haltung. In einem lockeren Chatverlauf, den ich mit Henry zum Themenkreis lebensverlängernde Medikationen und Wunderpillen für Schlaf, Diät und Muskelaufbau auf Telegram führe, werden Jan im Besonderen und Wirecard im Allgemeinen überhaupt nicht mehr thematisiert. Im Gegenteil, wenn das Wort »Wirecard« im Chat auftaucht, löscht Henry ein paar Minuten später den gesamten Gesprächsverlauf. Das W-Wort hat in unserem kleinen Gedankenaustausch keine Chance. Nach grenzenloser Liebe zu Aschheim sieht das nicht aus.

Just for the record: Heinrich von Sullivan empfiehlt eine Mischung aus Ritalin und Modafinil, um im Office topfit den Milliarden-Mann zu geben. 1000 mg Magnesium, TruNiagen, OPC, L-Arginin und etliche andere Kleinigkeiten in Pillenform runden die tägliche Vitamin- und Drogenparty dann ab. Danke für die Inspiration, Sir Henry.

Bin ich selbst angesichts des wachsenden Drucks, unter dem Wirecard steht, nervöser als sonst? Nein. Die ganze

Audit-Sache und die Medienberichterstattung prallen weitgehend an mir ab. Es gab in der Vergangenheit so viele Artikel in den Medien und so viele Angriffe aus allen Richtungen. Nie hat etwas wirklich verfangen. Wir sind die Teflon-Boys aus dem fucking Landkreis Aschheim, an denen nichts haften bleibt. Wir sind die Audi-Dienstwagen-Gang mit dem W im Nummernschild. Wir sind die Tech-Survivor. Oft totgesagt, aber immer putzmunter wieder auferstanden.

Die Wahrheit ist auch, dass meine diversen Versuche, die Wirecard zu verlassen, erfolglos geblieben sind. Ich habe in den letzten Monaten mit einer Vielzahl von Headhuntern über eine Reihe von unterschiedlichen Job-Optionen gesprochen. Aber die hundertprozentige Alternative, nach der ich suche, will sich nicht materialisieren. Mal hätte ich nach London gehen müssen, mal nach Berlin oder Frankfurt. Mal wäre das neue Team zu groß gewesen. Einmal war es gar nicht vorhanden. Immer war etwas. Nie war es perfekt genug, um mich aus meiner Comfort Zone zu pushen. Ich bin inzwischen müde geworden von all den Calls und der ewigen Selbstdarstellung.

Ich spreche mit meiner Frau und erkläre, dass ich wahrscheinlich bis zu meiner Rente bei Wirecard bleiben werde. Der Blick, den sie mir zuwirft, sieht nicht wie echte Zustimmung aus. Mein Leben ist ein Wirecard-Leben geworden. Der erste Blick direkt nach dem Aufstehen gilt dem Outlook-Client auf meinem Firmen-iPhone. Dann: Aktienkurs – check. Wallstreet:Online – check. Twitter – check. Erst jetzt bin ich fürs Leben startklar.

Ich habe zu Hause einen Kalender an die Tür unseres Arbeitszimmers geklebt, in den ich alle anstehenden

Dienstreisen eintrage. Die Hälfte der Zeit bin ich unterwegs. Die wenigen Wirecard-freien Stunden und Tage kompensiere ich mit Ausflügen mit den Kids. Wenn ich den Fotostream auf meinem Handy betrachte, dann wechseln sich Woche für Woche die immer gleichen Szenarien ab: die Bilder von Parkplätzen im Parkhaus am Flughafen München. Die Food-Porn-Fotos vom Business-Dinner. Die aus dem Taxi vorbeirasend hastig aufgenommenen Sehenswürdigkeiten. Zwischendurch Bilder von den ambitionierten Wochenendausflügen mit den Kindern. Am Montag geht dann wieder alles von vorne los.

Auf meinen Fotos komme ich selbst nicht vor. Ich bin entweder Wirecard-Dude oder kompensierender Vater. Nie geht es wirklich um mich – immer nur um die Rolle, die ich gerade spiele. Auch meine Frau ist nicht auf meinen Bildern zu sehen. Sie ist das Backoffice, die segensreiche Kraft im Hintergrund, das Regulativ. Jeder von uns hat seine Rolle und seine Funktion in meinem Wirecard-Leben. Nichts davon ist echt. Was ich eigentlich will, habe ich längst vergessen. Ich bin eine verfickte Confluence-Page geworden – mein Leben ist eine Liste von Tasks, die ich nacheinander abarbeite.

Der erste Workshop-Tag in Grainau wird ohne Ergebnisse vertagt. Am zweiten stehen vergleichsweise weiche Fragestellungen im Mittelpunkt. Susanne hat einen weltberühmten Yoga-Trainer und Management-Guru eingeladen. Es geht um positive Vibes und neuen Spirit, sehr verehrte EVPs und VPs. Die ganze Führungscrew beschäftigt in zahllosen Telegram-Messages jedoch nur die Frage, ob der Mann, der vorne am Tisch in einer Toga sitzt, jetzt Unterwäsche trägt oder nicht. Ich möchte jedenfalls keinen herabschauenden Hund hinter dem Typen ausprobieren, tippe ich in den Messenger und schicke drei Zwinker-Smileys hinterher. Aber solche körperlichen Begegnungen wird es in den kommenden Stunden sowieso nicht geben.

Der Mann, der die Toga trägt, redet für 90 Minuten wie ein Wasserfall. Er spricht über seine lange innere Reise zu sich selbst, über all die Tech-CEOs, die er berät, über seine Bewunderung der Effizienz des chinesischen Wirtschaftssystems. Über asiatisches Essen, den Verfall der westlichen Kultur, seine Wertschätzung für Wirecard und über die Kunst des reinen Atmens. Ich denke irgendwann, dass das vielleicht ein Trick ist: Dass man ausprobiert, wie lange eine Gruppe von Managern diese Art von Frontalunterricht ohne Intervention übersteht.

Dann platzt ausgerechnet Susanne Steidl der Kragen und sie fragt nach, wann das eigentliche Programm heute anfängt. Der Toga-Typ antwortet nicht. Er nickt nur, steht auf und geht zum Whiteboard. Dann nimmt er einen Stift und schreibt stumm die Frage: »Was machen wir und warum?«

Die versammelten Mitarbeiter der oberen Führungsebene von Wirecard sind verwirrt. Was machen wir? Wir erhöhen den Wert des Unternehmens. Wir liefern Technologie und setzen Zahlungsströme in Gang. Wir machen Markus Braun reich. Das machen wir.

Aber der Mann mit der Toga gibt sich mit solchen Allgemeinplätzen nicht zufrieden. Worauf können wir stolz sein? Was erzählen wir unseren Freunden und unseren Nachbarn über unsere Tätigkeit? Die Wahrheit ist: Die wenigsten Manager von Wirecard sind stolz auf irgendetwas, Yoga-Freund. Meist wechseln wir das Thema, wenn jemand fragt, was wir beruflich machen. Das ist der Wirecard-Lifestyle.

Nach einigen Stunden Brainstorming steht auf dem Whiteboard jedoch immerhin ein Satz in all seiner gekünstelten Logik: »Wir etablieren ein technologisches Netzwerk für finanzielle Interaktionen zwischen Menschen und Unternehmen.« Gnade dir, zehnjährige Freundin meiner Tochter, wenn du das nächste Mal unschuldig nachfragst, was ich denn beruflich so mache. Tech-Networks mache ich, für Transactions und so.

Es ist alles gut am Ende dieses zweitägigen Workshops: Wir haben in einer gemeinsamen Anstrengung den Zweck unserer beruflichen Bemühungen als Purpose Statement formuliert. Jetzt müssen wir nur noch verstehen, wie wir Geld machen. Dann sind wir auf dem besten Weg, so etwas wie eine normale Firma zu werden. Der Mann mit der Toga trägt keine Unterwäsche, merkt die Mitarbeiterin neben mir am Ende zufrieden an. Mit dieser elementaren Erkenntnis eilen wir zu unseren Dienstwagen und verlassen Grainau.

Die einzelnen Audits, die zeitgleich innerhalb der Wirecard stattfinden, stellen uns Tech-Typen vor erhebliche Herausforderungen. Ständig gibt es Meetings und Rückfragen zu den unterschiedlichsten Projekten.

Ich persönlich habe in Sachen Audits inzwischen meine eigene Strategie entwickelt. Normalerweise beginnt ein Meeting mit EY etwa damit, dass die Prüfer lange Listen mit Jira-Tickets, kryptischen Projektnamen und aktivierten Stundenkontingenten durchgehen. Im fensterlosen

Kellerbüro, in dem EY bei Wirecard haust, können auf diese Art und Weise Stunden vergehen. Ich löse das Problem proaktiv. Zu Beginn des jeweiligen Audits gehe ich in einer langatmigen Präsentation alle Dimensionen meines technischen Schaffens durch. Im Deep Dive vor den Damen und Herren Auditoren spare ich nicht mit Spezialbegriffen und unverständlichen Akronymen. Nachdem ich eine gute Stunde auf über 80 PowerPoint-Slides pure Tech-Magie verströmt habe, sind die Prüfer meist so erschlagen, dass die anschließende Fragestunde relativ kurz ausfällt. Audit is over.

Doch im Jahr 2019 haben die Auditoren plötzlich ganz andere Fragen. So interessieren sich die Prüfer von KPMG zum Beispiel recht lebhaft für das indische Projekt Bijli, das Jan gemeinsam mit Henry O'Sullivan initiiert hat. In echter Panik sucht mein Team nach dem im Original von beiden Seiten unterschriebenen Vertrag. Dann will KPMG verstehen, wie die Geldströme bei Bijli liefen, und welche Rolle Sir Henry bei dem Projekt spielte. Ich kann ehrlich antworten, denn im Grunde weiß ich nichts wirklich Belastbares. Es geht im Kern nur um Mutmaßungen und Annahmen.

KPMG sucht jedoch nach den Smoking Guns: nach internen Vereinbarungen zur Verrechnung, Sideletters oder authentischen Chatverläufen zum Management von Geldströmen. All das liegt nicht auf meinen Festplatten und gehört nicht in meinen Speicher. Nach anderen Projekten, die das dynamische Duo Jan und Henry in Indien gestartet haben, nach Reiseportalen wie Goomo zum Beispiel oder Last Minute fragt mich niemand, was ok ist, denn auch hier hätte ich viel Hearsay, aber nichts Konkretes zu bieten. Das spannen die Prüfer schnell und lassen mich weitgehend in Ruhe.

Das KPMG-Audit zieht sich endlos in die Länge. Der endgültige Report ist zunächst für März des Jahres 2020 angekündigt und wird dann auf April verschoben. Das ist nicht weiter verwunderlich, denn längst macht ein neues Thema die Zusammenarbeit auf internationaler Ebene schwierig. Covid-19 schlägt jetzt erbarmungslos zu und setzt der flotten Reisetätigkeit zwischen den Standorten im Weltreich von Wirecard Grenzen. Ich bekomme das als einer der Ersten zu spüren. Ende Februar und Anfang März bin ich auf Dienstreise in Singapur.

Zu Beginn scherzt das lokale Team noch über die seltsame Krankheit, die von China ausgehend ganz langsam auf andere asiatische Staaten überschwappt. Doch dann wird in meinem Hotel ein erster Corona-Fall erkannt und das gesamte Gebäude aufwendig desinfiziert. Jetzt stoppen die Teams aus Singapur alle Meetings mit dem potentiell hochinfektiösen EVP Innovation. Jeder hat Angst davor, nach einem Treffen mit mir straightaway in häusliche Quarantäne zu wandern. Mein letzter Encounter in Singapur findet daher ganz unspektakulär in einer spanischen Tapas-Bar in einem schmucklosen Einkaufszentrum statt. Gemeinsam mit Business-Gentleman Fook Sun Ng, dem Statthalter des Asiengeschäfts für Wirecard, leeren wir einige Gläser Whiskey und schwören uns auf die neuen Herausforderungen ein. Wir werden diese verdammte neue Krankheit überleben und auch das Audit von KPMG.

Ich verlasse Singapur direkt nach dem Treffen mit Fook Sun. Leicht angeheitert beschließe ich noch einen Abstecher in das neue Terminal 1 am Flughafen Changi zu machen. Das ist eine Premiere – sonst hetze ich immer in letzter Minute zum Airport. In tausend Neonfarben ist am Flughafen der größte künstliche Wasserfall der Welt illuminiert. Es wird mein letzter Besuch in Singapur für eine lange Zeit sein, denke ich und fühle eine merkwürdige Schwere in mir. Ich bezahle noch einige Mitbringsel in den Flughafen-Shops mit meiner Corporate Card an Wirecard-Bezahlterminals. Da ist es also unser großartiges »technologisches Netzwerk für finanzielle Interaktionen zwischen Menschen und Unternehmen«. Bald wird es Geschichte sein.

Nach meiner Rückkehr aus Asien muss ich zunächst einige wilde Telefonate mit den Damen von Human Ressources bei Wirecard führen. Nach der fundierten Analyse der Personalabteilung geht keine Ansteckungsgefahr von mir aus. Trotzdem hält man es für besser, wenn ich 14 Tage in häusliche Quarantäne abtauche. Genau nach Ablauf dieser zwei Wochen findet das Coronavirus seine ersten Opfer im Wirecard-Headquarter in Aschheim. Drei Mitarbeiter sind infiziert – sie sitzen alle drei Büros von mir entfernt. Homeoffice ist plötzlich kein Übergangsstadium mehr – es ist die neue Normalität. Jede Interaktion findet jetzt auf Videoportalen wie Zoom oder Teams statt. Die Digitalisierung, von der Markus Braun so gerne spricht – sie läuft im Schnelldurchlauf ab.

Doch die Sache funktioniert etwas anders, als der CEO sich das vorstellt. Bei unseren Freitagsmeetings können wir im Videochat live miterleben, wie die Transaktionsvolumina der Airlines, der physischen Läden, der Neo-Banken und vieler E-Commerce-Händler mit einem Mal wegbrechen. Die Entwicklung ist bestürzend. Doch Markus Braun verkündet per Twitter, dass er keinen Grund zur Panik sieht. Der CEO im Wortlaut: »Wirecard ist zuversichtlich, alle gesteckten Ziele zu erreichen.« Der Umsatz und das EBITA der Wirecard haben bereits die Finanzkrise, den Klimawandel und den drohenden Brexit unbeschadet überstanden. Jetzt trotzen unsere Zahlen auch einem winzigen Virus.

Mit insgesamt vier Verspätungen liefert die Wirtschaftsprüfungsgesellschaft KPMG am 28. April 2020 den finalen »Bericht über die unabhängige Sonderuntersuchung« bei Wirecard ab. Einen Tag später, gegen 8 Uhr morgens, veröffentlicht Wirecard die 74 Seiten des Reports. Das Unternehmen sieht sich durch das KPMG-Paper erwartungsgemäß rehabilitiert. »Belastende Belege für die öffentlich erhobenen Vorwürfe der Bilanzfälschung wurden nicht gefunden«, textet das Investor-Relations-Team rund um Iris Stöckl in einer Ad Hoc zum Thema.

Der Kurs der Wirecard-Aktie kracht trotzdem in sich zusammen. Denn in Wirklichkeit ist der KPMG-Report ein Dokument des Grauens. Auf vielen Seiten führt die Wirtschaftsberatung den fehlenden Kooperationswillen von Wirecard auf. Dokumente wurden nicht geliefert, Interviewtermine sind mehrfach verschoben worden, Systemzugänge konnten nicht gewährt werden, Third-Party-Paymentbuden verweigerten die Zusammenarbeit, Kontoauszüge und Bankdaten konnten nicht verifiziert werden. Der Report strotzt vor negativen Einschätzungen zur haarsträubenden Kooperation mit Wirecard und gipfelt in der Aussage: »Hinsichtlich der Höhe und der Existenz der Umsatzerlöse aus den TPA-Geschäftsbeziehungen (…) kann KPMG (…) weder eine Aussage treffen, dass die Umsatzerlöse existieren und der Höhe nach korrekt sind noch die Aussage treffen, dass die Umsatzerlöse nicht existent und nicht korrekt sind.«

Wir fassen einmal zusammen: Die wichtigsten Treiber für Umsatz und EBITA eines Finanzunternehmens, das im DAX gelistet ist, lassen sich von einem der führenden Wirtschaftsberatungsunternehmen der Welt auch nach Monaten forensischer Untersuchung nicht nachweisen.

Am 4. Mai, also wenige Tage nach der Herausgabe des Reports, lädt der Vorstand der Wirecard seine Mitarbeiter zum ersten Mal zu einer virtuellen Vollversammlung ein. In einer Townhall, die auf der Videoplattform Zoom stattfindet, stellt sich das gesamte Board den sorgsam gefilterten Fragen der Wirecard-Teams. Von 5700 Beschäftigten wählen sich über 1500 in das Meeting ein. Es ist Premierenzeit – ein solches Event hat es im Unternehmen noch nie gegeben. Die Aufregung im Vorfeld der Veranstaltung ist entsprechend groß.

Als der Video-Stream schließlich startet, sieht man die vier Vorstände vor einem Pult unter dem stilisierten Wirecard-Logo eng beieinanderstehen. Nach jenen Abstandsregeln, die in Corona-Zeiten geboten sind, sieht das jedenfalls nicht aus. Covid-19 ist für die Bilanz nicht relevant. Warum sollte das nicht auch auf die Vorstände zutreffen?

Dr. Markus Braun trägt im Videostudio, das die Abteilung Internal Communications in Aschheim am Einsteinring 35 im ersten Stock eingerichtet hat, seinen schwarzen Rollkragenpullover unter einem schwarzen Blazer. Darth Vader ist auf dem Planeten Erde gelandet und hat sich dem Anlass entsprechend gekleidet.

Die ganze Show beginnt mit einem merkwürdigen, komplett vom Blatt abgelesenen Statement von Iris Stöckl. Diese steife Eröffnung der Inszenierung verrät viel über die Anspannung der Akteure. Dann ergreift Markus das Wort. Er findet das Format der Video-Townhall zunächst einmal sehr spannend. Er ist immer offen für neue digitale Ideen. Das Jahr 2020 ist jedoch ganz klar eine Challenge. Da ist Corona, und da sind die scheinbar nicht enden wollenden Angriffe der Medien gegen Wirecard. Doch der CEO gibt sich optimistisch: Die Prognose des Unternehmens ist robust. Natürlich muss auch Wirecard in einigen Bereichen Verluste hinnehmen. »One five percent minus« – also 15 Prozent Minus im Online-Geschäft. Das betrifft vor allem alles, was mit Hotels und Airlines zu tun hat. Weitere 5 Prozent Einbruch im POS-Business. Macht zusammen »two zero percent minus«. Keine Ahnung, wo der Vorstandsvorsitzende seine neue Mathemagie aufgeschnappt hat. Das klingt superanalytisch mit den einzeln ausgesprochenen Zahlwörtern und all den sauber auf das Komma gerundeten Verlustvorträgen. Nachvollziehen kann ich diese Darstellung nicht. Auf der Confluence-Page mit den Transaktionsdaten der CPO-Organisation ist alles tiefrot gefärbt. Aber hey: Es ist Showtime.

Dann führt Markus Braun aus, dass die Verluste in bestimmten Geschäftsbereichen durch höhere Erträge in den Bereichen Videodownload, Food-Delivery und Do-It-Yourself deutlich ausgeglichen werden. Für einen kurzen Moment befürchte ich, dass der CEO nun sogar eine Steigerung des Gesamtgewinns für 2020 in Aussicht stellt. Aber so weit will er dann nicht gehen. Mit »aktivem Kostenmanagement« werden wir alle Ziele für das laufende

Geschäftsjahr erreichen, führt Dr. Braun aus und blickt ausdruckslos in die Kamera.

Danach geht es um den KPMG-Report. Aus der Sicht des CEOs haben wir es hierbei tatsächlich mit einer »Kommunikations-Challenge« zu tun. Das dürfte der Euphemismus des Jahres sein. Ein neu zu bestellender Chief Compliance Officer wird sich jedenfalls zukünftig um derlei Themen in der Außendarstellung kümmern. Dann kündigt der große Vorsitzende noch an, dass er das umstrittene Third Party Business künftig über eigene Lizenzen in die Systeme der Wirecard integrieren will. Wer bei der Aufzeichnung des Videos sehr genau hinsieht, der wird bemerken, wie sich Jan Marsalek bei dieser Aussage leicht hin- und herbewegt. Bislang lauschte Jan den Erklärungen des CEOs in seiner üblichen Selbsthypnose völlig regungslos. Jetzt tritt er von einem Fuß auf den anderen und blickt kurz rüber zu seinem Milliarden-Buddy vom Wirecard-Board.

Der widmet sich noch ein paar flotte Minuten lang dem allgemeinen Stand der Digitalisierung und dem boomenden Geschäft mit datengetriebenen Services. Dann leitet er zu einem persönlichen Thema über. Ein allseits bekannter Shortseller hat Markus Braun in den Medien zum Rücktritt aufgefordert. Das ist natürlich eine Steilvorlage. Markus fühlt sich superwohl in seiner Rolle und genießt das volle Vertrauen des Aufsichtsrats. Erstmals strahlt das ganze CEO-Gesicht. Es wird für eine lange Zeit sein letztes Lächeln bleiben, das auf Video dokumentiert ist.

Dann fängt Chief Financial Officer Alexander von Knoop mit seinen Ausführungen an. In krudem Business-Englisch und deutlich verwirrter Logik erklärt Alexander das Konzept der forensischen Untersuchung. Hunderte Millionen Transaktionen, verschlüsselte Daten, die drohende Verletzung von Persönlichkeitsrechten – in der Lesart des Finanzvorstands hat Wirecard in der Zusammenarbeit mit KPMG eine saubere Performance abgeliefert. Die leichten Missstimmungen, die man aus dem Bericht der Wirtschaftsprüfer herauslesen könnte, sind laut Alex der etablierte Style bei forensischen Darstellungen. Bei KPMG sind halt keine ausgewiesenen Literaten am Werk. Ok, wir fassen zusammen: »No findings« – »only minor differences« – »no doubts«. Nun weiter zu Jan Marsalek.

Der COO hat bis jetzt die Zeit in einem Zustand nahezu kompletter Regungslosigkeit verbracht. Sein Blick verharrt nach vorne auf einen imaginären Fixpunkt gerichtet. Er könnte eine Wachsfigur sein, die aus dem Kabinett von Madame Tussaud, Abteilung Wirtschaftskriminalität, angeliefert worden ist. Aber kaum hat Alexander von Knoop Jans Namen ausgesprochen, kommt schlagartig Leben in seinen Körper. Das ist mal eine echte Untertreibung. Jan läuft aus dem Stand zu Hochtouren auf. Perfektes Englisch, großartig eingesetzte Gesten, gewinnendes Lächeln – der Mann ist eigentlich ein Kommunikationsgenie. EY und KPMG haben sich gemeinsam mit Jan in Asien die Dinge mal genau angesehen. Das war nicht immer leicht wegen Corona, aber auch wegen der latenten Konkurrenzsituation der Wirtschaftsprüfer. Doch die Treffen vor Ort und die Dokumentationen der Banken haben alle Teilnehmer der lustigen Reisegruppe rund um Marsalek vollständig überzeugt. Dann hat man noch die TPA-Partner in zwei Workshops kennengelernt, und die Begeisterung kannte keine Grenzen mehr. Diese Begegnungen haben ganz klar das gegenseitige Vertrauen gestärkt und deutlich gemacht, dass die Wirecard genauso abwickelt, wie es Industry-Standard-Modelle vorsehen.

Beim Geschäftsbericht erwartet Jan vor diesem Hintergrund keine Probleme. Wenn überhaupt, dann kann im Grunde nur Corona das Reporting verzögern. »We shall remain hopeful on that front«, erklärt Jan zum Abschluss und lächelt in die Kamera. Das ist ganz großes Kino. Wenn es einmal einen Preis für die meisten Lügen in einer internen Videoproduktion geben würde, dann wäre Herr Marsalek mit absoluter Sicherheit der unangefochtene Sieger. Gratulation.

Die weiblichen Mitarbeiter meines Teams sind vom Auftritt des COO überaus positiv angetan. Der lässige Style, der maßgeschneiderte Blazer, das weiße Hemd und die subtile Uhr am Handgelenk – alles perfekt ausbalanciert. Dazu kommen dann noch das gewinnende Lächeln, das Top-Englisch und die weltgewandte Lässigkeit in der Darstellung komplexer Abläufe. Das ist der Mann, dem Mütter ihre Töchter mit MBA-Abschluss anvertrauen würden. Der Bachelor des weltweiten Business. Der weiße Ritter mit dem HON-Status der Lufthansa.

Es ist das letzte Mal, dass ich Jan sehe. Wir haben uns vor gut 15 Jahren das erste Mal getroffen und seither einiges gemeinsam erlebt. Ich erinnere mich gut an die Aufbruchsstimmung der ersten Reisen. Alles schien möglich zu sein. Unser erster gemeinsamer Flug führte Jan und mich auf die Isle of Man. Hier wollten wir das mobile Bezahlen unter Laborbedingungen einführen. Marsalek zog die Präsentation vor dem versammelten Vorstand des örtlichen Telekommunikationskonzerns ebenso routiniert durch, wie er Jahre später den Livestream der Townhall rocken wird. Meine Herausforderung war, dass ich mindestens einen einzelnen Satz zu seinem Monolog beisteuern konnte. Nach dieser Glanzleistung brachen wir wieder auf und gerieten mit dem Flugzeug über der Nordsee in einen Sturm. In London verpassten wir deswegen den letzten Anschlussflug nach München. Ich war nervös, weil es zu Hause meine einzige Aufgabe des Tages ist, die Kinder fertig für Schule und Kindergarten zu machen. Das war meine familiäre Mindestanforderung, und es war nicht das erste Mal, dass ich daran scheiterte. Jan bot an, dass Super-Sabine diese Aufgabe für mich übernehmen könne. Er sagte das nicht ironisch oder rhetorisch – Jan meinte das ernst. Dann buchte er für uns mit seiner Amex Centurion Card ein Top-Hotel in der Londoner Innenstadt. Weil es mein Geburtstag war, führte er mich ins beste chinesische Restaurant aus. Als ich an jenem Abend zurück in mein Hotelzimmer kam, lag eine Notiz auf meinem Bett, dass ich meine gesamte Kleidung zur Overnight-Reinigung vor die Tür hängen solle. Der charmante Herr Marsalek hatte wieder mal an alles gedacht.

Ich stelle mir manchmal vor, wie dein neues Leben heute so aussieht, Jan. Auf der Veranda einer Datsche in den Weiten der kaukasischen Wälder, vielleicht auf einer Almhütte in Österreich oder einer Pazifikinsel. Du bist viel allein in letzter Zeit, und dein Notebook ist nicht mit dem WLAN verbunden. Du benutzt auch keine Bluetooth-Kopfhörer, weil die Funkwellen nicht abhörsicher sind. Telefonieren ist ohnehin auf ein Minimum begrenzt, und auf Telegram bist du für alle nur noch ein »gelöschtes

Konto«. Es gibt keine Projekte mehr. Keine Präsentationen. Keine First Class. Kein Business. Um dich herum ist es jetzt still geworden. Das ist dein eigentliches Gefängnis bis zur Verjährung in zehn Jahren. Mach es gut. Schreib mal, wie das Wetter so ist und ob es genug Tomahawk Steak und stets eine fachgerecht dekantierte Flasche Château Pétrus 2010 gibt.

Nach der sauber orchestrierten Townhall macht sich bei Wirecard Optimismus hinsichtlich des Geschäftsberichts für das Jahr 2019 breit. Die starken Statements des C-Levels sprechen klar für ein uneingeschränktes Testat von EY. Wirecard wird sich mit Hängen und Würgen über die Spielzeit retten. Im Dezember laufen die Verträge aller vier Vorstände aus. Dann werden die Karten neu gemischt. Dass Jan den Konzern Ende 2020 verlassen wird, ist ein offenes Geheimnis. Vielleicht geht auch Markus und macht den Weg frei für einen neuen Anfang.

Der Report ist für Donnerstag, den 18. Juni 2020, angekündigt. Der Tag der Veröffentlichung ist sauber durchgetaktet: Um 7.30 Uhr steht die Publikation des Geschäftsberichts 2019 und die Vorlage der Zahlen für das erste Quartal 2020 auf dem Programm. Um 14 Uhr startet der Livestream, in dem Markus Braun den Geschäftsverlauf erklärt. Alexander von Knoop analysiert im Anschluss die wichtigsten Finanzzahlen. Dann übernimmt Markus wieder mit einem Ausblick für 2020. Es folgt eine Q&A und ein Termin für die Presse. Dann ist Zeit für eine Runde Champagner und frisch aufgebrühten grünen Tee im Vorstandsbüro. Das ist der Plan. Die Realität läuft etwas anders ab.

Am Dienstagnachmittag, den 16. Juni, signalisiert EY

dem Wirecard-Board, dass es Probleme gibt, ein Konto mit Einlagen in Höhe von 1,9 Milliarden Euro bei zwei philippinischen Banken zu verifizieren. EY ist misstrauisch geworden, weil auch der KPMG-Report die ungeheure Summe nicht bestätigen konnte. Die Prüfer haben mehrfach bei dem Treuhänder für das Konto nachgefragt. Doch der will einfach nicht antworten. Irgendetwas stimmt hier nicht.

Der Vorstand trifft sich den gesamten Mittwoch zur Dauerkrisensitzung in Markus Brauns Büro. Es geht ständig zwischen EY und Wirecard hin und her. Mal gelingt es Jan Marsalek und Alexander von Knoop, die Prüfer zu beruhigen und die Wogen zu glätten. Das grundsätzliche Misstrauen können sie jedoch nicht abstellen. Warum parkt überhaupt ein DAX-Unternehmen einen Milliardenbetrag auf einem Konto auf den Philippinen? Das Bankensystem dort ist in einem absolut desolaten Zustand. Die Beträge auf den Konten sind außerdem in Euro ausgewiesen und nicht in der nationalen Währung Peso oder wenigstens in Dollar, der Währung, auf der die philippinische Wirtschaft basiert. Noch immer ist der Treuhänder nicht greifbar. Die Sache steht auf des Messers Schneide.

Von den Diskussionen zwischen EY und dem Wirecard-Vorstand bekommen die Mitarbeiter nichts mit. Es gibt keine Gerüchte – nur gespannte Stille. Selbst jenes Personal, das im vierten Stock auf dem Vorstandsflur an der inhaltlichen und grafischen Umsetzung des Reports arbeitet, ahnt nicht, in welcher Gefahr das Unternehmen schwebt. Ein eingeschränktes oder ausbleibendes Testat wäre eine Katastrophe.

Niemand rechnet ernsthaft mit einer Eskalation. In der

Vergangenheit war Wirecard immer für Last-Minute-Rettungsaktionen gut. Jan Marsalek jettet nach London und kehrt mit triumphalen News zurück. Irgendwo tauchen Dokumente zum Shortselling auf. Die BaFin ermittelt wegen Marktmanipulation. Doch die Wirecard-Magie ist im Juni des Jahres 2020 erschöpft.

Die Abschlussprüfer von EY informieren das Unternehmen am Donnerstagvormittag darüber, dass »über die Existenz von im Konzernabschluss zu konsolidierenden Bankguthaben in Höhe von 1,9 Milliarden Euro keine ausreichenden Prüfungsnachweise zu erlangen waren«. EY führt weiter aus, dass es Hinweise gibt, die Saldenbestätigungen der Banken seien gefälscht, um über das Vorhandensein der Bankguthaben ein »unrichtiges Vorstellungsbild« zu liefern – so das Wording der Wirecard. Die Geschichte von Geld, Gier und Größenwahn ist auserzählt. Jetzt geht es im Rekordtempo abwärts. Von über 100 Euro stürzt der Kurs binnen weniger Stunden auf zeitweise unter 30 Euro ab. Es ist der größte Einbruch in der jüngeren deutschen Börsengeschichte.

Am Nachmittag desselben Tages wird Jan Marsalek von seinem Vorstandsmandat freigestellt. In seinen letzten Telegram-Messages sieht er sich als Sündenbock für das gesamte Wirecard-Desaster. Dann fliegt er angeblich auf die Philippinen, um den Treuhänder der ominösen Konten zur Rede zu stellen und die Milliardensumme aufzuspüren. Doch Jan weiß natürlich, dass das Geld nicht auf irgendwelchen Konten in Manila liegt. Deswegen fliegt er auch nicht wirklich zum asiatischen Inselstaat. In aller Ruhe setzt der einstige Vorstand der Wirecard vielmehr seine eigene Flucht um. Super-Sabine bringt ihn noch zum Airport. Dann verliert sich seine Spur irgendwo zwischen Oberösterreich und Weißrussland. Er bekommt in den kommenden Tagen einen Spitzenplatz auf der Most-Wanted-Liste von Europol und FBI. Dann erwischt es Markus Braun. Am Morgen des 19. Juni legt der Aufsichtsrat der Wirecard Markus Braun den freiwilligen Rücktritt nahe. In einem letzten verzweifelten Aufbäumen ruft Markus die einzelnen Aufsichtsratsmitglieder der Wirecard an und erklärt jedem, dass die Entlassung sein »Lebenswerk« zerstören würde. Gleichzeitig verweist der scheidende CEO auf das Geschäft mit den datengetriebenen Services, das erst jetzt richtig anläuft. All das ist jedoch vergebens. Am Nachmittag des gleichen Tages akzeptiert Markus schließlich seine Demission. Dr. Markus Braun tritt im Einvernehmen mit dem Aufsichtsrat der Wirecard AG mit sofortiger Wirkung als Mitglied des Vorstands zurück.

Am 19. Juni, am Tag seines Rücktritts, sendet Markus eine letzte Erklärung an die Wirecard-Mitarbeiter. Er führt aus, dass er als größter Shareholder des Konzerns auch persönlich stark von der katastrophalen Entwicklung der Wirecard-Aktie betroffen ist. Mir kommen die Tränen. Jemand sollte vielleicht eine Spendensammlung organisieren. Markus dankt uns allen und erklärt: »Wirecard hat ein exzellentes Business Model und eine großartige Zukunft. Ich möchte dieser Zukunft nicht im Wege stehen.«

Ja, lieber Markus, unser großartiges Geschäftsmodell hat zu einem Loch in Höhe von mehreren Milliarden Euro geführt. Unser Business basierte weitgehend auf aufgeblasenen und gefälschten Umsätzen. Ich nehme dem CEO sogar ab, dass er immer wieder versuchte, unser Geschäft auf legale Art und Weise fortzusetzen. Aber am Ende ist er an seinen eigenen hochfliegenden Ansprüchen gescheitert. Gerüchte besagen, dass Jan Marsalek und Burkhard Ley den Vorstandsvorsitzenden der Wirecard nur noch für ein Weichei hielten, nachdem dieser Vater geworden war. Ob das stimmt, weiß außer den beiden natürlich niemand. Kann sein, dass sie Markus als kommunikativen Frontrunner nutzten, während sie selbst im Hintergrund ihren Geschäften nachgingen. Das macht es nicht besser. Kurz nach Versand seiner letzten Mail tritt der Compliance-Beauftragte in Brauns Büro und begleitet ihn in die Tiefgarage, wo Braun seinen Hausausweis abgibt, in den Dienst-Mercedes steigt und vom Chauffeur gefahren das Gelände verlässt. Danach werden Brauns Zugangsdaten in den Wirecard-Systemen gesperrt.

Intern überschlagen sich die Wirecard-Mitarbeiter nun mit immer neuen Updates zur Lage des Konzerns. Sarkasmus macht sich breit. Jeder hat eine kreative Idee zur Zukunft von Markus Braun. Mein persönliches Highlight ist eine stilisierte Hochzeitskarte, die Mitarbeiter der Wirecard herumschicken. Sie zeigt Elizabeth Holmes, ehemalige CEO des amerikanischen Unternehmens Theranos, auch nicht unerfahren in Corporate Fraud, in trauter Eintracht mit Markus Braun unter dem Titel »Just married«. Beide teilen die Liebe zu schwarzen Rollkragenpullovern und unternehmerischer Phantasie. Ihr wärt ein Top-Paar gewesen. Am Abend, wenn es spät geworden ist, würdet ihr die Aktenberge, die ihr ständig studiert, zur Seite legen und euch lang ansehen. »Dear Markus«, sagt Elizabeth schließlich. »Digitization will catch us all, honey.« Markus antwortet mit sanfter Stimme: »So very true.« Dann gleiten zwei Rollkragenpullover sacht zu Boden ...

Markus Braun stellt sich am 22. Juni der Staatsanwaltschaft, am selben Tag, als gegen ihn ein Haftbefehl erlassen wird. Er kommt einen Tag später vorerst frei, nachdem er eine Kaution über fünf Millionen Euro stellt.

Am 30. Juni veröffentlicht Wirecard eine Ad-hoc-Meldung, wonach der Aufsichtsrat den Anstellungsvertrag von Markus Braun außerordentlich gekündigt hat.

Am 22. Juli wird bekannt, dass die Staatsanwaltschaft ihn aufgrund neuer Vorwürfe verhaftet. Dieses Mal ist von Kaution keine Rede mehr. Seitdem wartet er in der Justizvollzugsanstalt Gablingen bei Ulm auf seinen Prozess.

Immer wieder betont der ehemalige CEO, dass er einer gezielten Irreführung durch Jan Marsalek zum Opfer fiel. Im Prinzip hat der Ex-Vorstand nur zwei Möglichkeiten: Entweder er gibt den dümmsten CEO aller Zeiten, nämlich jenen Manager, der nicht weiß, wo über 75 Prozent der Umsätze seines Unternehmens wirklich herkommen. Oder er gesteht, dass er an bandenmäßigem Betrug beteiligt ist. Markus entscheidet sich für die erste Variante. Seine Anwälte weisen alle gegen ihn erhobenen Vorwürfe entschieden zurück. Ob das eine erfolgreiche Strategie ist, wird sich zeigen.

In der Wirecard bricht jetzt die Post-Markus-Braun-Zeit an. Seltsamerweise gibt es immer noch keine internen Aufstände, keine intensiven Nachfragen, keinen Streit. In den täglichen Meetings des CPO-Teams nimmt man die Entwicklung angespannt, aber widerstandslos hin. Susanne Steidl, selbst einer der Vorstände, die die Bilanz unterzeichnet hat, muss von innen nicht mit Ablehnung rechnen. Sie setzt nicht auf kritische Auseinandersetzung, sondern vielmehr konsequent auf Kostenoptimierung. Standorte werden geschlossen. Eine erste Welle von Entlassungen folgt. Auch alte Rechnungen werden beglichen. So fällt Boon, Markus Brauns Lieblingsprojekt, als erstes ihrem Sparkurs zum Opfer. Irgendwie muss man ja Spaß haben in dem ganzen Chaos.

James Freis als neuer CEO führt die Linie aus Egomanie und Größenwahn der Wirecard-Vorstände gleich kongenial weiter. In einer eilends einberufenen, weiteren virtuellen Townhall zum Leadership-Wechsel redet James zuerst minutenlang über sein absolutes Lieblingsthema: sich selbst. Es geht um Biergarten, Bier und Brauereien und immer mitten drin James Freis aus den USA. Die Wirecard-Mitarbeiter bleiben verstört zurück.

Am 25. Juni sitze ich in meinem Büro bei Wirecard im ersten Stock des Einsteinrings 1. Ich habe beschlossen, trotz Corona etwas mehr vor Ort zu sein, um den täglichen Meetings von Susanne Steidl persönlich beiwohnen zu können. Nicht, dass das viel bringt. Susanne ist wie immer optimistisch, dass alles am Ende noch gut läuft, weil wir angeblich ein profitables Kerngeschäft haben. Die Hoffnung stirbt für den CPO zuletzt.

Jetzt bin ich also im Büro und warte auf das nächste Team-Meeting. Da läuft die Meldung durch die Ticker, dass die Wirecard AG beim Münchner Amtsgericht Insolvenz angemeldet hat. Vor ein paar Tagen waren wir noch die Stars aus dem DAX, jetzt sind wir pleite. Ich kann das alles nicht wirklich verstehen, weil die Geschwindigkeit der Entwicklung auch mich komplett überfordert. Es ist surreal. Ich gehe aus meinem Büro auf den Gang hinaus. Einzelne Mitarbeiter beginnen, ihre privaten Dinge nach draußen zu tragen. Manche haben mehrere Computermonitore in den Armen. Einige tragen Umzugskisten voller Dokumente. Andere weinen hemmungslos. Zwischen all dem Lärm und der Bewegung steht ein Mitarbeiter aus Indien ratlos herum. »What has happend?«, fragt er mich. »It's all over now, baby blue«, antworte ich.

Unser Mitarbeiter aus Indien sieht mich ratlos an, setzt sich zurück an seinen Schreibtisch und tippt auf seiner Tastatur. Business as usual. Dann nehme ich ein paar persönliche Sachen und fahre nach Hause. Ich gleite über die Autobahn, die viele Jahre meine zweite Heimat war. In Corona-Zeiten ist sie wie leer gefegt. Alles ist anders jetzt. 15 Jahre sind vorbei. Nichts bleibt von dieser Zeit. Ich drücke das Gaspedal durch und beschleunige. Full Speed. Nur weg von hier.

Outro

Willkommen in der Post-Apokalypse

02.07.2020

Funfact: Jan Marsalek hat mir einmal erzählt, dass ihn der Chef der Schufa persönlich angerufen hat, um ihn vor einem kurz bevorstehenden negativen Eintrag in der Bonitätsdatenbank zu warnen. Es ging damals um ausstehende Zahlungen für den Rundfunkbeitrag. Der COO der Wirecard hatte über Monate vergessen, seine GEZ-Gebühren zu entrichten. Dann rief der Boss der Schufa auf der direkten Leitung durch. So von Vorstand zu Vorstand. Ich fragte Jan, wie es überhaupt zu so einer Situation kommen kann. Und Jan Marsalek antwortete lachend, dass er eigentlich nie seine Briefe öffnet.

Scoop: Unter der Überschrift »Catch me if you can« erscheint in der Süddeutschen Zeitung heute ein langer Artikel über Jan Marsalek. Der ehemalige COO der Wirecard ist immer noch auf der Flucht. Diverse Porträtfotos aus unterschiedlichen Pässen illustrieren die Veröffentlichung: Jan glattrasiert, Jan mit Bart und einmal sogar Jan auf einem Jugendbild mit Igelfrisur und Nerdbrille. Zumindest diese jüngere Version von Jan war mir neu. Aber man lernt ja mittlerweile täglich etwas über die Wirecard und ihre Protagonisten dazu.

In der Süddeutschen gibt es jetzt die volle Jan Marsalek Superschurken-Dröhnung. Die gesamte in- und ausländische Presse beteiligt sich nun an den wildesten Spekulationen über ihn: Er hat in kunstvoller Art und Weise mehrere falsche Spuren zu seiner Flucht gelegt und mindestens 200 Millionen Transaktionsdaten manipuliert, um die Auditoren verschiedener Wirtschaftsprüfungsgesellschaften hinters Licht zu führen. Er dealte mit der hochgeheimen Rezeptur von russischem Nervengift und hatte Kontakte zu fast allen Geheimdiensten zwischen Deutschland, Österreich und Russland. Er hielt sich eine Armee in Syrien und war vorzugsweise überall dort, wo Pulverdampf in der Luft liegt: Libyen, Afghanistan und in den wildesten Ecken der ehemaligen Sowjetunion. Über Jahre fiel nur wenigen Experten auf, dass die Wirecard-Story vom ständigen 30-Prozent-Wachstum so einfach nicht funktionieren kann. Und jetzt fällt niemandem auf, dass ein einzelner Mensch von dem enormen kriminellen Pensum des Jan Marsalek überfordert sein könnte.

Jan war immer eine operative One-Man-Show. Nie Bandenführer, nie Mafia-Capo, nie Teamleiter des Bösen. Als der einzige Vorstand im DAX ohne einen eigenen Stab war er nie fähig, Aufgaben zu delegieren oder regelmäßige Interaktionen zu steuern. In den Medien macht er Karriere als ein Evil-Terror-Fürst, der direkt einem James-

Bond-Film entsprungen scheint. Das dürfte ihm vermutlich bei all dem Mist, der jetzt über ihn geschrieben wird, am meisten gefallen: dass er als Superschurke im maßgeschneiderten Anzug plötzlich »larger than life« ist.

Jan hat immer angedeutet, dass er aus einer reichen Familie stammt, mit der er früh gebrochen hat. Der Spiegel spürt Jan Marsaleks Mutter in der Nähe von Wien auf. Nach einer alten Stahldynastie sieht es bei ihr zu Hause allerdings nicht aus. Sie nennt ihren Sohn völlig zutreffend einen »präpotenten Zampano« und führt aus, dass sie sich vorstellen kann, dass ihm das ganze Medienecho »sogar gefällt«. Die Einschätzung einer Mutter. Kommt ziemlich gut hin, würde ich sagen. Der Typ, dessen schiefe Laufbahn damit begann, den Beitragsservice der öffentlich-rechtlichen Landesrundfunkanstalten durch geschicktes Ignorieren von Einschreiben auszutricksen, hat nun eine große kriminelle Karriere gemacht. Klar findet er das cool.

Ich gönne mir jede Einzelheit des Mediensturms, der nun über Wirecard hinwegfegt. Ich gehe nicht aus und treffe keine Freunde, weil ja doch jedes Gespräch auf das Gleiche hinausläuft. Ich bin der Typ, der die Typen kennt, die jetzt alle in den Medien oder im Knast sind. Mit mir zu reden ist, wie bei einem Unfall auf der Autobahn einen Gang runterzuschalten, um im Schleichtempo das Geschehen zu beobachten und Fotos zu machen.

Und überhaupt: Natürlich hat es am Ende jeder schon vor dem großen Knall gewusst, dass da etwas nicht stimmen kann. Die ganze Story, das ganze Geld, der schnelle Aufstieg – alles Schall und Rauch. Und jeder ist plötzlich ein selbsternannter Experte für die Versager aus Aschheim.

Ich bin mittlerweile so paranoid, dass ich es schwierig finde, mit meinem Firmenwagen auf den Aldi-Parkplatz zu fahren. Hinten am Nummernschild prangt der Unwort-Name meines Arbeitgebers. Vor wenigen Wochen noch ein Markenzeichen für Tech made in Germany. Jetzt mein Stigma. In so etwas kann man sich prima reinsteigern. Interessiert beim Aldi doch sowieso niemanden, rede ich mir ein. Na ja, halte ich dagegen, wir haben für die immerhin die Kreditkartenabwicklung gemacht. Hoffentlich gibt es keinen Ärger an der Kasse, wenn ich mit Mastercard bezahle.

Wirecard ist in meinem Kopf dauerpräsent. Ständig drücke ich auf Refresh bei Twitter und Telegram. Den ganzen gewaltigen Strom der News – ich lasse ihn ungebremst in mich hineinfließen. Süddeutsche, Financial Times, Manager Magazin, Wirtschaftswoche – Hit me, baby, one more time.

Was das bringen soll, kann ich nicht sagen. Vermutlich erwarte ich in den unendlichen Weiten der Blogbeiträge und Titelgeschichten so etwas wie eine Erklärung für das ganze Desaster. Aber es laufen eigentlich immer nur neue Fragen auf. Meine Frau hat oft gesagt, dass ich eigentlich mit Wirecard verheiratet bin. Jetzt erlebe ich eine Scheidung im Blitztempo. Gerade habe ich noch mit Wirecard zufrieden auf der Couch gekuschelt. Jetzt tänzelt meine ehemalige Partnerin im superkurzen Minirock mit einem neuen Liebhaber aufreizend enthemmt vor den Paparazzi der Welt herum.

08.08.2020

Dann kommt mein letzter Tag bei Wirecard. Die Auflösung meiner Karriere beginnt bei der IT. Hier wird mein Firmenhandy gelöscht und das MacBook deaktiviert. 15 bis 20 Mitarbeiter pro Tag durchlaufen diese Prozedur im Moment, erklärt der Nerd von den IT-Guys. Ok, antworte ich und unterzeichne die Bestätigung der Auslöschung meiner technischen Existenz bei Wirecard.

Dann stelle ich meinen Firmenwagen auf den Parkplatz und gebe den Schlüssel am Empfang ab. Zuletzt gehe ich zur Personalabteilung, die im dritten Stock des Hauptgebäudes liegt. Ich darf noch ein paar Zeugnisse meiner Mitarbeiter unterschreiben. Dann bekomme ich meinen Auflösungsvertrag und gebe meinen Badge ab. Ich könnte jetzt noch so ein supercooles Bild von dem Firmenausweis machen, den ich seit 2006 trage. Das veröffentliche ich dann auf LinkedIn oder Twitter. Darunter schreibe ich etwas vom Rollercoaster Ride meiner Karriere. Ich füge ein paar rührende Zeilen an, die auf den tollen Teamspirit eingehen und erkläre, dass es immer irgendwie weitergeht. Das kommunizieren jetzt viele ehemalige Wirecard-Mitarbeiter auf Social Media. No-Go für mich persönlich. Ich brauche eine sehr lange digitale Pause.

Am Ende verabschiede ich mich von den HR-Mitarbeitern und verlasse den Einsteinring. Es regnet kein Konfetti, und keine Chöre singen. Schade eigentlich.

Die Wirecard entlässt jetzt beinahe 1000 Mitarbeiter in Deutschland auf einen Schlag. Wer gekündigt wurde, darf seine Unterlagen und Arbeitsmaterialien in den Meetingräumen des Unternehmens abgeben. Streng geordnet nach den Anfangsbuchstaben der Nachnamen. Es muss alles seine Ordnung haben. Auch in der Auflösung.

»Dear all«, schreibt Susanne Steidl in einer letzten Mail an ihr CPO-Team. »Ich weiß, dass es wie eine Sache aus der Vergangenheit klingt, aber ich musste die Bewertungen für das Erreichen der Management-by-Objectives abliefern.« Bei den MbOs geht es um die Leistungserfüllung des Teams. Susanne führt im Folgenden im Detail auf, welche Projekte wir in den vergangenen Monaten in welcher Qualität ausgeführt haben. Bei der technischen Integration des Aslan-Portfolios schafften wir 1,25 von insgesamt möglichen 2,5 Prozent der Zielerreichung. Die Hälfte immerhin. Unsere Leadership-Leistung bringt uns weitere 5 Prozent ein, die auf unseren Bonus angerechnet werden, den der Insolvenzverwalter nie auszahlen wird. Auch die Migration in das neue Datacenter kam gut voran, bevor das Projekt gestoppt wurde. Plus 5 Prozent. Und so weiter. Am Ende summiert sich die Performance des CPO-Führungsteams auf 94,4 Prozent. Es gibt dazu selbstredend eine ausführliche Confluence-Page. Aber die kann ich als Ex-Mitarbeiter natürlich nicht aufrufen.

94,4 Prozent, das steht jetzt also auf meinem Grabstein bei Wirecard. Bei einigen Zahlen fragt Susanne Steidl im Unternehmen anscheinend nicht ganz so genau nach. Etwa beim Umsatz und Gewinn. Auch können schnell mal einige Milliarden verloren gehen. Kommt vor. Schwamm drüber. Morgen ist auch noch ein Tag. Aber bei den MbOs muss alles seine Ordnung haben. Sonst geht so eine Firma ja komplett vor die Hunde.

94,4. Ein Teilerfolg immerhin. Das Resultat meiner Bemühungen. Ich sehe es anders. Meine Betrachtung fügt sich jedoch nicht in das Gerüst von Zahlen, in das meine ehemalige Chefin alles einfasst. Ich würde sagen: Ich habe 15 Jahre mit dem Endgegner verbracht und es nie auf das nächste Level geschafft. Auch das ist eine Leistung.

27.08.2020

Ich kehre schneller nach Aschheim zurück, als ich mir das vorgestellt habe. Ein Private-Equity-Fonds hat kürzlich satte 800 Millionen Euro in eine mittelmäßige Payment-Bude gesteckt. Jetzt will man das Geschäft richtig groß machen. Für diese Mission fehlt nur noch das geeignete Menschenmaterial. Deswegen hat man in einem Messehotel – nur einen Steinwurf vom Wirecard-Headquarter entfernt – ein paar Hotelzimmer gebucht und lädt 200 meist ehemalige Wirecard-Mitarbeiter zum Vorstellungsgespräch ein. Ich bin um 21.30 Uhr dran. Ungewöhnlicher Termin für ein Job-Interview. Aber es sind ungewöhnliche Zeiten.

Zwei überaus dynamische Typen vom Vorstand des Unternehmens empfangen mich. Es gibt Mineralwasser still und sparkling an der ansonsten völlig verlassenen Bar des Hotels. Man erkundigt sich zunächst empathisch nach meinem Befinden. In der Krise liegt eine Chance, das ist so die Hauptbotschaft dieser Crew hier. Dann öffnet einer der beiden seinen Laptop und zeigt eine PowerPoint-Präsentation. Ich sehe auf den Titel der Slides. »Vision 2025« steht da in fetter Schrift auf weißem Hintergrund. Ein leichtes Schaudern durchzieht mich, und ich habe das Gefühl, dass ich mich übergeben muss. Ich nippe an meinem Glas Mineralwasser. Wodka wäre jetzt auch keine schlechte Idee.

Anyway: Die Vision 2025 meines potentiellen neuen Arbeitgebers zeigt eine steile Wachstumsentwicklung. Umsatz und Ertrag nach Steuern explodieren förmlich Jahr für Jahr. Das ist schön anzusehen. Der Höhepunkt der Ausführungen ist ein Chart mit der Marktkapitalisierung des Unternehmens: Von 1 Milliarde läuft dieser Wert auf 5 Milliarden Euro im Jahr 2025 hoch. IPO ist natürlich auch drin, erklärt einer meiner Ansprechpartner. Ein Börsengang. Dann ist »the sky the limit«.

Solche Superkurven erreicht man selbstverständlich nicht mit reinem Payment, führen meine Gesprächspartner aus. Ist ja klar. Man denke eher an datengetriebene Value Added Services. Dort liegt das Business der Zukunft.

Ich blicke die beiden Männer vor mir an. Sie sind sicher nette Typen. Wahrscheinlich haben sie tolle Familien und blitzsaubere Einfamilienhäuser. Am Wochenende drehen sie eine schnelle Runde auf dem 10 000-Euro-Rennrad, das sie sich von ihrem letzten Bonus gegönnt haben. Am Arm glänzen Stahlmodelle von Rolex, und ihre Hemden sind slim fit. Privat läuft es top, und auch die Performance-Zahlen stimmen. Alles ist ok in der schnellen Wachstumswelt des internationalen Zahlungsverkehrs.

Wäre ich wirklich cool, dann würde ich jetzt einfach

gehen. Ich würde unerwartet aufbrechen, mich aber freundlich verabschieden. Vision 2025 – Been there, done that, boys. Das hätte Eindruck gemacht.

Aber ich bin eher der freundlich-verbindliche Typ, der Konfrontationen nicht wirklich herausfordert. Also höre ich mir den ganzen Kram noch eine halbe Stunde lang an und verabschiede mich dann mit einem nichtssagenden Händedruck.

2025 wird ein seltsames Jahr werden. Die Wachstumskurven aller Unternehmen der Tech-Welt sind auf diesen Endpunkt ausgerichtet. Der Revenue Forecast startet im Jahr 2020 nahe der X-Achse. Wir haben noch Corona und stecken mitten in einer Wirtschaftskrise. Aber das wird vorübergehen. Im Jahr 2022 beschreibt die Kurve der kumulierten Umsätze schließlich eine steile Entwicklung nach oben, den sogenannten Hockey Stick. Bei Absatz, Umsatz, EBITA und Jahresüberschuss stellt sich nun ein exponentielles Wachstum ein. Bäm. Ab jetzt geht es nicht mehr linear, sondern immer überproportional weiter. Die Linien erreichen schließlich im Jahr 2025 ihren Höhepunkt. Die Enden der Parabeln. Das Ziel, in dem die vielfarbigen Aufwärtskurven münden. Das große Tech-Finale.

07.09.2020

Ich habe damit begonnen, meine Gedanken zur Wirecard niederzuschreiben. Wenn ich Leuten sage, dass ich ein Buch schreiben will, sind sie meist etwas verwirrt. Denn viele meinen, dass nach all den Presseartikeln im Prinzip alles zu diesem Thema gesagt ist.

An dieser Stelle erzähle ich dann immer eine Geschichte, die sich in Indien zugetragen hat. Es ist das Jahr 2017. Ich bin nach Chennai gereist, um ein Projekt rund um das mobile Bezahlen zu starten. Same story – over and over again. Auf meinem Trip will ich das brandneue Wirecard-Office besuchen. Ich habe dem Taxifahrer die Adresse gegeben, und er hat uns in ein Viertel gefahren, das man aus europäischer Sicht als Slum bezeichnen würde. Überall liegt Müll auf der Straße, Hunde und Katzen streunen herum. Es gibt halbfertige Häuser und Ruinen, aber kein Wirecard-Office.

Also rufe ich Wirecard India an und erkläre mein Dilemma. Der Taxifahrer hat sich sicher in der Adresse geirrt und sollte umkehren. Mein Gesprächspartner am anderen Ende der Leitung hat jedoch eine großartige Idee. Das Taxi soll einfach geradeaus weiterfahren, und wir sollen auf einen weißen Audi A6 achten, der auf einem Hügel steht. Den Wagen kennen hier alle, versichert der Manager von Wirecard. Und genau neben diesem Fahrzeug befände sich auch der Eingang zum Wirecard-Office. Easy.

Und tatsächlich: Als wir im Schritttempo voranrollen, sehen wir einen brandneuen, weißen, hochglänzenden A6, der einsam über dieser Wüste aus Müll und Dreck thront. Neben dem Wagen steht ein flaches Gebäude von so schmuckloser Gesichtslosigkeit, dass es leicht zu übersehen ist. Dies ist die Zentrale der Wirecard im boomenden indischen Markt.

Als wir uns dem Office nähern, erkenne ich, dass drei Männer den A6 auf dem Parkplatz mit irrsinnigem Schwung polieren. Der Innovationschef aus Aschheim hat sich für heute angekündigt, und Indien will einen guten Eindruck hinterlassen. Der strahlend weiße Audi A6 vor der Kulisse des grauschwarzen Slums. Vorsprung durch Technik in übler Umgebung. Das ist ganz und gar Wirecard.

Dank

Ich mache es kurz und schmerzlos.

Ich habe die Arbeit an diesem Buch nach der Insolvenz der Wirecard im Juli 2020 aufgenommen und bin im November des Jahres mit dem Manuskript fertig geworden. Kein Ghostwriter war an diesem Projekt beteiligt.

Bad Company wäre nie ohne die Hilfe, die Unterstützung und die Kritik meiner Frau entstanden. Ich neige dazu, mich in Selbstzweifeln zu verlieren. Sie hat mir immer wieder Vertrauen gegeben und mich bestärkt. Danke dafür. Es wäre nie gegangen ohne dich.

Und natürlich muss ich mich auch bei Olaf bedanken, der den Kontakt zu Penguin Random House aufbaute und alle Business-Perspektiven des Buches im Griff hielt. Es war nicht einfach mit mir, Olaf, ich weiß. Danke, dass du durchgehalten hast, Skipper.

Mein Dank geht auch an das gesamte Team von Penguin Random House. An Annette Anton zuerst, die mich auf dieser Reise begleitet hat. Danke für deine freundliche, positive und inspirierende Unterstützung. Es war mir eine Ehre …

Besonders bedanken will ich mich auch bei Britta

Egetemeier, Verlegerin des Penguin Verlags. Ihr seid ein großes Risiko eingegangen, indem ihr euch gegen den Ghostwriter und für den ambitionierten Amateur entschieden habt. Danke.

Bedanken möchte ich mich auch bei Rainer Dresen, dem Justitiar der Penguin Random House Verlagsgruppe. Du hast superengagiert immer für das Buch gekämpft, Rainer. Das ist nicht selbstverständlich. Danke dafür.

Danke auch an das ehemalige Team von Wirecard für eure Unterstützung: an Kilian, Frederic, Lisa, Sara, Kelly und Fabian. Ein Dank geht darüber hinaus auch raus an Florian von Finleap.

Bedanken muss ich mich auch bei Gabriela, Andreas, Stella, Moritz, Franziska, Luna, Stefan und bei all den anderen, die ich hier vergessen habe.

Microphone drop.